Boris Schöppner

NACHBEBEN

CHILE ZWISCHEN PINOCHET UND ZUKUNFT
Reportagen und Interviews

Trotzdem Verlagsgenossenschaft 2008

TROTZDEM BEI ALIBRI

Impressum

Boris Schöppner
Nachbeben: Chile zwischen Pinochet und Zukunft
Reportagen und Interviews

© Trotzdem Verlagsgenossenschaft eG 2008

© Fotos: Boris Schöppner, Frankfurt, www.borisschoeppner.de

Gestaltung: Ingo Thiel, Frankfurt, www.ithiel.de
Lektorat: Boris Scharlowski / Trotzdem Verlagsgenossenschaft, Frankfurt
Druck: TZ Verlag & Print, Roßdorf

Trotzdem Verlagsgenossenschaft
Mainzer Landstrasse 107
60329 Frankfurt

www.trotzdem-verlag.de
info@trotzdem-verlag.de

ISBN 978-3-86569-920-6 (Alibri Verlag)
ISBN 978-3-86569-920-6 (Trotzdem Verlagsgenossenschaft)

Mitglied der Assoziation linker Verlage, aLiVe

ZU DIESEM BUCH

1988, vor zwanzig Jahren, beendeten die Chileninnen und Chilenen mit einem Plebiszit formal eine der brutalsten Diktaturen Lateinamerikas. Doch die Nachwirkungen der Diktatur sind noch heute in Staat und Gesellschaft zu spüren. Noch immer sind Teile der damaligen Verfassung in Kraft und noch immer bestimmt die von Pinochet und seinen Beratern eingeführte neoliberale Wirtschaftsordnung den Alltag der Menschen.

Der Journalist Boris Schöppner bereiste Chile und spürte in vielen Interviews der Frage nach, was aus den Menschen wurde, die sich aktiv gegen die blutige Unterdrückung gestellt haben. Wie haben sie die Diktatur und deren Ende erlebt? Wie leben sie im heutigen Chile? Was wurde aus ihren Träumen, ihren Ideen und Idealen?

Unterwegs in der Kupferstadt Calama, im Hafen von Iquique, in Valparaíso oder auf der Insel Chiloe, in den Arbeitervierteln von Santiago oder dem Campus von Concepción, sprach er mit Gewerkschaftlern, Frauenrechtlerinnen, Arbeitern, Musikern, Schriftstellern und ehemaligen Gefangenen. Das Schildern ihrer Erfahrungen macht dieses Buch zu einem einzigartigen Dokument.

Schöppner schlägt eine Brücke in das gegenwärtige Chile und greift die aktuellen sozialen Konflikte auf: die Mobilisierung der Schüler und Studenten, der Gewerkschaften und der Mapuche im Süden des Landes. So ist es ihm gelungen, viele Facetten im Chile des 21. Jahrhunderts zu erfassen.

Boris Schöppner, geb. 1968, Journalist, Politologe. Es ist der direkte Kontakt zu den Menschen, der den Autoren reizt, ganz gleich ob bei lokalen Geschichten oder seinen Recherchereisen nach Belfast, Sarajewo oder Istanbul. Seit 2003 ist Schöppner regelmäßig in Südamerika unterwegs. Seit 2006 referiert er auch bei Veranstaltungen über gesellschaftliche Entwicklungen in Chile.

INHALT

VORWORT

„Pinochet ist tot." Am Sonntag, 10. Dezember 2006, dem „Tag der Menschenrechte" und dem Geburtstag seiner Frau, ist er gestorben. Meine chilenischen Freunde sind aus dem Häuschen: „Wir haben drei Tage gefeiert, drei Tage lang gab es Straßenschlachten." In die Freude, dass der einstige Diktator, Staatspräsident und Oberbefehlshaber der Armee gestorben ist, mischt sich Wut darüber, dass die chilenische Justiz ihn nicht zur Rechenschaft gezogen hat, Wut darüber, dass die demokratischen Regierungen ihren Teil dazu beigetragen haben, dass Pinochet straffrei blieb.

„Pinochet ist tot." Kurz überlege ich, ob sich dadurch etwas für mein Buchprojekt ändert, schließlich habe ich die Interviews kurze Zeit vor seinem Ableben geführt. „Ist mein Buch jetzt überholt?" Das Gegenteil ist der Fall. Denn es ist ein Buch über die Menschen, die Widerstand gegen Pinochet geleistet haben, nicht über ihn. Die Protagonisten sind Männer und Frauen, die in den 70er, vorwiegend jedoch in den 80er Jahren Barrikaden verteidigten, Artikel und Gedichte gegen Diktatur und Repression schrieben, Banken überfielen oder Bands gründeten. Über Menschen, die noch immer ihren Unmut artikulieren und sich politisch engagieren. Als ich mit ihnen sprach, war Pinochet schon längst Vergangenheit. Das Erbe seiner Diktatur jedoch ist bis heute spürbar: Teile der vom konservativen Chefideologen Jaime Guzmán entworfenen Verfassung sind noch immer gültig. Das neoliberale Wirtschaftsmodell, unter der Diktatur eingeführt, wurde von dem Mitte-Links-Bündnis der demokratischen Parteien, der Concertación, nie in Frage gestellt. Die Concertación verwaltet und entwickelt es weiter. Chile gilt als eines der Länder mit der ungerechtesten, oder, wie die FAZ schreibt, „ungünstigsten"[1] Einkommensverteilung.

---

1   FAZ vom 25. Oktober 2004.

Die chilenische Gesellschaft ist krank, verletzt und traumatisiert. Als Pinochet 1998 in London festgenommen wurde und seine Gegner und Anhänger auf die Straße gingen, wurde der Weltöffentlichkeit vor Augen geführt, dass die „alten Wunden" noch nicht verheilt waren. Ähnliches gilt für die Tage nach seinem Tod Ende 2006. Doch was bedeutet dies für die Menschen, die tagtäglich mit diesen Wunden leben müssen? Die Angehörigen von Verschwundenen, die bis zum heutigen Tage keine Gewissheit über das Schicksal der Opfer haben? Warum nehmen ehemalige Aktivisten heute ihr Land als verängstigt wahr? Warum gibt es an jeder Straßenecke in Santiagos Zentrum eine Apotheke? Kollektive Schlafstörungen, weil viele Familien verschuldet sind, attestiert eine Aktivistin ihren Nachbarn in einem Armenviertel in der Nähe von Concepción. Stressiger Arbeitstag? Im Fernsehen werden Tabletten als Gegenmittel angepriesen. Wer zählt die neuen Wunden, die das System noch heute schlägt, weil Renten-, Gesundheits- und Bildungssystem tief greifend reformiert werden müssten, um sozialer Gerechtigkeit ein wenig näher zu kommen? Als ich am 1. Mai 2006 in Santiago landete, ahnte ich nicht, wie viel Gegenwart ich bewältigen musste, um mich der Geschichte des Widerstands widmen zu können.

Bei meinen ersten Besuchen in Chile 2003 entstand die Idee, Anekdoten und Erfahrungen aus dem widerständigen Alltag der 80er Jahre vor dem Vergessen zu bewahren. Ich hatte bei einer privaten Geburtstagsfeier mitbekommen, wie sich nach vielen Jahren ehemalige Aktivisten zum ersten Mal Anekdoten aus der Zeit des Widerstands erzählten. Diese kleinen Geschichten von ganz normalen Menschen, die nachts loszogen, um Parolen gegen die Diktatur an die Wand zu malen, und sich am nächsten Tag ärgerten, weil sie vor lauter Aufregung einen Buchstaben vergessen hatten. Besonders beeindruckt hat mich die Erzählung einer Frau. Sie berichtete, wie sie ihren Mann besuchen wollte, der in einem Gefängnis saß, das auf dem Gelände einer Kaserne stand. Sie hielt es nicht aus, in den Mauern zwischen all den Soldaten zu warten, bis sie endlich zu ihrem Mann durfte. Also ging sie nach draußen, um durchzuatmen. Ein junger Soldat folgte ihr und befahl ihr, wieder nach drinnen zu gehen, hier draußen sei der Aufenthalt für Zivilisten verboten. Nein, erwiderte die Frau. Sie schnappe hier Luft, wenn das verboten sei, solle er sie eben festnehmen oder erschießen. Der Soldat kehrte in die Wachstube zurück, kam aber bald wieder. „Bitte", flehte er, „seien Sie doch so vernünftig und gehen wieder rein, sonst bekomme ich den größten Ärger". „Na, dass wollen wir doch nicht", sagte die Frau und ging mit in die Wache.

Meine Beziehung zu Chile hat schon früher begonnen: Hunderte Chilenen und Chileninnen lebten in den 70er und 80er Jahren im Rhein-Main-Gebiet. Sie waren hier im Exil, und viele von ihnen informierten über die Menschenrechtsverletzungen in ihrem Herkunftsland. 1986 hörte ich von den Aufständen in den poblaciones, den Armenvierteln, las von Jugendlichen in meinem Alter, deren Alltag sich grundlegend von meinem unterschied. Was ist aus ihnen geworden? Wie sehen sie ihr Engagement heute? Welche Projekte haben sie für die Zukunft?

Das Buch ist keine Sammlung von Reminiszenzen, sondern es ist der Aktualität zugewandt und soll erklären helfen, warum in Chile heute die Dinge so sind, wie sie sind. Mich hat es nicht verwundert, dass im Juni 2007 bei Leihfirmen beschäftigte Kupferminenarbeiter Busse und Verwaltungsgebäude anzündeten. Ihre Situation ist seit Jahren unerträglich. In einem der hier dokumentierten Interviews kündigte ein Gewerkschafter an: 2006 sei das Jahr der protestierenden Schüler gewesen, 2007 werde das der Leiharbeiter. Ich bin davon überzeugt, dass man von den Erfahrungen, die andere Menschen an anderen Orten zu anderen Zeiten gemacht haben, profitieren kann. Heute kämpfen in Chile Menschen gegen die Auswirkungen der Privatisierung im Renten-, Bildungs- und Gesundheitssystem. Während sie mit den Folgen einer Politik zurechtkommen müssen, die dort vor zwanzig Jahren eingeführt wurde, wird dieselbe Politik in Deutschland als Reform verkauft, die den Standort zukunftssicher machen soll.

Düster ist Chiles Vergangenheit, groteske Züge trägt die Gegenwart. 2006 sorgte folgender Fall für Aufsehen: Etliche Chilenen waren einer Betrügerin auf den Leim gegangen, die ihnen versprach, sie könnten im Schlafzimmer Käse produzieren und so das schnelle Geld machen. Allerdings sollten sie zuvor die Zutaten für die Heimfermentierung bei ihr erstehen. Das fertige Produkt sollte dann – ausgerechnet – ins Käseland Frankreich exportiert werden. Die vage Hoffnung, in kurzer Zeit viel Geld zu verdienen, macht die Menschen zu leichtgläubigen Opfern. Möglicherweise ist auch Folgendes bezeichnend für den Zustand Chiles: Weil sie mit ihrem Sohn Turnschuhe kaufen wollte, packte eine Mutter ihre schlafende fünf Jahre alte Tochter in den Kofferraum ihres Autos. Zeugen hörten verdächtige Geräusche und alarmierten die Polizei. Der Aufschrei in der Öffentlichkeit war groß: Wie kann eine Mutter nur so handeln. Doch eine nachdenklichere Zeitgenossin wies mich darauf hin, wie scheinheilig diese zur Schau gestellte Empörung sei. Der chilenische Alltag sei durch den Stress des Geldverdienens und -ausgebens geprägt, die Kinder würden häufig vernachlässigt und einfach für Stunden vor dem Fernseher geparkt. Im Oktober 2007 meldete die Nachrichtenagentur AFP, dass in der Nähe von Puerto Montt ein junges Paar sein ungeborenes Kind im Internet versteigern wollte, um sich ein Haus und einen Sportwagen kaufen zu können.

In meinem Buch lasse ich den Interviewten viel Platz und halte mich mit Bewertungen zurück. Allerdings versuche ich, die Äußerungen dort, wo es erforderlich scheint, moderierend sowohl in einen historischen wie aktuellen Kontext einzubinden. Verschiedene Formen des Widerstands in einem fast 5000 Kilometer langen Land zu beschreiben, ohne dabei die aktuelle Situation außer Acht zu lassen, birgt die Gefahr, lediglich überall ein wenig an der Oberfläche zu kratzen. Mit Sicherheit ließen sich viele der Aspekte noch vertiefen. Trotz seiner breiten thematischen Streuung erhebt das Buch keinen Anspruch auf Vollständigkeit. Mein Buch ist eine Momentaufnahme, die ein Chile zeigt, in dem einiges in Bewegung geraten ist. Sollte ich bei der einen oder dem anderen das Interesse geweckt haben, sich intensiver mit einem Thema zu befassen oder andere Aspekte des Widerstands zu beleuchten, dann hätte sich der Zeit- und Energieaufwand, diese Seiten zu verfassen, bereits gelohnt.

Eine kurze Chronologie soll helfen, die Interviews des ersten Teils des Buches besser einordnen zu können. Die Betrachtung des Widerstands gegen die Diktatur beginnt mit dem 11. September 1973, dem Tag, an dem sich das Militär unter General Augusto Pinochet Ugarte an die Macht putschte. Der Bogen spannt sich von den Widerstandshandlungen unmittelbar nach der Erhebung des Militärs über die fast vollständige Zerschlagung widerständiger Gruppen bis hin zu ihrer Reorganisierung aus dem Exil heraus. Der Schwerpunkt liegt indes auf dem sozialen Protest der 80er Jahre, der sich aufgrund der Wirtschaftskrise und der katastrophalen Auswirkungen auf die Arbeiterviertel formierte. Das Buch reicht bis in die Gegenwart, in der ein Erstarken anarchistischer Tendenzen zu erkennen ist und in der Mapuche mit militanten Aktionen auf sich aufmerksam machen. Im zweiten Teil des Buches werden, ebenfalls anhand von Interviews, einzelne Themen vertieft und Fragestellungen intensiver behandelt. Welche spezifischen Erfahrungen machten Frauen im Widerstand? Warum schrieben die Kommunisten auf Chiloé so viele Gedichte? Und welche Rolle spielten die Verbannten bei der politischen Aufklärung? Das Buch reflektiert zudem die unterschiedlichen Bedingungen, unter denen in den einzelnen Regionen Widerstand geleistet wurde.

Ein solches Projekt ist nur mit der Hilfe und der Unterstützung vieler Menschen möglich. Ihnen gebührt mein Dank: meiner Freundin Mickie, Mario, Ingo, Nina, Pablo, Leo, Rebecca, Claudia, Corinna, Estrella, Rodrigo, Erwin, Veronika, Miguel, Carlos, Cristián, Dieter, Uli, Ernesto, José, Fernando, Chalo, Joanna, Carmen Gloria, Katja, Patricia, Polo, Lorena, Oscar und natürlich meinem Lektor Boris. Folgenden Gruppen und Organisationen danke ich besonders: *Señal 3 La Victoria,* Comisión Funa, CODEPU, Fiskales ad hok, *El Zorro Polémico* (Calama), der Föderation der Hafenarbeiter von Iquique und dem Archiv von Chiloé in Castro und dem *Höchster Kreisblatt,* beziehungsweise der *Frankfurter Neuen Presse,* die sich nicht sträubten, mich nach einem Jahr Auszeit wieder einzustellen.

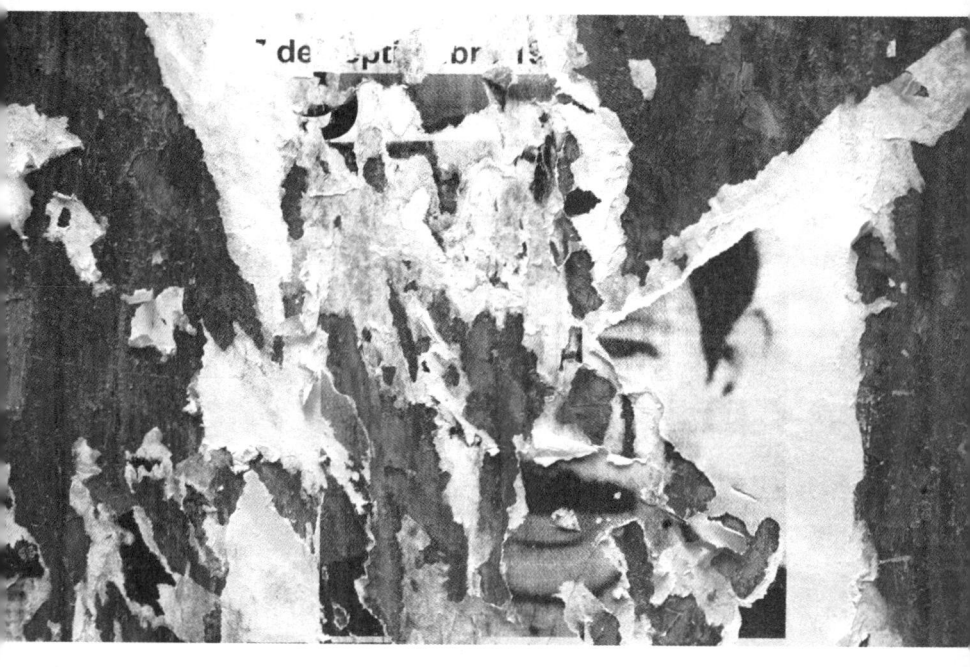

FACETTEN DER POLITISCHEN GEWALT (1973 – 2007)

Die bekannten Bilder, die Salvador Allende am 11. September 1973 zeigen, wie er – einen geliehenen Helm leicht schief mit offenem Kinnriemen auf dem Kopf – vor den von den putschenden Soldaten umstellten Regierungspalast Moneda tritt, um sich ein Bild von der Lage zu machen, oder wie er mit einer Maschinenpistole den Palast verteidigt, sind legendär: Allende, der erste Marxist, der demokratisch zum Präsidenten gewählt wurde, ein Volksheld, der sich den Putschisten entgegenstellt. So klar und eindrucksvoll die Fotodokumente von den letzten Gefechten des Präsidenten und seiner Leibgarde erscheinen, so sehr führen sie in die Irre. Denn Allendes Regierung zeichnete sich gerade dadurch aus, dass sie nicht auf einen gut geplanten Putsch vorbereitet war. Trotz etlicher Hinweise und eines Putschversuchs am 29. Juni des selben Jahres, des *tanquetazo*, verkannten Allende und andere in seinem Umfeld, wie ernst die Bedrohung war. Möglich, dass er dies einfach nicht wahrhaben wollte, war er doch von dem demokratischen Weg felsenfest überzeugt. So berichtet José Carvajal Loyola im Abschnitt *Die erwartete Überraschung* auf Seite 21, Allende habe die Hinweise, loyale Marinesoldaten würden gefoltert, mit der Aussage gekontert, dies könne nicht sein, da das Militär verfassungstreu sei. Die Verfolgung innerhalb des Militärs diente bereits der Vorbereitung des Putsches. Die Hoffnung, im Falle einer Erhebung würden sich loyale Einheiten gegen die Putschisten stellen, wurde nicht zuletzt deshalb enttäuscht, weil es den Allende-feindlichen Militärs gelungen war, nach und nach die Oberhand innerhalb der Luftwaffe, der Marine und des Heeres zu gewinnen. General Carlos Prats[1], der seinen Posten als Oberbefehlshaber der Armee räumte, um

---

1 Carlos Prats wurde am 30. September 1974 gemeinsam mit seiner Frau Sofía Cuthbert in Buenos Aires bei einem Autobombenanschlag des chilenischen Geheimdienstes DINA ermordet. Sein Enkel, Francisco Cuadrados Prats, spuckte am 12. Dezember 2006 auf den Sarg des aufgebahrten Pinochet, den er für den Tod seiner Großeltern verantwortlich macht. (Siehe auch Ascanio Cavallo, Manuel Salazar und Óscar Sepúlveda, *La Historia oculta*, Santiago 1997, und Ernesto Ekaizer *Yo, Augusto*, Buenos Aires, 2003, sowie die Pressemitteilung der Nachrichtenagentur UPI vom 12. Dezember 2006, 23.09 Uhr).

diesen Machtkampf zu entschärfen, empfahl ausgerechnet Augusto Pinochet als seinen Nachfolger. Dieser galt gegenüber Allende als loyal. Bei den Carabineros kam es erst am 11. September selbst zu einem internen Putsch, woraufhin die 300 Carabineros, die den Regierungspalast beschützen sollten, abgezogen wurden.[2]

Gerüchte und Befürchtungen, dass es zu einem Putsch kommen sollte, kursierten bereits seit längerem und wurden so häufig wiederholt, bis fast niemand mehr daran zu glauben schien. Als sich dann tatsächlich die Truppen in Bewegung setzten, war die Überraschung groß. Pläne, sich der schwer bewaffneten, brutal, professionell und entschlossen agierenden Übermacht entgegenzustellen, scheiterten – oft noch bevor der Versuch unternommen wurde, sie umzusetzen. Es kam zu einzelnen, isolierten Widerstandshandlungen, von denen José Carvajal Loyola und Nelson Aramburú (im Abschnitt *Ein ungleicher Kampf* auf Seite 26) berichten. Die linken Organisationen und Parteien waren zu diesem Zeitpunkt kaum noch handlungsfähig, ihre Strukturen nahezu vollständig zerstört. Trotz einiger spektakulärer Aktionen, etwa im Stadtzentrum von Santiago, ist Defensive das einzige Wort, mit dem die Phase direkt nach dem Putsch treffend charakterisiert werden kann. Es ging nur noch darum, den Rückzug zu ordnen und die Überreste der bestehenden Strukturen immer wieder neu zu organisieren, je nach dem, wo die Repression gerade wieder Breschen in die Reihen geschlagen hatte. Besonders hart traf es die MIR[3]. Am 3. Oktober 1973 wurden Comandante Pepe, José Gregorio Liendo, und zwölf seiner compañeros hingerichtet. Sie hatten versucht, in der Nähe von Valdivia eine Guerilla aufzubauen. Am 13. Oktober 1974 verschleppten Sicherheitskräfte den Chirurgen Bautista von Schouwen, Mitglied des Zentralkomitees, Herausgeber der MIR-Zeitung *El Rebelde* und Freund von Miguel En-

---

2 Vgl. *Yo, Augusto*, S. 143.

3 Movimiento de Izquierda Revolucionaria, Bewegung der Revolutionären Linken, MIR: Im August 1965 wurde die MIR in Santiago de Chile gegründet, nicht zuletzt als Reaktion auf das enttäuschende Abschneiden von Salvador Allende bei den Präsidentschaftswahlen von 1964 und angesichts einer revolutionären Stimmung, die sich nach dem Sieg der kubanischen Revolution 1959 im gesamten Kontinent ausbreitete. Die MIR, die ihr intellektuelles Zentrum in der Universitätsstadt Concepción hatte, propagierte den bewaffneten Kampf, um die bürgerliche Gesellschaft zu überwinden. Nach direkten Gesprächen mit Salvador Allende 1970 verzichtete die MIR auf militärische Aktionen. Die Leibwache Allendes rekrutierte sich bis 1972 aus Miristas und Sozialisten. 1972 wurden die Miristas durch Sozialisten ersetzt. (Vgl. Cristián Pérez, *Historia del MIR* in Estudios Públicos 91, Winter 2003, S. 12 – 17).

ríquez, dem Kopf der MIR, und brachten ihn später um. Zwischen September und Oktober 1974 wurden 21 Personen aus dem engsten Kreis um Enríquez festgenommen, nur drei überlebten. Am 5. Oktober 1974 wurde Miguel Enríquez erschossen.[4] Von diesem Schlag hat sich die MIR nie vollständig erholt. Ein Jahr später entkam der neue Chef der MIR, Andrés Pascal Allende, nur knapp seiner Festnahme. Die Spitze der MIR war tot oder befand sich im Exil.

Der Druck auf die Opposition ließ in der zweiten Hälfte der 70er Jahre nicht nach, der Widerstand schien gebrochen. Der Wirtschaftskurs der Regierung, die sich unter dem Einfluss der Chicago Boys[5] für die Einführung des neoliberalen Modells entschieden hatte, zeigte erste Erfolge. Die Militärjunta, angetreten, um kurzfristig zu intervenieren, um Chile vor dem „Marxismus" zu retten, saß fest im Sattel. Um dem neuen Regime langfristige Legitimität zu geben, leitete die Junta einen Verfassungsprozess ein, der in die Verfassung von 1980 und ein erstes Plebiszit mündete, das jedoch nicht einmal demokratischen Mindeststandards erfüllte. Diese neue Verfassung, die in weiten Teilen noch bis heute Gültigkeit hat, stellte die Militärdiktatur auf eine neue juristische Grundlage. Sie schuf eine neue Legitimität, mit dem Ziel, langfristig eine stabilisierende Wirkung zu entfalten. Gleichzeitig legte sie die Spielregeln und eine Agenda für ein mögliches, aber weit entferntes Übergangszenario zu einer Demokratie[6] fest: 1988 solle ein neuerliches Plebiszit stattfinden. Doch bis dahin ist es Ende der 70er, Anfang der 80er Jahre noch ein langer, ein sehr langer Weg.

Neuen Mut schöpfte die revolutionäre Linke in Lateinamerika und speziell in Chile 1979 aus dem Sieg der Sandinistischen Revolution in Nicaragua. Dort und im Guerilla-Krieg in El Salvador waren chilenische

---

4   Die Lebensgefährtin von Miguel Enríquez, Carmen Castillo Echeverría, wird bei dem Feuergefecht mit Agenten der DINA schwer verletzt. Sie verfasst später das Buch *Un día de octubre en Santiago*, das jene Zeit im Untergrund beschreibt.

5   Chicago Boys bezeichnet eine Gruppe einflussreicher Wirtschaftswissenschaftler, die die Universität von Chicago besucht hatten und den wirtschaftsliberalen Thesen von Milton Friedman anhingen. Unter Pinochet entwickelte sich Chile im Einfluss der Chicago Boys zu einem Musterland des Neoliberalismus und der Privatisierung, die auch die Bereiche Rentenversorgung, Bildung und Gesundheit umfasst. Die Militärdiktatur privatisierte rund 70 Prozent der chilenischen Kupfervorkommen, die 1972 von Salvador Allende nationalisiert worden waren.

6   Vgl. auch *Historia oculta* und Tomás Moulian, *Chile actual – Anatomía de un mito*, Santiago 1997.

Kämpfer beteiligt. Der Ausbildung in Kuba folgte so der erste praktische Einsatz. Das erworbene Wissen sollte später im Kampf gegen die Diktatur im Heimatland helfen.

Die dezimierte, über den Globus zerstreute MIR beschloss 1978 die Operación Retorno (Operation Rückkehr). Mitglieder sollten aus dem Exil nach Chile zurückkehren, um den Widerstand im Land zu reorganisieren. Eines der Projekte war der Versuch im Süden des Landes, rund um Neltume, eine Guerilla aufzubauen. Während in Europa viele junge Chilenen euphorisch „Rückkehr, Rückkehr" riefen[7], gab es von Anfang an auch kritische Stimmen. Schlecht geplant, mit viel Herzblut aber dilettantisch ausgeführt scheiterten die meisten Projekte. In Kuba saß ein Spitzel, der die CIA mit Informationen über die Ein- und Ausreisenden versorgte. Die Informationen erreichten auch den chilenischen Geheimdienst.[8] Die Repression wurde unerbittlich fortgesetzt. Auf die Niederlagen der MIR folgte eine tief greifende politische Krise, deren sichtbarer Höhepunkt die Spaltung von 1987 war.

In den ersten Jahren der 80er veränderte sich die chilenische Gesellschaft radikal: Wirtschaftspolitik und -krise verursachten Massenentlassungen und bittere Armut. Suppenküchen, ollas comunes, entstanden nicht selten unter der Obhut der Kirche. Diese Essensausgaben, in denen unter anderem gespendete Lebensmittel zubereitet wurden, waren nicht nur eine notwendige Antwort auf die tägliche Herausforderung, die Menschen in den poblaciones, den Armenvierteln, mit Nahrung zu versorgen, sie entwickelten sich auch zu neuen Zentren der Organisierung und wurden zur Keimzelle der sozialen Protestbewegung. Ende 1980 erklärte die Kommunistische Partei alle Formen des Widerstands, auch den bewaffneten Kampf, für legitim. Streiks und nationale Protesttage wurden von Straßenschlachten begleitet. Den Schutz von Barrikaden und Protestmärschen vor Übergriffen von Polizei und Militär übernahmen kleine, bewaffnete Gruppen. 1983 wurde die Frente Patriótico Manuel Rodríguez[9] als bewaffneter Arm der im Untergrund agierenden Kommunistischen Partei Chiles gegründet.

---

7 Das berichtete mir in Santiago ein ehemaliger hochrangiger Führer der MIR, der die Organisation zu jener Zeit in Europa leitete.
8 Vgl. *Historia oculta*, S. 484.
9 Patriotische Front Manuel Rodríguez, kurz FPMR wird auch „Frente" oder „efe", also „F" genannt.

Der bewaffnete Widerstand in Chile spielte sich vor dem Hintergrund des Kalten Krieges ab. Der Westen, allen voran die USA, wollten verhindern, dass sich in Mittel- und Südamerika weitere Länder dem sozialistischen Lager anschlossen. Dass die USA in den 60er und 70er Jahren massiv in die chilenische Politik eingriffen, ist dokumentiert und wird von den USA zugegeben. Kuba, die Sowjetunion und die DDR unterstützten hingegen die sozialistischen Befreiungsbewegungen in Lateinamerika sowie die Anti-Pinochet-Opposition. Dennoch wäre es verkürzt, die Diktatur und den Widerstand lediglich als eine verlängerte Form des Ost-West-Konflikts zu interpretieren, denn in Chile gingen die Menschen aus ganz unmittelbaren Gründen auf die Straße, um für bessere Lebensbedingungen zu protestieren: Essen, Arbeit, das Ende der Unterdrückung in den poblaciones, das Ende der Folter. Und schließlich zeichnete sich die chilenische Geschichte durch eine Tradition sozialer Kämpfe aus, die weitaus älter war als der Kalte Krieg.

Das Wissen über unterschiedliche Aktionsformen wurde von vielen Organisationen, die im Untergrund tätig waren, auch von der Kommunistischen Partei, in Schulungen, Handbüchern oder auf Flugblättern weitergegeben. Anschläge und bewaffnete Konfrontationen größeren Ausmaßes waren der Frente selbst vorbehalten. Die Strategie der Partei sah vor, die Kämpfe auf allen Ebenen zu kombinieren. Das Jahr 1986 sollte das Jahr der Entscheidung werden: Am 2. und 3. Juli kam es im ganzen Land zu massiven Protesten, diese sollten am 4. September[10] wiederholt werden. Während die Proteste für diesen Tag vorbereitet wurden, waren jedoch noch größere Vorhaben geplant. Ein Schiff mit brisanter Fracht hatte von Kuba aus Kurs auf Chile genommen. 3115 Gewehre, 300 Panzerfäuste, rund 2000 Handgranaten, zig schwere Maschinengewehre und Tonnen von Sprengstoff waren an Bord. Beteiligte des Waffenschmuggels verhielten sich jedoch in der Umgebung des Landungspunktes Carrizal unvorsichtig, warfen mit Geld um sich

---

10 Historische Daten und Jahrestage spielen bei der chilenischen Linken eine wichtige Rolle. Sie werden immer wieder zum Anlass genommen, Demonstrationen oder Veranstaltungen zu organisieren. Der 4. September wird von der Linken als ein wichtiges Datum angesehen, denn am 4. September 1970 war das Parteienbündnis Unidad Popular an die Macht gekommen. In den vergangenen Jahren ist in Chile die Tendenz zu erkennen, diesen Tag wieder verstärkt als positives Datum ins Bewusstsein zu rücken. Bislang wurde vor allem dem 11. September gedacht, dem Jahrestags des Putsches der Militärs und der Niederlage der Linken.

und sangen in einem Bordell die Internationale.[11] Sie machten es dem Geheimdienst CNI leicht, ihre Spur aufzunehmen. Als die Sicherheitskräfte zuschlugen, waren erst zehn Prozent der Waffen, insgesamt wohl 80 Tonnen, verteilt, heißt es in einer Dokumentation der Tageszeitung *La Tercera* aus dem Jahr 2001.[12] Ein Arsenal, das für einen bewaffneten Volksaufstand gedacht war – dem Beispiel Nicaraguas folgend. Diese Pläne scheiterten. In den ersten fünf Tagen nach der Entdeckung des Schiffs, wurden 21 Mitglieder der Frente festgenommen. Doch die kommunistische Organisation hatte ein weiteres Ass im Ärmel: Am 7. September startete die Frente die Operación Siglo XX (Operation 20. Jahrhundert). Ein Kommando bestehend aus zwanzig Männern und einer Frau nahm im Cajón de Maipo den Konvoi des Diktators Pinochet unter Beschuss. Doch der Anschlag mit Schnellfeuergewehren und Panzerfaust in dem Tal nahe Santiagos schlug fehl. Während fünf Leibwächter ums Leben kamen, wurde Pinochet lediglich leicht verletzt.

Mittlerweile hatte die bürgerliche Opposition unter Einfluss der Amerikaner, unter der Obhut der katholischen Kirche und der Beteiligung aus dem Exil zurückgekehrter Politiker begonnen, mit der Junta über einen friedlichen Ausweg zu verhandeln. Diejenigen jedoch, die all die Jahre in den poblaciones gekämpft hatten, wurden nicht in diesen Prozess einbezogen. Das Plebiszit 1988, programmiert von der Diktatur selbst, wurde zum Fokus, auf den große Teile der Opposition all ihre Anstrengungen richteten. Die Kampagne wurde auf die Person Pinochet zugespitzt. Es ging vor allem darum, ihn aus dem Amt zu jagen. Zur Überraschung von Pinochet sagte 1988 die Mehrheit der Chilenen „Nein" zur Fortführung seiner Diktatur. Pinochet überlegte kurzzeitig, ob er ein weiteres Mal die Armee ausrücken lassen sollte. Diesmal nicht, um die zu Macht erobern, sondern um sie zu verteidigen. Doch das Militär blieb in den Kasernen. 1989 fanden die ersten demokratischen Wahlen statt, aus denen der Christdemokrat Patricio Aylwin Azócar als Sieger hervorging. 1990 trat er das Amt des Präsidenten an. Pinochet blieb jedoch Oberbefehlshaber der Streitkräfte (bis 1998) und Senator auf Lebenszeit (bis 2002).

---

11 La Tercera, Especiales, *La Historia inédita de los años verde olivo,* 2001
(http://docs.tercera.cl/especiales/2001/verdeolivo).
12 Die Angaben über die beschlagnahmte Menge an Waffen sind umstritten. Aus Kreisen ehemaliger *Frente*-Kämpfer wurde dem Autor versichert, die Sicherheitsbehörden hätten lediglich 30 Prozent der Waffen sicherstellen können.

Sowohl die Frente-Autónomo, die sich 1987 von der Kommunistischen Partei gelöst hatte, als auch MAPU Lautaro[13] setzten ihre bewaffneten Aktionen fort. Allerdings unter veränderten Bedingungen. Hatte sich mit dem Scheitern des Anschlags 1986 auf Pinochet und dem Fund der Waffen das kleine Zeitfenster für eine bewaffnete, radikale Politik geschlossen, schlug nun die Weltgeschichte mit Schwung die Tür zu: Der Sozialismus war weltweit zu einem Auslaufmodell geworden. 1989 fiel in Deutschland die Mauer, 1991 lösten sich die Sowjetunion und der Warschauer Pakt auf. Doch nicht nur in Osteuropa änderte sich die politische Wetterlage: 1990 verloren die im von den USA finanzierten Contra-Krieg zermürbten Sandinisten in Nicaragua die Wahlen. „Demokratie und freie Marktwirtschaft" gelten spätestens von nun an als die Paradekombination zeitgemäßer Politik, egal auf welche Weise sie herbeigeführt werden.

Diesem Muster entspricht die Concertación der Parteien für die Demokratie, die sich anschickte, das von Pinochet eingeführte neoliberale Modell zu verwalten. Das Projekt einer tief greifenden Demokratisierung und eines wirtschaftlichen Umbaus wurde nicht weiterverfolgt, aller früheren Versprechungen zum Trotz. Wer sich dafür entschied, den revolutionären Kampf weiterzuführen, sah sich fortan nicht nur einer schwindenden Basis in der Bevölkerung und einer schwindenden Legitimität konfrontiert, er musste auch mit gut informierten Geheimdiensten rechnen, welche die Strukturen des Widerstands aus der Innenperspektive kannten. Denn der Concertación war es gelungen, etliche alte Kämpfer in den neuen Sicherheitsapparat zu integrieren. Auch der Bau des Hochsicherheitsgefängnisses in Santiago zählte zu den Maßnahmen der neuen Regierung, mit den radikal-oppositionellen Kräften umzugehen. Es wurde für diejenigen errichtet, die dem „paktiertem Übergang" misstrauten und die Waffen nicht streckten: für Mitglieder der Frente-Autónomo und der MAPU Lautaro.

Im Dezember 1996 kam es zu einem spektakulären Ausbruch aus dem Hochsicherheitsgefängnis: Vier Mitglieder der Frente Patriótico Manuel Rodríguez wurden mit einem gekaperten Hubschrauber aus

---

13 Die MAPU Lautaro hatte sich 1983 von der Partei Movimiento de Acción Popular Unitario (Bewegung der einheitlichen Volksaktion), MAPU, abgespalten, um eine Bewegung für den Volksaufstand ins Leben zu rufen. (Vgl. Reinhard Friedmann, 1964–1988. *La política chilena de la A a la Z*, Santiago 1988. Lautaro ist ein Kriegshäuptling der Mapuche, der im 16. Jahrhundert gegen die spanischen Eroberer kämpfte.

dem Knast befreit. Erst Ende 2005 wurden die letzten Gefangenen aus der Haft entlassen.

Politische Gewalt, die sich gegen eine Demokratie der Elite und die Beibehaltung des neoliberalen Modells richtet, existiert noch heute. Dabei handelt es sich meist um Aktionen auf der Straße, also schwere Ausschreitungen bei Demonstrationen oder nachts in den poblaciones. In einigen Vierteln, zum Beispiel in der Villa Francia, wird dabei auch mit scharfen Waffen auf Carabineros geschossen. Am 11. September 2007 wird ein Polizist in Pudahuel (Santiago) tödlich verletzt. Ein Krimineller soll während der Auseinandersetzungen die tödlichen Schüsse abgegeben haben. In den Blickpunkt der Öffentlichkeit rückten im Jahr 2006 anarchistische Gruppen, insbesondere nach einem Brandanschlag auf den Regierungspalast La Moneda bei einer Demonstration zum Jahrestag des Putsches.

Militanten Widerstand leisten auch die Mapuche. Ihr Kampf gegen den Raubbau der Natur und die Ausbeutung ihres Lebensraums ist allerdings wesentlich älter als der Kampf gegen die Diktatur oder das von ihr eingeführte Wirtschaftssystem: Er begann als Widerstand gegen die Kolonialisierung und dauert bis heute an.

DIE ERWARTETE ÜBERRASCHUNG

José Carvajal Loyola, 60, war zum Zeitpunkt des Putsches am 11. September 1973 aktives Mitglied der MIR in Valparaíso. Gerüchte über einen möglichen Militärputsch gegen Allende kursierten in der chilenischen Gesellschaft seit Wochen. José verfügte aber über handfeste Informationen, dass die Vorbereitungen für eine Erhebung in vollem Gange waren.

JOSÉ : Ich gehörte zu einer, naja, nach dreißig Jahren kann man das wohl sagen, bestimmten Einheit innerhalb der MIR. Unsere Aufgabe war, die Streitkräfte politisch zu organisieren, in sie politisch einzudringen. Das war natürlich eine geheime Aufgabe. Es bestanden Kontakte zur Marine, dem Heer und der Luftwaffe. Da ergaben sich sehr interessante Situationen, so dass ich denke, die Geschichte hätte auch ganz anders verlaufen können, wenn wir unsere Kontakte besser genutzt hätten. Über die politische Logik hinaus fehlte uns Kühnheit und Wagemut. Gegen den Putsch eingestellte Marinesoldaten wurden gefangen genommen. Das wussten wir und auch, dass sie im Stützpunkt Silva Palma gefoltert wurden. Dort hatte der Putsch begonnen und zwar wesentlich früher als am 11. September. Als Allende schließlich am 4. September nach Valparaíso kam, berichteten wir ihm, dass loyale Soldaten misshandelt wurden. Aber Allende erwiderte: „Die Streitkräfte stehen zur Verfassung, sie können das nicht tun." Aber wir wussten, dass sie es taten.

In Valparaíso nahm der Putsch seinen Anfang. José hatte erfahren, dass der Putsch am 10. zwischen sechs und sieben Uhr abends beginnen sollte, als die Kavallerie nach Santiago verlegt wurde. Er konnte mit diesen Information aber nichts anfangen, weil er niemanden aus seiner Organisation erreichte. Am nächsten Tag, dem 11. September 1973, gilt es für José, sich erst einmal einen Überblick über die Lage zu verschaffen.

JOSÉ : Zuerst habe ich meine Zelle der Partei aufgesucht, um zu erfahren, was genau geschehen war. Doch statt Informationen gab es bloß Gerüchte. Die Avenida Alemania war ein Menschenmeer. Da spielten sich sehr pathetische Situationen zwischen den Leuten ab, die sich wieder trafen. Ansonsten gab es vor allem Gerüchte. Du trafst zum Beispiel kommunistische compañeros, die sagten, es gebe Waffenlieferungen im Cerro Cordillera. Der Cerro Cordillera ist ein sehr altes Arbeiterviertel mit einer langen Tradition. Andere sagten: „Nein, das sind Lügen. Da passiert gar nichts, wir kommen gerade von dort." Nichts als Gerüchte. „General Prats rückt mit Truppen aus dem Süden an, um Santiago zu befreien." Gelogen. Er kam nicht. Vielleicht waren die Gerüchte das, was wir brauchten. Sie waren der letzte Funken Hoffnung.

In diesen Tagen nach dem Putsch haben wir uns als eine Gruppe Jugendlicher aus diversen Organisationen in den Hügeln von Valparaíso zusammengeschlossen, um auf irgendeine Weise zu reagieren. Der eine oder andere hatte eine Pistole oder einen Revolver des Vaters dabei, aber wir hatten keine Waffen, die für eine Konfrontation mit den Soldaten geeignet waren. Irgendwann hieß es dann: Es gäbe eine Allianz aus MAPU, Kommunistischer und Sozialistischer Partei sowie aus MIR und den Trotzkisten. Aber bereits am nächsten Tag war die Allianz wieder zerbrochen. Wir gingen weiter davon aus, dass wir wie verabredet am Freitag zuschlagen würden. Der Putsch war am Dienstag gewesen. Am Donnerstag hatten wir uns im Haus einer compañera getroffen, und als ich von dort zurück zu meinem Versteck ging, hörte ich plötzlich mächtige Schläge und Schusswechsel, die in Valparaíso widerhallten. Ich wusste nicht, was ich tun sollte. Sollte ich losgehen? Aber, um was zu tun? Mit welchen Waffen? Wie? Alleine? Da ich mir die Fragen nicht beantworten konnte, blieb ich daheim. Denn es war ja auch möglich, dass es die Marinesoldaten selbst waren, die da schossen, um die Leute einzuschüchtern.

Am nächsten Tag teilten uns Leuten in der Avenida Alemania mit, eine Gruppe habe den Angriff vorverlegt und auf eigene Faust durchgezogen. Eigentlich hatten wir geplant, die Straße Tómas Ramos und die Avenida Alemania mit Betonröhren dicht zu machen, die es dort gab, weil in diesem Bereich gerade die Kanalisation verlegt wurde. Mit Steinen und Molotow-Cocktails wollten wir diese Sperren dann verteidigen. Aber letztendlich wurden diese Pläne nicht umgesetzt. Am Freitag hörte man vom Hügel Playa Ancha Schusswechsel, sonst blieb es ruhig.

Von da an begannen wir, unseren Rückzug zu koordinieren. Dazu gehörte, die Leute zusammenzubringen, sich gegenseitig zu unterstützen, über Möglichkeiten nachzudenken und zu diskutieren, etwas zu tun. Aber du spürtest sofort: „Wir sind besiegt." All das, was wir von nun an taten, waren Investitionen in eine ungewisse Zukunft. Wir knüpften Netze, retteten Bücher, die die Leute auf die Straße schmissen, suchten Waffen, die die Leute wegwarfen oder in der Kirche, im Gemeindezentrum, liegen ließen. Das war in diesem Moment unser Widerstand. Dann kamen die Laster der Marine und holten die Leute ab. Plötzlich hieß es: „Der und der wurden gefangen genommen." Oder: „Der und der sind ins Exil gegangen." Wir hatten Verluste und mussten versuchen, uns immer wieder neu zu organisieren. Du musstest einen Ort zum Wohnen finden und eine Infrastruktur schaffen, die dir das Überleben sicherte. Am Schluss sah sich jemand wieder mit der Familie vereint, mit der er eigentlich gebrochen hatte, weil sie Kleinbürger waren und er Revolutionär.

Ende 1974 fühlten wir uns einigermaßen sicher. Ich wohnte mit meiner Partnerin zusammen und wir hatten einen compañero aus Santiago aufgenommen, der nicht wusste, wohin er gehen sollte. Es war zum Teil unglaublich: Ich lebte mit meiner Partnerin in einem Haus, aber wir waren im Untergrund. Wir hatten eine Nähmaschine, und meine Partnerin verdiente etwas Geld mit Näharbeiten. Ich jobbte gelegentlich als Elektroinstallateur oder unterrichtete Kinder reicher Familien. Die hatten so viel Geld, dass sie nicht wussten, was sie damit anfangen sollten, also bezahlte der Vater Schachunterricht für die Kinder, die fünf Jahre alt waren. So schlugen wir uns durch, und ich glaube, die Mehrheit der compañeros tat es auf diese oder eine ähnliche Art und Weise. Es gab allerdings auch einige, denen es gelang, ihren Arbeitsplatz zu behalten.

Im April 1975 wurde José bei einer groß angelegten Polizeiaktion in Santiago festgenommen, als er versuchte, Material aus Valparaíso an das Zentralkomitee seiner Partei, der MIR, zu übergeben. Er wurde in einem Bus verhaftet, vermutlich deshalb, weil er dem eigentlich Gesuchten, einem Mitglied aus dem Zentralkomitee, zum Verwechseln ähnlich sah. Die Festnahme erfolgte mitten auf der Hauptstraße, der Alameda, nahe des Erziehungsministeriums. Zu dieser Zeit wurde gerade die Metro in Santiago gebaut. Auf den zu Bergen getürmten Erdmassen standen Arbeiter und schauten der Festnahme zu. „Ich wusste nicht, wie ich mich verhalten sollte", erinnert sich José. „Sollte ich jetzt rufen: ‚Es lebe die Revolution', und die Faust heben? Schließlich standen ja Arbeiter dort." Er entschied sich dafür, nicht den Helden zu spielen. Auch den Gedanken, wegzulaufen, verwarf er. Irgendwann begriff José, dass die Polizeiaktion eigentlich gar nicht ihm gegolten hatte.

JOSÉ: Das einzige, was mir einfiel, war: „No soy ese." Wie in diesem Lied, in dem es heißt: „Ich bin nicht der, für den du mich hältst." In dieser Situation auf dem Boden eines Lieferwagens mit einer Pistole an der Schläfe, mit verklebten Augen und einem Sandsack auf dem Rücken, musste ich lachen. Ich dachte: „Verdammte Scheiße, was mache ich hier eigentlich?" Als wir in der Villa Grimaldi[14] ankamen, sah

---

14 Das berüchtigte Folterzentrum in Santiago war für viele Gefangene die erste Station einer langen Reise durch verschiedene Gefängnisse und Lager. Heute ist die Villa Grimaldi eine Gedenkstätte.

ich durch einen Schlitz im Klebeband, das mir über die Augen geklebt wurde, eine Frau mit großen, kalten Augen. Sie sagte: „Lasst mir den Kerl." Dann packte sie mich an den Hoden und nahm mich mit. Man spricht immer nur von den Folterern. Das war eine Frau, die mich misshandelte. Es gab Folterer, die hatten einfach Spaß am Foltern. Die teilten aus, des Austeilens wegen. Ich lachte nie über ihre Witze. Wenn sie mir sagten: „Lach!", sagte ich: „Hier gibt es nichts zu lachen." Dafür schlugen sie mich.

Als ich aus der Villa Grimaldi kam, kritisierte ich all jene, die unter Folter angefangen hatten zu reden. Aber dann stellte ich fest, dass das Thema nicht ganz so einfach ist. Denn neben der individuellen Verantwortung gibt es auch eine kollektive. Ich weiß nicht, ob der, der geredet hat, der Mutigere oder der Feigere war. Ich habe aus Angst nicht geredet. Oder aus reiner Rationalität. Wenn du eins sagst, musst du auch neunundneunzig oder hundert sagen. Aber wenn du nichts sagst, dann sagst du eben gar nichts. Du klammerst dich an dieses Nichts: „Ich weiß nichts, ich weiß nichts, ich weiß nichts. Alles Lüge. Ich weiß nichts, ich weiß nichts." Wenn du jedoch erst mal sagst, „XY war es", dann haken sie nach: „Aha, XY..." Sie haben dann einen Ansatzpunkt.

Als sie die Lager schlossen, habe ich meine Partnerin wieder gefunden, die auch im Gefängnis gesessen hatte. Wir haben uns wieder gefunden. Es war nicht so, dass wir uns sahen und wieder zusammen waren, es war ein Prozess. Wir waren mehr als ein Jahr getrennt gewesen. Während dieses Prozesses der Annäherung versuchte der Geheimdienst, die DINA, uns aus dem Schutz der Vicaría de la Solidaridad[15] herauszuholen. Die Vicaría versteckte uns in einem Nonnenkloster. Am 10. Oktober 1976 gingen wir nach Schweden ins Exil. Für uns war das wie ein taktischer Rückzug, nicht mehr. Denn eigentlich hatten wir es immer abgelehnt, das Land zu verlassen. Jetzt dachten wir, wir kämen bald zurück und die Diktatur dauere nicht mehr lange. Wir hatten keine Vorstellung, wie lange wir im Exil bleiben würden.

---

15 La Vicaría de la Solidaridad (Vikariat der Solidarität) wurde 1976 von Erzbischof Kardinal Raúl Silva Enríquez nicht zuletzt als Reaktion auf die staatliche Verfolgung des Friedenskomitees (Comité de Paz), einer ökumenischen Menschenrechtsinitiative, ins Leben gerufen. Das Solidaritätsvikariat nahm sich der Verteidigung vieler von der Militärdiktatur Verfolgter an, organisierte unter anderem den juristischen Beistand und dokumentierte alle gemeldeten Menschenrechtsverstöße. Das Vikariat bestand bis zum 31. Dezember 1992.

José reiste 1988 nach Chile, um am Plebiszit teilzunehmen und gegen Pinochet zu stimmen. 1990 kehrte er dauerhaft nach Chile zurück. Er lebt heute wieder in Valparaíso. Seinen Traum, eine Schule für junge Fotografen aufzubauen, konnte er nicht verwirklichen. Die Banken verweigerten ihm einen Kredit, und auch von staatlicher Seite bekam er für dieses Projekt keine Unterstützung.

EIN UNGLEICHER KAMPF

Nelson Aramburú wurde 1951 in Santiago als Sohn einer Textilarbeiterin und eines Mechanikers geboren. Er erlebte die ersten Tage nach dem Putsch in Santiago, war dort an Widerstandshandlungen beteiligt. In den folgenden Monaten überfiel seine Organisation, die Nationale Befreiungsarmee (Ejército de Liberación Nacional, ELN) Militärpatrouillen und entwaffnete die Soldaten. Im Zuge der Ermittlungen nach einer spektakulären Aktion im Stadtzentrum von Santiago wurde Nelson im Oktober 1974 festgenommen. Eine lange Zeit der Haft und der Folter begann.

NELSON : Ich komme aus einer proletarischen Familie. Vor allem während meiner Kindheit habe ich viel Elend erlebt. Mir wurde klar, dass der einzige Weg aus der Misere heraus, derjenige war, sich mit Gleichgesinnten zu organisieren und für die Veränderung der sozialen Verhältnisse zu kämpfen. Wie viele Jugendliche dieser Zeit war ich von der Figur des Kommandanten Ernesto Che Guevara und der kubanischen Revolution beeindruckt. Der Slogan „patria o muerte" (Vaterland oder Tod) war viel attraktiver, als für eine verdammte Partei bei den Wahlen zu stimmen. Das Konzept der Revolution, des bewaffneten Kampfes und der direkten Aktion sagte einem: „Mensch, hier geht es um etwas." Meine Politisierung erfolgte zuerst über die Sozialistische Partei, bei der ich in der Schülerbrigade war. Dort traf ich auf compañeros, die schon eine klare ideologische Linie verfolgten. Einige von ihnen nahmen an Guerilla-Schulungen teil. Ich spreche hier von den Jahren 1966, 1967. Diese Guerilla-Schulen waren recht naive Projekte. Das Training bestand vor allem darin, Gymnastik zu machen, Selbstverteidigung zu praktizieren und Übungen mit Schießprügeln abzuhalten, die nicht mehr als vier Schüsse abgeben konnten. Aber verdammt, eine Guerilla-Schule, das war schon etwas Wichtiges.

In Chile sollte die Rekrutierung für das internationale Projekt der ELN, die Revolution auf dem südamerikanischen Kontinent voranzutreiben, über die Sozialistische Partei erfolgen. Also stieß ich mit ein paar compañeros hinzu. Später kam es dann zu Reibungen zwischen den Elenos[16], die an dem ursprünglichen Projekt festhielten, die Guerilla in Bolivien zu entwickeln, und den Elenos, die in der Sozialistischen Partei blieben und deren militärische Struktur bildeten. Aus diesen Elenos ging die erste GAP[17] hervor, die Mannschaft, die für die Sicherheit von Präsident Allende zuständig war. Bis 1972 waren die Miristas in dieser Gruppe stark vertreten, danach waren ausschließlich die Sozialisten für die Sicherheit des Präsidenten zuständig.

Ich war zu dieser Zeit mit dem kontinentalen Projekt betraut. Wir gingen davon aus, dass in Bolivien, im Zentrum des Kontinents, auch das Herz der kontinentalen Revolution liegen sollte. Von dort sollte sie sich ausbreiten: nach Argentinien, Brasilien, Chile, in alle Richtungen. Die Struktur der herrschenden Klasse in Bolivien war zu diesem Zeitpunkt als die schwächste des ganzen Kontinents eingeschätzt worden. Doch dann stellte sich heraus, dass dem wohl nicht so war. Sie widerstand den Angriffen perfekt. Die Elenos, die bei der Unidad Popular blieben, beschränkten sich im Großen und Ganzen auf den „chilenischen Prozess", eine völlig legitime Entscheidung. Es gibt compañeros der ELN wie etwa den Kommandanten Arnoldo Camú, der ein Beispiel für revolutionäre Konsequenz war. Man sagt, in den Kämpfen nach dem 11. September 1973 habe er im Cordon Cerillos einen Hubschrauber abgeschossen. Ich kann nicht sagen, ob das stimmt oder nicht.

Während wir in Bolivien klandestin arbeiteten, leisteten wir in Chile politisch-soziale Arbeit, um das kontinentale Projekt zu unterstützen. Ich zum Beispiel arbeitete in der Elektroindustrie bei Maxwell, im Cordon Vicuña Mackenna gelegen, wo es viele Elenos gab. Ich war dort politischer Sekretär der Front Revolutionärer Arbeiter. Da wir bewaffnet waren, lautete das Motto für den Tag des Putsches „Widerstand leisten". Die Einheit, zu der ich gehörte, traf sich im Sektor von Renca, an

---

16 Abgeleitet von den spanischen Buchstaben E, Ele und Ene (ELN).
17 GAP, Grupo de Amigos del Presidente (Gruppe der Freunde des Präsidenten).

der Kreuzung mit der Panamericana. Dort gab es eine Kaserne. Unsere Aufgabe bestand darin, den Verkehr der Truppen dort zu blockieren, indem wir sie auf der Straße beschossen. Das taten wir mehrere Tage hintereinander. Allerdings waren wir nicht wirklich darauf vorbereitet, uns einem Militärputsch entgegenzustellen, zumindest nicht unter den Bedingungen, unter denen sich dieser abspielte. Wenn es so abgelaufen wäre, wir wir uns das ausgemalt hatten, dann wären ganze Einheiten, etwa Teile der Marine, zum Volkswiderstand übergelaufen, um diesen militärisch zu unterstützen. Aber dem war nicht so. Den Putschisten im Militär gelang es, sich mit viel Brutalität innerhalb der Streitkräfte durchzusetzen, so dass diese eine einheitliche Front darstellten. Und die Offensive, die sie durchführten, war in Lateinamerika beispiellos. Die Militärs legten viel Können und Professionalität an den Tag, etwas, über das wir leider nicht verfügten. Ich könnte von hunderten Punkten der Hauptstadt berichten, wo es Zusammenschlüsse von Arbeitern gab, die Fabriken besetzt hielten und dort zwei, drei Tage auf die Waffen warteten, die man ihnen versprochen hatte. Aber es kam keine einzige Waffe an.

Da wir in den Armensiedlungen, etwa dem Lager Ernesto Che Guevara in Pudahuel sowie in weiteren Lagern im Industriegürtel von Santiago und in den ländlichen Zonen politisches Engagement, revolutionären Kampf und den „neuen Menschen" propagiert hatten, kam es uns gar nicht in den Sinn, das Land zu verlassen. Wir mussten mit der Hässlichen tanzen, wie man hier sagt. Denn solange die arme Bevölkerung nicht ins Exil konnte, während die Gewerkschafter in den Fabriken durchhalten mussten, konnten wir, die sich als politische Avantgarde definierten, doch nicht einfach abhauen. Für uns war klar, dass man sich nicht einfach vom Schlachtfeld davon stehlen kann, wenn es schlecht um die Sache steht.

Wir waren nach dem Putsch etwa 50 Leute, die zum Kampf fähig waren. Auf einem klandestinen Treffen, das wir im September in Santiago abhielten, kamen wir zu dem Schluss, dass angesichts der Repression die Chancen sehr gering waren, den Putsch zu überleben. Wir entschieden trotzdem, in den Kampf zu ziehen. In der ersten Zeit war die Repression wahllos gegen die Masse gerichtet. Die Militärs gingen nicht gezielt vor. Wir wollten sie dazu zwingen, sich auf uns zu konzentrieren. Wir spezialisierten uns auf Hinterhalte, um an Waffen zu kommen. Also überfielen wir mehr oder weniger isolierte Wachposten oder Patrouillen. Normalerweise ohne jemanden zu töten, denn das war nicht notwendig. Guckten die Typen in den Lauf einer Waffe, flehten sie um Gnade. Sie hätten doch Kinder …

Bis zum Juni 1974 hatten wir einen compañero, der uns von einer zentralen Stelle im Militärapparat aus mit Informationen versorgte. So kannten wir die wöchentlichen Passwörter, die meistens Farben waren: grün, weiß … Sehr einfallsreich waren die jedenfalls nicht, was die Passwörter anging. Auch die Armbinden wechselten sie: In der einen Woche waren sie weiß, dann gelb oder rot. Wir hatten den Vorteil, dass wir quasi schon die Codewörter und Farben der Armbinden kannten, noch bevor sie das Ministerium verließen. Das ermöglichte uns, uns auch während der Nacht in den Straßen der Hauptstadt zu bewegen. Wir kamen zu Kontrollpunkten, die Soldaten fragten nach dem Codewort, wir antworteten und konnten passieren. Die verstanden natürlich gar nicht, wieso auf einmal Leute, von denen sie annahmen, dass sie Freunde in Zivil waren, plötzlich mit einer Knarre vor ihnen standen. Das war unsere Vorgehensweise. Und das erklärt auch, warum wir bei unserer Verhaftung eine Menge Waffen aus dem Bestand der Armee hatten. Der Luftwaffe haben wir belgische Gewehre der Marke FAL abgenommen, das Heer verwendete auch FAL. Bei einer Aktion, die wir hier in Valparaíso gemacht haben, nahmen wir Marinesoldaten Gewehre von Heckler und Koch ab, kleine Dinger, die aussehen wie Spielzeug, aber ein Wunder an Effektivität sind. Von den Carabineros, den pacos, brauchen wir nicht zu reden. Die haben wir an jedem erdenklichen Ort gestellt und ihnen einige Karl Gustavs abgenommen, ganz schlechte Maschinenpistolen. Weil die so unbrauchbares Material hatten, haben wir sie dann in Ruhe gelassen.

Im Oktober 1974 überfielen wir die Banco de Créditos e Inversiones (Bank für Kredite und Investitionen), die an der Ecke Huérfanos und San Antonio mitten im Zentrum von Santiago liegt. Diese Straßenkreuzung war von großer Bedeutung. Wir hatten herausgefunden, dass dort die Transporter der DINA parkten. Es gab die Technik des poroteo[18]. Das heißt, sie folterten einige Gefangene, schafften es, diese zu brechen,

---

18 Ein Begriff aus der Gefängnissprache: Poroto ist ein Bohneneintopf, der zu Blähungen führt. Beim poroteo gibt der Gefangene die Informationen so zu sagen „Furz für Furz" preis.

und fragten sie: „Willst du kooperieren?" Dann packten sie sie in einen Transporter, von dem aus die Kollaborateure im Zentrum der Stadt die Leute beobachteten und compañeros denunzierten. Die Flaca Alexandra[19] war die Königin des poroteo, sie wurde berühmt. Im Allgemeinen waren es nicht viele Leute, die sich für dieses Spiel hergaben. Wir wollten die Bank an dieser Ecke mit dem Ziel überfallen, uns mit diesen Arschlöchern vom Geheimdienst anzulegen. Also bezogen einige compañeros mit den größten Waffen, über die wir zu dieser Zeit verfügten, in einem Nebengebäude Stellung. Ferner hatten wir ein paar hausgemachte Rauchbomben platziert. Die Idee war also, dass in dem Moment, in dem die Typen los legten, die compañeros begannen, auf sie zu feuern. Wir hatten an drei Stellen compañeros in Position. Die sollten auch die Rauchbombe zünden, damit wir, die die Bank überfielen, in der Konfusion entkommen konnten. Das alles war aber gar nicht notwendig, denn schon beim ersten Schuss mit einer kleinen Pistole, einer 7,65er, stiegen alle Ratten des Geheimdienstes in den Transporter und flohen. Wenn es darum ging, wehrlose Leute zu foltern, waren die Kerle sehr mutig, aber wenn es darum ging, jemandem von Angesicht zu Angesicht gegenüberzutreten, dann hauten sie lieber ab.

Ich machte bei der Aktion mit, ohne mein Gesicht zu verhüllen, da ich schon relativ bekannt war und annahm, dass sie mich ohnehin schon suchten. Nach dem Überfall wurde die Einheit für Raubüberfälle auf mich angesetzt, eine Eliteeinheit innerhalb der Ermittler. Die Typen waren wirklich gut. Innerhalb von zehn Tagen spürten sie mich auf und nahmen mich fest. Das war am 10. Oktober 74. Miguel Enríquez, Chef der MIR, war bei einem Schusswechsel am 5. Oktober in der Gran Avenida gefallen. Mich schnappten zuerst die Ermittler, und als die DINA von meiner Verhaftung erfuhr, begann sie, mich zu suchen. Die Typen von der Ermittlung fingen sofort an, mich zu foltern, um noch vor den anderen an Informationen zu kommen. Gegen 19 Uhr kam dann die DINA, um mich mitzunehmen. Sie einigten sich darauf, dass mich eine gemeinsame Gruppe von Geheimdienstlern und Ermittlern

---

19 Marcia Alejandra Merino, La Flaca Alejandra, Alexandra die Dünne, brach in der Folter und begann, mit der DINA zu kooperieren. Entstellt durch die Folter, mit Perücke und künstlichen Zähnen versehen packten die Agenten das einstige MIR-Mitglied ins Auto und fuhren mit ihr durch die Straßen Santiagos, damit sie ehemalige compañeros und compañeras verriet.

bearbeitete. Sie setzten mir also stereo zu und brachten mich in des Folterzentrum La Venda Sexy, eine ehemalige Diskothek an der Kreuzung Irán/Los Plátanos, wo ich bis zum 1. November, also 21 Tage, blieb. Zu dieser Zeit ging es mir sehr schlecht, sie hatten mich viel gefoltert und mussten mich erstmal wiederherstellen. Schließlich waren sie ja daran interessiert, meine compañeros zu fassen. Und der einzige, der bislang geschnappt worden war, war ich.

Wir hatten Erfahrung im Untergrund gesammelt, und zudem hatten uns die compañeros aus Brasilien sowie die Tupamaros ein paar Techniken beigebracht, um die Verhöre zu überstehen. Etwas, was dir ein paar Vorteile einbrachte, war zu wissen, wie die Geschichte ablief. Das mit der Augenbinde, den Elektroschocks, all das. Viele Leute wussten nicht, was auf sie zukam. Der Schock war dann so heftig, dass sie oftmals Sachen sagten, die sie nicht aussagen sollten. Wenn du die Mechanismen kanntest, wusstest du jedoch: „Ah, jetzt sind wir in dieser oder jener Phase." Innerhalb der Verteidigungsstrategien, die wir entwickelt hatten, galt es, ein paar „Stühle" vorzubereiten. Ein „Stuhl" war eine Einlassung zu etwas oder zu jemanden, die uns eine Verschnaufpause einbrachte ohne jedoch die Organisation zu gefärden. Ich hatte mir vorgenommen, einen Faschisten aus meinem Viertel zu belasten. Einen wirklich ekelhaften Kotzbrocken, einen richtigen Scheißtypen. Wir hatten uns über das Schachspielen kennen gelernt. Also bin ich nach dem Putsch zu ihm gegangen und bat ihn, ein paar Bücher für mich aufzubewahren. Die Bücher hatten keinerlei Bedeutung, sie sollten im Ernstfall jedoch belegen, dass er derjenige war, der Dinge für mich aufbewahrte, auch Sprengstoff und Munition. Ich hatte somit eine kleine geheimdienstliche Arbeit geleistet, um jemanden belasten zu können. Denn es war immer noch besser, so ein Arschloch ans Messer zu liefern, als einen compañero. Ich habe es aber nicht übers Herz gebracht, ihn wirklich auszuliefern, als ich sah, wie sie austeilten. Verdammt, in der Theorie mag das ja funktionieren, aber wenn du in der Situation bist, ist das schrecklich. Ich hätte nie mehr ruhig schlafen können, wenn ich diesen Arschlöchern ein anderes menschliches Wesen ausgeliefert hätte. Zumal es am schlimmsten ist, wenn die Leute wirklich nichts wissen. Ich zum Beispiel konnte auf die Fragen antworten oder Gegenfragen stellen. Aber bei einer Person, die keinen blassen Schimmer hat und die immer nur nein, nein, nein antwortet, gehen sie davon aus, dass sie den Harten spielt. Und dann geht es bah, bah, bah. Das Wahrscheinlichste wäre also gewesen, dass die Arschlöcher den Kerl umgebracht hätten. Das wollte ich nicht verantworten. Der Typ hat übrigens noch immer meine Bücher. Ich habe ihn nie wieder gesehen. Der weiß gar nicht, was er für ein Glück gehabt hat. (Nelson)

NELSON: Abmachungen anderer Organisationen, dass ein Gefangener 48 Stunden schweigen musste, bevor er auspackte, damit die anderen Zeit hatten, zu verschwinden und die Verstecke zu räumen, hätten mir nichts genutzt. Außerdem waren das nur theoretische Werte, in der Praxis gelang es beispielsweise der MIR fast nie, die Verstecke wirklich zu räumen. Meist wurden dann doch weitere compañeros gefasst. Ich konnte mir weder eine Frist von 48 noch von 72 Stunden einräumen, ich musste aushalten. Denn innerhalb der Organisation war ich für die Sicherheit zuständig. Und alle Leute, die mit geheimdienstlichen oder die Sicherheit betreffenden Aufgaben betraut waren, wurden von den Militärs umgebracht. Also sagte ich die ganze Zeit, als ich mich in ihren Händen befand, ich sei ein einfacher Kämpfer, ein Arbeiter. Mir half das, bis ich offiziell als Gefangener anerkannt wurde. Es gab eine Organisation, den Servicio Nacional de Detenidos (Nationaler Gefangenendienst), die mich am 5. März 1975, also fünf Monate nach meiner Festnahme, als Gefangenen der Sicherheitskräfte registrierte. Anschließend wurde ich vom Internationalen Roten Kreuz und von der Regierung als politischer Gefangener anerkannt. Aber jedes Mal, wenn meine compañeros draußen zuschlugen, holten sie mich wieder, verprügelten mich aufs Neue, durchlief ich wieder die Maschinerie. Wenn ich die Nachrichten hörte und mitbekam, dass eine Bank überfallen oder ein Beamter erschossen wurde, wusste ich, verdammt, jetzt holen mich die Arschlöcher wieder. Also bereitete ich mich vor, straffte meine Kleidung, zog die Schuhe ohne Schnürsenkel an, ich war ja nun Experte was das Thema der Misshandlungen betraf. Also kamen die Typen von der DINA, nahmen mich wieder 14 Tage in die Mangel und brachten mich zurück ins Lager. Da ich aber jetzt offiziell bei verschiedenen Organisationen bekannt war, konnten sie mich nicht einfach umbringen. Dass heißt, sie konnten mich fertig machen, aber ich kam zurück.

Das ging so bis zum September, als der Rest des militärischen Apparats unserer Organisation zerschlagen wurde. Drei Tage benötigten sie um die 14 compañeros gefangen zu nehmen. Zu dieser Zeit lebten alle

Mitglieder in zwei oder drei Häusern zusammen. Unter diesen Umständen reichte es, eines dieser Häuser aufzuspüren. Den Folterern war es gelungen, jemanden zum Reden zu bringen. Das hatten sie bislang noch nicht geschafft. Die Tatsache, dass sie weder durch meine Festnahme, noch die von Conejo Grez oder von Chico Lalo (die beiden wurden bestialisch gefoltert und ermordet) etwas erreicht hatten, wirkte wie ein Zeichen, dass man der Folter widerstehen konnte, dass man das aushalten konnte, dass wir hart waren. Aber nun hatten sie Pelao Tito festgenommen, einen compañero, der als Gefängniswärter gearbeitet hatte, bevor er zu uns stieß. Das Leben im Untergrund hatte ihn völlig aus der Bahn geworfen, so dass er anfing zu trinken. Die compañeros schmissen ihn aus der Organisation. Pelao ging mit dem Versprechen, alle Namen und weitere Informationen zu vergessen. In einem Streit mit einer Freundin verpasste er ihr, betrunken wie er war, mit einer 22er eine Kugel. Offensichtlich war das keine politische Tat, doch als die Bullen ihn festnahmen, begriffen sie plötzlich, dass sie einen seit langem Gesuchten geschnappt hatten.

Da ihn die Bullen festgenommen hatten, brachten sie ihn zum Geheimdienst der Carabineros, der im Gebäude der Zeitung *Clarín* untergebracht war. Dort begannen sie, Pelao zu foltern. 15 Tage lang hielt er den Brutalitäten stand. Aber am 15. Tag übergoss ihn einer der Folterer, Lolo Muñoz, der später verurteilt wurde, mit Säure. Er schüttete ihm Schwefelsäure auf die Brust. Das Geschrei in der Nacht war so heftig, dass ein anderer Wärter davon aufwachte, und ihm Öltücher auflegte, um die Schmerzen etwas zu lindern. Am nächsten Tag kam Lolo Muñoz wieder und fragte: „Na, Pelao, hast du dein Gedächtnis aufgefrischt?"
„Ich kann nichts aussagen, die haben mich als Säufer rausgeschmissen. Ich hab damit nichts zu tun. Mir geht es schlecht." Also ging es von vorne los, und der Folterer schüttete ihm Schwefelsäure auf die Hoden. Wenn sie das bei mir gemacht hätten, ich bin nicht sicher, ob ich noch irgendein Geheimnis für mich behalten hätte. Unter diesen Umständen begann Pelao Tito auszusagen.

Es gibt ein beschissenes psychologisches Phänomen. El Pelao war ein wirklich harter Typ, ein zäher Bursche. Es gab mehrere compañeros mit diesem Charakter: Sie widerstanden bis zu Grenzen, die andere nicht aushielten. Aber wenn es den Folterern gelang, sie zu brechen, verdammt, dann vollzogen sie eine 180-Grad-Wendung. Also lieferte er ihnen mit einem Mal ganz viele Informationen, zum Beispiel alle Adressen der Häuser, an die er sich erinnerte. Er hatte ein hervorragendes Gedächtnis. Später verurteilten wir Pelao Tito während eines Kriegsrats, den wir innerhalb des Gefängnisses abhielten, zum Tode, weil er über das notwendige Maß hinaus mit dem Feind zusammengearbeitet hatte. Pelao akzeptierte das Urteil, sagte, er an unserer Stelle hätte auch für die Todesstrafe plädiert. Allerdings äußerte er den Wunsch, dass er von jemanden umgebracht werde, mit dem er zusammengekämpft hatte, und nicht von irgend jemanden, den er nicht kannte. Das Todesurteil wurde von uns im Gefängnis nicht vollstreckt, denn das Auftauchen einer Leiche hätte die Situation für alle Gefangenen, nicht nur für die Elenos, kompliziert gemacht.

Auf jeden Fall hatten die Typen nach Pelaos Aussagen die Umgebung der genannten Häuser überwacht, und erwischten alle compañeros. Ganz am Schluss fragten sie die Verhafteten: „Und dieser Typ, der Nelson Aramburú, was ist mit dem?" Die compañeros dachten: „Na, der ist ja schon mehr als ein Jahr in Gefangenschaft, da gibt es wohl nichts mehr, mit dem wir ihn belasten können." Also sagten sie: „El Tambo", so lautete mein Kriegsname, „war unser Informations- und Sicherheitschef." – „Dieser Hurensohn, bringt ihn sofort her." Ich war zu dieser Zeit in Puchuncaví, einem Lager, das in der V. Region lag, streckte den Bauch in die Sonne, als sie mich aufsuchten. „Los geht's, die wollen dich dringend in Santiago sehen." – „Verdammt, was geht hier vor?", dachte ich. Ich wusste, dass die anderen gefangen worden waren, hatte das aber für mich eher als Ruhepause aufgefasst. Dachte, die lassen mich jetzt in Ruhe. Sie brachten mich nach Cuatro Alamos. Und dort schnappte mich der Leutnant der Gendarmerie und Leiter des Gefangenenlagers, José Manzo, der mir eine Augenbinde anlegen wollte, damit ich die Gruppe von DINA-Agenten nicht sah. Miguel Krassnoff Martchenko[20], vor dem sie sogar innerhalb der DINA Angst hatten, sagte: „Nein, lass das Arschloch, jetzt werden wir ihm ins Gesicht sehen." Auch Osvaldo

---

20 Miguel Krassnoff Martchenko, Hauptmann, war in der Villa Grimaldi als Mitarbeiter der DINA vor allem für die Verfolgung der MIR zuständig und galt als hart und unberechenbar. Er musste sich vor Gericht in verschiedenen Verfahren wegen Menschenrechtsverstößen verantworten und wurde 2004 zu zehn Jahren Haft verurteilt.

Romo[21] war dabei. Sie nahmen mir die Handschellen ab, ich trat in ein kleines Räumchen, wo es einen stabilen Tisch mit Metallfüßen und einer hölzernen Platte gab, wie in der Schule. Dort begannen sie, mich grün und blau zu schlagen. Sie prügelten auf mich ein. Am Ende lag ich unter dem Tisch und versuchte mich zu schützen – in einer nicht sehr heldenhaften Position, die zudem ästhetisch nicht sehr ansprechend war.

„Chef, was ist denn los?", fragte ich.

„Du hast uns verarscht."

„Wie, verarscht? Ich war doch die ganze Zeit Gefangener."

„Tja, deine Kameraden haben uns erzählt, was du für ein Pöstchen inne hattest."

„Verdammt", dachte ich, „es sieht nicht gut für mich aus."

Mein Glück war, dass mir die Kerle trotz allem ein wenig Respekt entgegenbrachten. Ich gab mich also geschlagen und versuchte, meine Würde zurück zu gewinnen und kroch unter dem Tisch hervor.

„Was haben Sie uns denn in der Villa Grimaldi erzählt? Dass Sie Profis seien. Ja und? Ich bin auch Profi. Ich musste die Schnauze halten, und das habe ich getan. Das mit dem Posten? Sie haben mich ja noch nicht einmal danach gefragt." Mir gelang es, das Gespräch auf eine rein technische Ebene zu ziehen, bei der es um ein professionelles, hierarchisch aufgebautes Heer ging. „Sie sind Profis auf Ihrem Gebiet, ich auf meinem. Ich gehöre zu einer Guerilla-Armee und innerhalb dieser Armee habe ich einen Rang. Und meine Stellung ist höher als Ihre, denn ich bin professioneller als Sie." Sie haben mich nicht einmal mehr geschlagen. Aber Guatón Romo sagte zu mir: „Solange wir re-

---

21 Osvaldo Enrique Romo Mena, auch Guatón Romo genannt, war zu Zeiten Allendes ein Anführer in den poblaciones, wurde nach dem Militärputsch allerdings Mitarbeiter des Geheimdienstes DINA und zu einem gefürchteten Gegner der MIR. Er identifizierte Anführer der MIR und folterte selbst in der Villa Grimaldi. Wegen des Verschwindenlassens von Miristas wurde er zu langjährigen Gefängnisstrafen verurteilt. Sein Handeln verteidigte er in Interviews und sagte, er würde Folter jederzeit wieder anwenden, allerdings noch brutaler. Er litt in den letzten Jahren unter Diabetes und war an den Rollstuhl gefesselt (vgl. *Historia oculta*, und den Radiobericht vom 1. Oktober 2004 [www.cooperativa.cl] über den Antrag auf ein Gnadengesuch). Anfang Juli 2007 starb er. Nach seinem Tod wurde die Abschaffung eines speziellen Fonds der Armee diskutiert. Aus diesem Fonds, in den alle Soldaten, gleich welchen Ranges, einen Teil ihres Lohns (0,23 Prozent) einzahlen müssen, werden Militärs und ihre Familien unterstützt, die mit der Justiz in Konflikt geraten sind. Auch Romo und seiner Familie wurde eine solche Unterstützung zuteil (vgl. *La Nación*, 5. Juli 2007).

gieren, kommst du hier nicht raus." Dieses Versprechen haben sie fast eingehalten, denn ich bin erst 1984 entlassen worden.

Jahre später, 1994, ich arbeitete in der Stadtverwaltung von Huasco in der III. Region und war dort für Public Relations zuständig, klingelte eines Tages das Telefon.

„Hallo Tambo", sagte eine dünne Stimme.

„Na so was", dachte ich, denn lediglich meine compañeros aus jener Zeit kannten meinen Tarnnamen.

„Tambo?"

„Am Apparat. Wer spricht?"

„El Pelao Tito."

„Pelao, das ist ja ein Ding. Wo treibst du dich denn rum?" Pelao war nach mehrjähriger Gefangenschaft nach Norwegen gegangen, wo er lange Zeit blieb, bis er nach Chile zurückkehrte.

„Ich bin in Tomé, compañero."

„Ah, das ist ja schön, und was machst du so."

„Ach na ja, ich bin jetzt seit sechs Monaten zurück. Und es hat ein bisschen gedauert, bis ich deine Telefonnummer herausbekommen habe. Deshalb melde ich mich erst jetzt. Ich möchte dir jetzt meine Daten durchgeben. Ich warte auf die Vollstreckung des Urteils."

Der hat all diese Jahren damit gelebt, dass er von uns zum Tode verurteilt wurde. Und ich hatte das total vergessen. Stell dir das doch mal vor. Ich war doch mittlerweile ganz woanders. Ich arbeitete bei der Stadtverwaltung, war verheiratet. Wir lebten immer noch in der Scheiße, aber sie holten dich nicht mehr nachts ab, um dich in irgendwelche Folterzentren zu schleppen. Mir verschlug es die Sprache, ich war völlig geschockt.

„Tambo, bist du noch dran?"

„Ja. Mensch, hast du nicht mitbekommen, dass es eine Amnestie gab?"

„Nein, nein. Was für eine Amnestie?"

„Dein Fall ist längst abgeschlossen, es gibt ja noch nicht einmal mehr die Organisation, die die Strafe vollstrecken könnte. Also kauf dir ein gutes Tröpfchen, stoß auf all deine compañeros an und versöhne dich mit dem Leben und der Welt."

Nelson wirkt, auch wenn er erzählt, robust und unerschütterlich. Doch unter seinem Panzer aus Abgeklärtheit und der Professionalität eines ehemaligen Guerillero, der dazu ausgebildet wurde zu töten, Qualen zu erleiden und zu sterben, arbeitet es. So leicht, wie es scheint, fällt es Nelson nicht, das Geschehene wieder aufleben zu lassen. Recht unvermittelt unterbricht er das Gespräch: Er kann nicht mehr weiter, er ist erschöpft. Nelson Aramburú ist heute Generalsekretär der Comisión Ética contra la Tortura (Ethik-Kommission gegen Folter) und lebt in Valparaíso. Er setzt sich für die Rechte der Mapuche ein und arbeitet bei einem alternativen Radiosender.

NELTUME – DAS SCHEITERN IN DEN BERGEN

In einer chilenischen Stadt, auf einem Platz, nennen wir ihn Plaza de Armas, bin ich mit einem Veteranen des bewaffneten Widerstands verabredet. Er taucht plötzlich und überaus pünktlich vor mir auf, wird mir als Gustavo vorgestellt. Nach dem Gespräch verschwindet er unauffällig in der Menge. Beim zweiten Treffen am nächsten Tag kommt er aus einer anderen Richtung. Disziplin und einige Grundprinzipien aus dem Untergrund hat Gustavo bis zum heutigen Tag nicht abgelegt. Er ist einer von wenigen, die das Guerilla-Projekt Neltume der MIR überlebt haben.

1978 hatte die MIR beschlossen, eine neue, offensive Phase einzuleiten. Eine wichtige Rolle sollten dabei jene revolutionären Kräfte spielen, die nach dem Militärputsch am 11. September 1973 das Land verlassen hatten und seitdem im Exil lebten. Neben einer Verstärkung der Aktivitäten in den Städten plante die MIR auch den Aufbau einer Guerilla im Süden des Landes, um so ein neues Kampffeld gegen das Militär zu eröffnen. Zu diesem Zweck sollte in den Kordilleren eine Infrastruktur geschaffen werden, die aus Bunkern, unterirdischen Vorratslagern nach vietnamesischem Vorbild und einem Trainingslager bestand. Knapp zwanzig Mann hatten die Aufgabe, diese Strukturen anzulegen, unterstützt von Menschen im nahe gelegenen Tal. Weil das Kartenmaterial schlecht war beziehungsweise Entfernungsangaben nicht zutrafen, verpassten sich zwei Gruppen. Ein Teil kehrte erfolglos nach Europa zurück, um von Paris aus einen neuen Anlauf zu unternehmen. Bei weiteren Versuchen, über Argentinien und die Anden nach Chile zu gelangen, wurden zwei Personen von argentinischen Militärs verhaftet und an die chilenische Seite ausgeliefert. Ihr Schicksal war damit besiegelt. Unter unglaublichen Mühen und Strapazen gelang es den MIR-Aktivisten, Lager anzulegen, Bunker auszuheben und die unwirtliche Gegend zu erkunden. Bei den Bauern erregten die Fremden Misstrauen. Die Ortsansässigen spürten, dass sich etwas in den Bergen tat, denunzierten nach einer Begegnung die verdächtigen Gestalten. Soldaten umstellten das Basislager und begannen, das Feuer zu eröffnen. Zu dieser Zeit hatten die Guerilleros bis auf eine Handgranate und eine Pistole keine Waffen bei sich. Diese befanden sich, ohne dass es die Mehrheit der Guerilleros zu diesem Zeitpunkt wusste, in einem anderen Versteck in der Nähe des Lagers. Die Führung der MIR hatte darauf bestanden, dass die Kämpfe nicht begannen, bevor sie das Signal dazu gab.

Gustavo sieht hier einen wichtigen Grund für das Scheitern des gesamten Projekts: Weil die Waffen fehlten, habe sich eine gewisse Nachlässigkeit eingeschlichen, seien die Wachdienste nicht ernst genug genommen worden. Das habe das schlimme Ende eingeleitet.

Den Überraschten gelang es zu fliehen. Dabei wurde allerdings die Gruppe geteilt. Den Militärs war bei ihrem Angriff ein Rucksack mit den Ausweispapieren der Kämpfenden in die Hände gefallen, zudem unverschlüsselte Aufzeichnungen über die Kontaktpunkte und Verbindungsleute im Tal. Schlecht ausgerüstet und geschwächt versuchten die beiden durch den Angriff getrennten Gruppen wieder zusammenzukommen. Die Entbehrungen waren unvorstellbar: Erschöpfung, Hunger und Erfrierungen. Die compañeros mussten einem ihrer Mitkämpfer mit einem Springmesser die erfrorenen Füße amputieren. Auch die Kontaktaufnahme zur Partei und zu Sympathisanten in Temuco und Santiago konnte das drohende Ende nicht mehr aufhalten. Insgesamt elf Miristas kamen ums Leben.[22]

Schon vor dem Aufbau der Guerilla in Neltume gab es Kritik an der Aktion, die jedoch nicht erhört wurde. Pinki, der am 11. September 1973 in dem Gebiet von Neltume an Kämpfen gegen das Militär teilgenommen hatte, warnte, dieses Gelände sei nicht für den Guerillakampf

---

22 Vgl. Comité Memoria Neltume, *Guerilla en Neltume – Una historia de lucha y resistencia en el sur chileno,* LOM Ediciones, Santiago 2003.

geeignet, das Abenteuer könne vielen Menschen das Leben kosten. Da sich der zu jener Zeit in Schweden lebende Pinki weigerte, an der Aktion teilzunehmen, obwohl er eine Guerillaausbildung hatte, wurde er aus der MIR ausgeschlossen.[23] Trotz aller Pannen und des katastrophalen Endes verteidigt Gustavo das Projekt: „Die Idee einer Guerilla, die die Armee zwingt, ihre Kräfte aufzuteilen war richtig, der Erfolg wäre möglich gewesen."

GUSTAVO : Man kann sagen, dass der Widerstand hinsichtlich unserer Anliegen und Ziele gescheitert ist. Doch die Tatsache, gescheitert zu sein, mindert nicht den Wert des Widerstands. Wir sind mit unseren politischen und strategischen Projekten gescheitert, aber das Volk[24] hat in seiner Gesamtheit der Diktatur eine Niederlage zugefügt – zwar nur eine Wahlniederlage, aber immerhin. Wir wollten nicht nur die Diktatur oder die Militärregierung besiegen, sondern wir hatten vor, das politische und wirtschaftliche System zu überwinden. Das haben wir nicht geschafft. Aber auch die Abwahl des Tyrannen bedeutete objektiv einen großen Schritt für das Volk auf dem Weg zu seiner Befreiung. Für mich ist das Wichtigste an der Erinnerung, dass sie erlaubt, das Wesentliche festzuhalten. Das Wesentliche sind Werte, Prinzipien oder Beispiele. In Chile ist das Wesentliche, dass man sich nicht vor einem Tyrannen und der Übermacht des Militärregimes gebeugt hat.

Ich glaube, es war gegen Ende des Jahres 1991 – die Diktatur war bereits vorbei –, als ich zum ersten Mal die Niederlage des bewaffneten Widerstandes eingestehen musste. Ich glaube, es ist das Gesündeste, diese Niederlage anzuerkennen, und zu sagen, auf diesem Weg geht es nicht weiter. Alles andere macht einen blind, vernebelt einem die Sicht und verhindert, die Realität wahrzunehmen. 1991 musste ich mich

---

23 Vgl. Cristián Pérez, *Historia del MIR*, Estudios Públicos, 91, 2003.

24 Im Gegensatz zur deutschen Linken wird in Chile sowie in vielen anderen lateinamerikanischen Ländern das Volk, el pueblo, als eine positive Bezugsgröße angesehen. Auch wenn sich die historischen Erfahrungen unterscheiden, und sich in Chile weite Teile der Bevölkerung am Widerstand gegen die Diktatur beteiligten, halte ich diese idealisierte Vorstellung des Volkes, wie sie sich auch in dem bekannten Refrain „El pueblo unido, jamás será vencido" (Das vereinte Volk wird nie besiegt werden) für eine Vereinfachung, beziehungsweise für den Ausdruck eines Wunschdenkens, denn in der Realität war und ist das chilenische Volk uneinheitlich. So gab es auch in den Armenvierteln erhebliche Unterstützung für das Pinochet-Regime. Ich halte es dennoch für angebracht, *pueblo* mit *Volk* und nicht mit *Bevölkerung* zu übersetzen, da dies der Intention meines Gesprächspartners entspricht.

diesen Fragen stellen, aber nicht etwa, weil ich erschöpft war, sondern weil der Weg zu Ende war. Aber es kommt nicht plötzlich der Moment der Generalabrechnung, ein bestimmtes Datum, denn die ganze Angelegenheit ist nicht mechanisch. Du musst dich permanent fragen: „Scheiße, was mache ich hier eigentlich? Was machen wir als Kollektiv?" Das ist ein steter Prozess der Reflexion, der Kritik oder der Selbstkritik. Du gehst im Park spazieren und stellst dir plötzlich Fragen, die deine Existenz betreffen. Das hat aber nichts mit einem selbstmörderischen Prozess der Selbstkritik zu tun, in den manche Leute geraten und den fast die gesamte europäische Linke ergriffen hat. Eurokommunisten[25] entwickelten diesen Eifer, sich selbst für jene Dinge zu kritisieren, die sie gar nicht begangen haben. Selbstkritik für die Sowjetunion, den Stalinismus. Die gesamte europäische Linke leidet unter diesem Trauma. Das Schlimme ist, dass dies nicht nur in Europa passiert ist, sondern dass es auch die chilenische Linke entscheidend beeinflusst, weil viele diese Haltung aus dem europäischen Exil mitgebracht haben. Von daher kommt doch diese halb-eurokommunistische Concertación. Eine Linke, die eigentlich keine Linke ist, die davon lebt, der Selbstkritik zu frönen und ein Vergangenheits-Harakiri zu begehen. Gut, auch bei uns, der revolutionären Linken, der MIR, gibt es Leute, die dem Harakiri und der Selbstkritik verfallen sind. Aber ich bin es nicht. Ich glaube, ich habe in den Momenten, als es an mir war zu handeln, das Richtige getan. Ob gut oder schlecht, ich habe getan, was getan werden musste.

Heute ist es natürlich leicht, Gründe für die Niederlage zu finden und Kritik zu üben. Im Grunde waren es nicht so sehr grundsätzlich-politische als vielmehr kleine menschliche Fehler, die tragische Konsequenzen hatten. Und menschliche Fehler werden immer begangen. Ein solcher Fehler ist zum Beispiel im Untergrund die Wachsamkeit zu vernachlässigen. Es ist ein Fehler, unvorsichtig zu sein, aber es ist auch

---

25 Tomás Moulian schreibt dazu in *Chile Actual. Anatomía de un mito:* „Die Sozialistische Partei hat von 1979 an einen revolutionären Wechsel ihrer ideologischen Identität vollzogen. Sie verwandelte den Marxismus in Sozialdemokratie. Eine Erneuerung, die, inspiriert durch den Eurokommunismus, als eine interne Kritik des Marxismus angefangen hatte, indem sie nach einer Erweiterung ihrer Horizonte und ihrer theoretischen Möglichkeiten suchte, und damit endete, den theoretischen Referenzrahmen zu verlassen, die Revolution oder zumindest eine substanzielle Kritik des Kapitalismus. Heute befindet sie sich in einem beschleunigten Prozess der Absorption durch den Liberalismus als eine konstitutive Vision der Welt." (S. 73 f., Übersetzung B.S.)

falsch, die Vorsicht zu übertreiben. Dann kann die Furcht wuchern, die einen am Handeln hindert. Ein menschlicher Fehler kann sein, seine Familie zu sehen, wenn man sie besser nicht besuchen sollte. Fehler sind die vielen kleinen Undiszipliniertheiten im Untergrund, die Flanken öffnen, an denen die Repression angreifen kann. In diesem Zusammenhang erinnere ich mich an eine Auseinandersetzung, die wir in jener Zeit mit unseren compañeras im Untergrund hatten. Wir lebten ja in künstlichen Familien, meist in Arbeitervierteln, wo der Machismo besonders ausgeprägt war. Es kostete uns viel Arbeit, die compañeras zu überzeugen, dass sie im Innenhof die Wäsche waschen und aufhängen mussten und dass sie am Herd stehen sollten, um im Topf zu rühren, auch wenn es gar nichts zu essen gab. Es ging darum, den Anschein zu wahren, dass sie klassische Hausfrauen waren und deshalb die Wäsche des „Ehemannes" aufzuhängen hatten. Jeder von uns wusch seine Klamotten selbst, aber wir hatten riesige ideologische Diskussionen mit den compañeras, damit sie rausgingen und unsere Socken im Hof aufhingen. Denn in den poblaciones sind alle Höfe offen und alle Nachbarn sehen, was im Haus passiert. Sie hören, ob jemand die Klospülung betätigt oder Teller wäscht. Auf solche Details musste man achten, denn sonst machte man ganz schnell einen Fehler. Es waren, wie gesagt, die kleinen menschlichen Fehler, die sich am Schluss zu offenen Flanken für die Repression entwickelten. Dabei war es nicht so, dass sofort der große Schlag erfolgte, sondern dort setzte die geheimdienstliche Arbeit an, die dann Wochen oder Monate später zu einem vernichtenden Schlag führte.

Ich habe nicht Widerstand geleistet, ich war Widerstand. Das ist ein Unterschied. Es ist nicht so, dass ich von 8 bis 18 Uhr für die Sache arbeitete, sondern ich lebte dafür. 25 Stunden am Tag, denn 24 Stunden reichten dir nicht aus. Wir waren Vollzeitrevolutionäre. Dafür gab es zwei Gründe: erstens die Vielzahl der Ziele und Aufgaben, die wir hatten. Und zweitens: Der Feind arbeitete 24 Stunden am Tag, 365 Tage im Jahr, um dich zu jagen, zu fangen und auszulöschen. Es gab keine Atempause. Man musste sich permanent dem Angriff oder der Verteidigung widmen. Dieses Spiel ging, um sich der Fußballsprache zu bedienen, über die vollen 90 Minuten. Innerhalb dieses Rahmens gab es natürlich Momente, in denen sich jemand über Erfolge freute oder über Dinge, die gar nichts mit dem Widerstand zu tun hatten. Wenn du bei diesem ganzen Hin und Her eine Frau kennen lerntest, wenn du gut gegessen hattest oder ein gutes Gespräch mit einem Freund führtest. All diese kleinen Freuden und Traurigkeiten des Alltags, die es überall auf der Welt gibt, erlebte ich auch. Ich lebte nicht nur, um zu kämpfen, sondern ich kämpfte, um zu leben. Ich lief nicht herum und dachte die ganze Zeit an den Tod. Was mich beschäftigte, war das Leben. Solange wir lebten, hatten wir eine Chance zu gewinnen. Deshalb haben wir uns auf das Leben vorbereitet, und das brachte uns der Möglichkeit des Siegens näher. Anders gesagt: Ich fühlte mich nicht zum Märtyrer berufen. Angst, ja, die hatte ich. Angst ist Bestandteil der menschlichen Existenz. Die Angst attackiert dich in bestimmten Momenten. Der Witz besteht darin, sie zu besiegen. Du weißt, es gibt sie, aber du kannst sie überwinden.

Es mag kitschig klingen, aber die wichtigste Motivation, um für Gerechtig-keit zu kämpfen, ist die Liebe zu den Menschen. Es ist die Liebe zur Mensch-heit und zu den Armen, die in diesem Land leben. Aber manchmal hat es mich auch wütend gemacht, gerade in den ersten Jahren im Untergrund, wenn uns die Leute, für die wir eigentlich kämpften, die Unterstützung versagten. Du musstest nicht nur mit der Verfolgung, dem Hunger und der Kälte zurechtkommen, sondern auch mit der Ablehnung von jenen, für die du dich so ins Zeug legtest. Wenn die Leute aus den poblaciones dir die Hilfe verweigerten, brauchtest du schon eine gehörige Portion Verständnis und Nächstenliebe, um diese Reaktion zu begreifen. Ich habe dann ein wenig Strafe und Optimismus gemischt und ihnen gesagt: „Schon gut, es macht mir nichts aus, dass ich nicht reinkommen darf und dass ihr mir nichts zu essen gebt. Aber kommt bloß nicht angekrochen, wenn wir gewonnen ha-ben und ich Innenminister bin." Es gibt Leute, die erinnern sich noch immer daran. Ich habe wirklich daran geglaubt. Nicht daran, dass ich Innenminister werde, aber daran, dass wir siegen werden. (Gustavo)

Wesentlich stärker als etwa Nelson hält Gustavo an seiner Rolle als Ex-Guerillero fest. Ich muss eingestehen, mir ist es nicht gelungen, sein Vertrauen so weit zu gewinnen, dass er mehr von seinen Empfindungen preis gibt. Dass er trotz des Scheiterns des Guerillaprojekts Neltume die grundsätzliche Idee dahinter verteidigt, finde ich bemerkenswert, denn in gewisser Weise wäre es wahrscheinlich einfacher gewesen, das Projekt als Ganzes in Bausch und Bogen zu verdammen oder sich zumindest von jenen abzugrenzen, die Verantwortung für die Niederlage tragen.

Auch, dass Gustavo nicht die großen politischen Entscheidungen, sondern die kleinen menschlichen Unzulänglichkeiten als Hauptgrund für das Scheitern ansieht, ist wichtig. Die Frage ist, was sich daraus folgern lässt. Wie lässt sich die Undiszipliniertheit einzelner Untergrundkämpfer verhindern, die – allen Gefahren zum Trotz –, das Bedürfnis nicht unterdrücken können, Angehörige zu besuchen? Oder anders: Wo liegen die Grenzen des Menschen, sich selbst vor menschlichen Schwächen zu schützen? Wie kann eine politische Strategie diesen Schwächen Rechnung tragen, ohne unmenschlich zu werden? Gustavos Ansatz, aus historischen Ereignissen lediglich eine Quintessenz zu destillieren, ist problematisch, denn so wird aus der Geschichte eine Art Wunschkonzert: Das Positive behalten, das Negative vergessen wir. Diese Gefahr der Vereinfachung besteht grundsätzlich und ist dann immer besonders groß, wenn es darum geht, direkte Lehren aus der Geschichte zu ziehen oder historische Ereignisse zu funktionalisieren, um die eigene, aktuelle Politik zu legitimieren. Zwischentöne gehen bei einer solchen Betrachtungsweise fast zwangsläufig verloren. Zwischentöne übrigens, die nicht zuletzt daraus resultieren, dass „Geschichte" von Menschen eben mit ihren Schwächen und nicht von strahlenden und makellosen Helden gemacht wird.

Dass Gustavos Kritik an dem Neltume-Projekt sehr zurückhaltend ausfällt, hängt gewiss mit der Verpflichtung zusammen, die er gegenüber seiner gefallenen compañeros empfindet. Wie gesagt, mir ist es in der kurzen Zeit nicht gelungen, ein Vertrauensverhältnis zu Gustavo aufzubauen. Deshalb bleibt mir nur die Vermutung, dass Gustavos Sicht auf Neltume von diesem Gefühl mitgeprägt ist. So, als ob er sagen wollte: „Das Wichtigste war, dass wir gekämpft haben und nicht, wie die compañeros gestorben sind."

Schonungslos fällt hingegen die Kritik von Alejandro Olivares Pérez aus, der in dem Kapitel *Widerstand der Arbeiter* (Seite 97) ausführlich über seine gewerkschaftlichen Tätigkeit berichtet. Er erhebt gegen die damalige Parteiführung der MIR, die Ende der 70er Jahre im Ausland saß und die „Operation Rückkehr" zu verantworten hat, schwere Vorwürfe.

ALEJANDRO : Bei allem Respekt gegenüber den compañeros, die daran teilgenommen haben, die Guerilla von Neltume war ein Witz. Es war die Karikatur einer Guerilla. Ich glaube, die ganze Operación Retorno war ein einziges Scheitern. Die Fähigkeit der Volksbewegung hier in Chile Ende der 70er, Anfang der 80er Jahre wurde überschätzt. Man sagt, dass diese Einschätzung auf Informationen basierte, die aus Chile stammten. Aber du kannst keine Politik, und vor allem keine Kriegspolitik von außerhalb machen. Du benötigst reale Informationen aus dem Inneren. Ein Beispiel: Wir hatten hier eine Miliz. Wir waren zwölf compañeros, auf unterschiedliche Dinge spezialisiert. Wir zwölf operierten in Concepción, Valdivia, Arica und Santiago. Also wurde über all die Widerstandskomitees berichtet, die hier, da und dort im Einsatz waren. Aber es waren immer wir. Wenn du jedoch außerhalb des Landes bist, einen solchen Bericht erhältst und all diese Widerstandsnester zählst ... Wir haben einfach mehr Professionalität und das Gegenchecken der Information von der Direktion im Ausland erwartet, von Pascual Allende, Nelson Gutierrez und all den compañeros, die heute Geschäftsleute sind. Die haben die Informationen nicht kritisch geprüft. Mich machen die vielen Toten sehr betroffen. Compañeros, mit denen du viel Zeit verbracht und einen Teil deines Lebens zusammen gekämpft hast, sind dann wegen, entschuldige bitte, dem letzten Scheiß in die Hände der Gegner gefallen. Leute, die eine Aktion machen sollten, und Teil der Operación Retorno waren, sind schon am Flughafen festgenommen wurden.

Ich war eine Zeit lang damit beauftragt, die „Grenzen zu öffnen", ich nahm mich also der compañeros an, die auf verschiedenen Wege die Grenzen überquert hatten, in Temuco, in Santiago am Flughafen, am Pass zu Argentinien und in Arica. Man sagte mir: „An dem und dem Tag, zu dieser Stunde, wird ein compañero eintreffen, der so und so aussieht. Besorg dir ein Auto, kleide dich auf diese und jene Art." Ich kam an den Flughafen, und die Person, die ankam, war mein Bruder Juan Olivares. Stell dir vor, was für eine Angriffsfläche so etwas bietet. Der Geheimdienst brachte meinen Bruder am 7. November 1980 zusammen mit Rubén Eduardo Orta Jopia in der Avenida Domingo Santa María, in der Nähe der dortigen CNI-Kaserne, um. Angeblich bei einem Schusswechsel, doch das war eine Lügengeschichte.

KEINE OPFER, SONDERN WIDERSTÄNDLER

In einer *población* von Concepción stellt sich mir ein *Mirista* als Carlos, 47, vor, der Ende der 70er Jahre zum Widerstand gestoßen ist. Er beschreibt die Erfahrungen aus der Stadt, die sich erheblich von denen der Guerilla in den Bergen unterscheiden. Im Gegensatz zu den *compañeros*, die in den Ausläufern der Anden auf eine bewaffnete Konfrontation mit dem Militär setzten, haben Carlos und seine Genossen keine militärische Ausbildung durchlaufen, aber sie verfügten über eine soziale Basis innerhalb der Arbeiterviertel, was ihnen die Arbeit im Untergrund erleichterte.

CARLOS : Viele Menschen gehen davon aus, dass der Widerstand von *compañeros* entwickelt wurde, die ein klares politisches Konzept hatten, wie die Diktatur anzugreifen war. Aber unsere revolutionäre Partei war wegen der Repression so gut wie atomisiert, als 1979 die Reorganisation begann. Ich war sehr jung, als ich zum Widerstand stieß, und hatte nur sehr vage politische Vorstellungen. Das einzige, was dich in jener Zeit dazu brachte zu kämpfen, waren die Verbrechen der Diktatur gegenüber Personen, die dir nahe standen, sei es gegenüber einem Angehörigen oder gegenüber einem Freund in der *población*. Warum erwähne ich das? Weil ich glaube, dass wir vielleicht, wenn wir eine politisch-ideologische Bildung gehabt hätten, eine wesentlich größere und komplexere Struktur hätten entwickeln können, um einen so mächtigen Feind anzugreifen.

Wir orientierten uns an dem, was uns die Führung unserer Organisation vorgab. Wenn es hieß, wir sollten einen Zug sabotieren, taten wir dies mit unseren Kenntnissen. Das galt auch für drastischere Aktionen, die wir ebenfalls mit unseren Mitteln und unserem beschränkten Wissen umsetzten. Anders war das bei Leuten, die außerhalb des Landes ausgebildet worden waren. Diese *compañeros* verfügten über eine bessere Ausbildung und hatten eine stabilere ideologische Grundlage. Allerdings fehlte ihnen das soziale Umfeld, in dem sie sich bewegen konnten. Als sie in den Untergrund gingen, mussten sie aus Mangel an Ressourcen Bekannte aufsuchen, was dann dem Geheimdienst einen Ansatzpunkt bot, sie aufzuspüren und zu töten. Viele, die aus dem Ausland kamen, wurden gefangen genommen oder ermordet.

Die Aktionen, in denen sich der Widerstand ausdrückte, basierte anfangs lediglich auf der eigenen Kreativität. Handbücher gab es noch nicht. Ich könnte von herbeigeführten Kurzschlüssen, dem Kapern von Bussen, dem Sprengen etlicher Objekte berichten, mit der die Wirtschaft geschädigt werden sollte. Aber das Interessante für mich sind die Formen, die wir entwickelten, um unsere Sicherheit zu gewährleisten. Da war zum Beispiel die große Anzahl von bilateralen Kontakten, die notwendig war, um irgendetwas auf die Beine zu stellen, denn du konntest dich nicht als Gruppe treffen. Wenn du das Glück hattest zu arbeiten, trafst du dich vor oder nach der Arbeit mit den compañeros. Die Treffpunkte mussten bestimmte Anforderungen erfüllen, und du musstest genügend Zeit für die Diskussion einplanen. Du verbrachtest eine halbe Stunde mit dem einen compañero, eine halbe Stunde mit dem anderen und eine weitere halbe Stunde mit dem dritten. Das war ein sehr anstrengender Tagesablauf, der der Tatsache geschuldet war, dass wir nicht gemeinsam diskutieren konnten.

Der zweite Schritt war, Methoden zu entwickeln, die es uns erlaubten zusammenzukommen, ohne entdeckt zu werden. Das lief über Kontrollen und Gegenkontrollen. Es gab Zeichen, die signalisierten: „Alles normal." Dieses Zeichen konnte eine mehr oder weniger geschlossene Gardine oder eine Blumenvase im Fenster sein. Außerdem gab es Regeln, wenn wir in einem Haus zusammenkamen: Niemals als Gruppe eintreten, weil das die Aufmerksamkeit in der Nachbarschaft auf sich gezogen hätte. Und: Es ging immer erst derjenige in das Haus, der den engsten Kontakt zur Familie hatte, weil dessen Anwesenheit am wenigsten Verdacht erregte. Blieb alles ruhig, wurde dies den anderen mit Hilfe des vereinbarten Zeichens übermittelt. Es gab auch Zeichen an Masten oder Mauern, mit deren Hilfe wir uns verabredeten: Ein Kreis bedeutete etwa, dass „Pedro" an dem und dem Tag zwischen 15.20 und 15.30 Uhr signalisieren wollte, ob alles in Ordnung war. Dann hätte das geplante Projekt weiterlaufen können. Fehlte das Zeichen, wurde alles um eine Woche verschoben. Das alles ist kaum noch nachzuvollziehen. Heute haben ja fast alle Handys, aber damals gab es kaum Telefone.[26]

---

26 1983 hatten nur vier Prozent der chilenischen Haushalte einen Telefonanschluss. Vgl. Thorsten Eßer: *Telekommunikation und Internet in Chile*, in: *Chile heute*, S. 759.

Ich erinnere mich an größere Aktionen, bei denen wir kleinere Ortschaften besetzten. Alle Mitglieder eines Netzes arbeiteten an der Planung: Einige spähten den Ort aus, andere sorgten für die Mobilisierung oder kümmerten sich um die Erste Hilfe, und wieder andere um den Rückzug. Alles wurde koordiniert und jeder übernahm Verantwortung. So war das etwa bei den bewaffneten Aktionen mit den herbeigeführten Stromausfällen in Hualpencillo, wo es eine Polizeistation mit einer Kaserne gab, in der Gefangene misshandelt wurden. Hualpencillo war eine der Bastionen des Widerstands in der Region. Dann folgten Chiguayante und das Barrio Norte.

Wer die Gegend erkundet hatte, gehörte nicht zum operativen Team. Wie viele Personen bei der Vorbereitung mitmachten, hing von der Komplexität des Vorhabens ab. An der Operation selbst nahmen dann fünf, sechs oder manchmal auch nur drei Leute teil. Wir haben in den ersten Jahren in der Region spektakuläre Propagandaaktionen gemacht, bei denen wir in Chiguayante, Penco und Tomé Wände bemalten. Wir führten Waffen mit uns, aber unsere Schießeisen waren mit nur drei oder vier Kugeln geladen. Wir wären also total unterlegen gewesen, wenn der Feind aufgetaucht wäre. Warum wir das gemacht haben? Wir waren verrückt. Verrückt, weil wir ihnen eine Antwort geben wollten in diesem Kampf, den wir wegen der Krise kommen sahen. Die Arbeiter sollten merken, dass sie nicht alleine standen, sondern dass es hinter ihnen eine Kraft gab, die sie beschützte.

Schwer zu sagen, ob das nun Wagemut oder Selbstüberschätzung war: Eine kleine, schlecht bewaffnete Gruppe wollte der Arbeiterklasse den Rücken stärken. Aus der heutigen Perspektive mutet dies eher nach Anmaßung denn nach bewundernswertem Idealismus an. Doch in der Praxis gab es einen direkten Nutzen für die protestierende Bevölkerung in den Arbeitervierteln, wenn dort bewaffnete Gruppen operierten. Diese verwickelten nämlich die anrückenden Militärs in Scharmützel, um die Repression von den Demonstrationen abzuhalten. Ohne diese von Carlos beschriebene Kühnheit wären viele Aktionen nie realisiert worden. Dies gilt umso mehr, als am Anfang der Proteste ein Ende der Diktatur überhaupt nicht in Sicht war. Es war also nicht nur der Ausgang der einzelnen Aktion, sondern auch der des Gesamtprojekts ungewiss.

CARLOS : Als wir 1982 festgenommen wurden, fragte man uns während der Folter: „Wie ist es euch gelungen, das alles auf die Beine zu stellen? Wie konntet ihr das alles durchführen, wo ihr doch so wenige wart?" Die haben nicht an die Energie geglaubt, die du entwickeln kannst. Die dachten, es sei eine ganze Kolonne gewesen, die die Wandgemälde gemacht hat, die mit unterschiedlichen Autos unterwegs war. Aber in Wirklichkeit waren wir zu Fuß unterwegs. Wir haben viele, viele Kilometer zurückgelegt. Und wir haben abgenommen. Wenn du nach Hause kamst, stelltest du plötzlich fest, dass dir die Hose zu weit und das Hemd zu groß geworden waren.

Während vieler Jahre hat man hier den Anführern gehuldigt, von denen einige im Kampf gefallen sind, andere nicht. Wir, eine Gruppe von Miristas, die sich mit der Geschichte befassen, wollen die Rolle der Chefs entmythologisieren, die heute in den Medien als Führer eines revolutionären Prozesses dargestellt werden, der in der Hitze des Gefechts gegen die Diktatur entstand. Denn es gibt dutzende anonyme compañeros und Anführer, denen diese Achtung wirklich gebührt. Daran muss man erinnern. Wir haben etwa die Fälle von Rudy Cárcamo[27], einem der Initiatoren der Besetzung der Siedlung Lenin in Talcahuano oder der brasilianischen Internationalistin Jane Vanini[28] rekonstruiert. Für uns bedeutet *memoria,* diese compañeros vor dem Vergessen zu retten, denn sie sind notwendige Teile eines Prozesses, den neue Generationen vor sich haben. Dabei geht es nicht darum, die Toten zu beweinen, sondern darum zu zeigen, wie sie als Mensch, als compañero

---

27 Rudy Cárcamo Ruiz war Mitglied der MIR und gehörte eine Zeit lang der Leibgarde von Salvador Allende an. Rudy Cárcamo wurde am 27. November 1974 verhaftet und gilt seitdem als verschwunden. Das Areal für die Siedlung *Lenin* wurde am 8. Mai 1970 in einer Nacht- und Nebelaktion besetzt. Anschließend wurde das Gelände von etwa tausend Familien bewohnt, die anfangs in Zelten campierten.

28 Jane Vanini, am 8. September 1945 in Cáceres im brasilianischen Bundesstaat Mato Grosso geboren, wurde 1969 wegen ihres Widerstands gegen die brasilianische Diktatur in Abwesenheit zu fünf Jahren Gefängnis verurteilt, sie ging in den Untergrund, wurde jedoch verhaftet. Im chilenischen Exil arbeitete sie als Sekretärin bei der linken Zeitschrift *Punto final* und wurde Mitglied der MIR. Nach dem Militärputsch lebte sie mit ihrem Lebensgefährten, dem Journalisten und MIR-Aktivisten José Carrasco Tapia im Untergrund. Dieser wurde am 5. Dezember 1974 verhaftet. Am nächsten Morgen wurde die gemeinsame, bis dahin geheime Wohnung von Polizisten und Soldaten umstellt. Jane Vanini ergab sich nicht, sondern lieferte sich drei Stunden lang ein Feuergefecht mit den Angreifern. Über die genauen Umstände ihres Todes gibt es unterschiedliche Angaben. In der Universität von Mato Grosso ist ein Campus nach der Internationalistin benannt.

und als Revolutionär waren. Wir sind Widerständler, keine Opfer, denn wir wussten, dass wir uns einem Feind entgegenstellten, der doppelt oder dreifach so stark war wie wir. Wir wussten, um die Möglichkeit, festgenommen, gefoltert oder getötet zu werden. Wir ziehen nicht herum, wie es heute einige tun, und fordern Almosen, weil wir gegen ein repressives System gekämpft haben. Dafür ist das Gedenken nicht da. Es dient vielmehr dazu, sich an die vielen compañeros in den kleinen Städten oder Dörfern vom Norden bis in den Süden des Landes zu erinnern, die als Kämpfer Widerstand gegen die Diktatur geleistet haben. Dass es heute wieder Jugendliche gibt, die rebellieren, zeigt, dass unser Samen nicht auf unfruchtbaren Boden gefallen ist.

Es wird immer von den compañeros und nie von den compañeras gesprochen, aber es gab viele Frauen. Ich erinnere mich an eine militante Aktionen, die unser Kollektiv machte. Es ging um die Sabotage des Stromnetzes in Hualpencillo. Die compañera wurde von einer Patrouille der Marine gestellt. Ein Soldat rief: „Sargento, dieses Arschloch ist kein Mann, sondern eine Frau." Die compañera war sehr jung, und nun hatten sie sechs oder acht Soldaten einer Patrouille geschnappt. „Die werden mich vergewaltigen", hat sich die Kameradin gedacht und sich vor lauter Angst in die Hose gepinkelt. Das hat sie womöglich vor Schlimmerem bewahrt. Die Soldaten verpassten ihr einige Schläge mit dem Gewehrkolben und schmissen sie schließlich auf ein Fußballfeld. Dort ließen sie sie liegen. Gegen zwei oder drei Uhr morgens machten sich dann einige compañeros auf den Weg, um nach ihr zu sehen, aber sie schaffte es aus eigener Kraft, ein Versteck aufzusuchen. (Carlos)

DIE DIKTATUR WEGBÜGELN

Der Kommunist Manuel Cancino, 62, ist heute Gewerkschaftsfunktionär in Calama. Er erinnert sich an die Anfänge des militanten Widerstands und an die kleinen Schritte, die nötig waren, den Menschen das Gefühl zu vermitteln, sich wehren zu können.

MANUEL : Ich war in den 80er Jahren in Santiago klandestin in der Kommunistischen Partei aktiv. Die Diktatur hatte für Dezember 1980 ein Plebiszit angesetzt, um die Verfassung absegnen zu lassen, die bis heute die politische Struktur dieses Landes bestimmt. Am 4. November rief der Generalsekretär der chilenischen KP, Luis Alberto Corvalán, im Radio Moskau (*Escuche Chile*) zur Anwendung aller Formen des Widerstands auf, die auch Gewalt einschlossen. Dieser Aufruf wurde von weiten Teilen der Bevölkerung und der KP-Mitglieder mit großer Genugtuung aufgenommen. Darauf hatten sie seit langem gewartet, denn bis zu diesem Zeitpunkt beschränkte sich das Handeln der Bewegung in gewisser Weise darauf, parteiliche und soziale Strukturen sowie das Leben vieler Parteimitglieder zu schützen.

Nach dem Ergebnis des Plebiszits von 1980, das eine abgekartete Sache war, dachten viele, das einzige, was man machen könnte, wäre, auf den Tod von Pinochet zu warten, so wie im Falle von Spanien. Denn auch in Spanien endete die Diktatur erst mit dem Tod von Franco. Viele sahen da eine Parallele. Wir sagten: „Nein, es ist möglich, die Diktatur mit einem breiten Bündnis verschiedener sozialer Gruppen und dem Einsatz aller Formen von Widerstand zu stürzen." Die Kommunistische Partei entschied sich für das Konzept der rebelión popular (Volksaufstand), die von der Anfertigung von Wandgemälden über das Verteilen von Flugblättern bis hin zur gewalttätigen Aktionen reichte. Die jeweilige Form hing von den Bedingungen ab, die dort herrschten, wo man lebte. Es gab Aktionen, die eine Vielzahl von Menschen einschloss. Denen musste man zeigen, wie sie sich einbringen konnten. Wie etwa beim planchatón: Zu einer bestimmten Uhrzeit sollte in jedem chilenischen Haushalt das Bügeleisen (plancha) eingeschaltet werden, so dass der Stromverbrauch in die Höhe schnellte und es zu einem Kurzschluss kam. Es gab Orte, an denen das geklappt hat, weil es nicht nur das Bügeleisen war, sondern auch die Elektroheizung und andere Geräte im Haushalt. Das verursachte einen Kurzschluss in den überlasteten Transformatoren. Auch andere Aktionen waren gegen das Energieunternehmen Chilectra gerichtet, das die Haushalte mit Strom versorgte. Die Leitungen wurden angezapft, um nicht für den Strom bezahlen zu müssen. Es gab Viertel, in denen die Mehrheit der Bewohner auf diese Weise ihren Strom bezog. Es ging darum, den großen Unternehmenskonsortien, die die Diktatur unterstützten, wirtschaftlich zu schaden.

Außerdem fiel die eigene Stromrechnung niedriger aus. Nach dem selben Muster wurden alternative Anschlüsse für das Trinkwasser geschaffen. In den Supermärkten klebten wir auf manche Produkte Schilder mit niedrigeren Preisen. Den Menschen wurde zudem gezeigt, wie sie besser Lebensmittel aus dem Supermarkt klauen konnten. Schinken ließ sich etwa in die Mitte eines Kopfsalats packen... Auch alltägliche Sabotage wurde propagiert: In den Toiletten öffentlicher Gebäuden sollten die Leute die Wasserhähne aufdrehen oder alle gleichzeitig die Klospülung betätigen, um die Kanalisation zum Überlaufen zu bringen. Das waren kleine Aktionen, die dazu dienten, den Leuten zu zeigen, dass sie Teil von etwas Größerem waren. Das waren Lehrjahre. Als es dann zu heftigeren Aktionen kam, konnten wir auf diese Erfahrungen zurückgreifen.

Die größte Demonstration war der nationale Streik am 2. und 3. Juli 1986, dem Jahr, das die Kommunistische Partei zum „Jahr der Entscheidung" erklärt hatte.[29] Zwei Tage lang war Chile praktisch gelähmt, es gab viele unterschiedliche Aktionen, an denen viele Leute beteiligt waren. Nach dieser großen Demonstration kam der amerikanische General Vernon Walters[30] nach Chile und sagte, diese Aktionen hätten deutlich gemacht, dass über einen Ausweg aus der Diktatur verhandelt werden müsse.

So viel ich weiß, hatte die Partei bei den Demonstrationen am 2. und 3. Juli alle Kräfte eingesetzt.[31] Wir hatten es für möglich gehalten, den Streik in einen unbefristeten zu verwandeln. Aber unsere Kräfte reichten nicht aus. Die Beteiligung am 2. Juli war groß, aber bereits am 3. Juli

---

29 Tomás Moulian kommt allerdings zu einer anderen Einschätzung: Er nennt den Streik vom 2. und 3. Juli zwar erfolgreich, aber insgesamt seien all diese Proteste bereits seit 1985 nur noch ein schwacher Abklatsch der ersten Proteste 1983 und 1984 gewesen. Dafür macht er nicht zuletzt die Strategie der Kommunistischen Partei sowie anderer radikaler Gruppen verantwortlich, die auf eine Verschärfung der Aktionen gesetzt hätten. So sei die anfängliche Breite des Protests verspielt worden, Kirche und Christdemokraten hätten sich zurückgezogen (vgl. *Chile actual. Anatomía de un mito*, S. 297 ff., 304, 317 ff.).

30 Vernon A. Walters, 1917–2002, war in den 70er Jahren stellvertretender Direktor und operativer Leiter der CIA (Central Intelligence Agency). Die CIA hatte dazu beigetragen, Chile unter Allende zu destabilisieren. 1975 unterstützte sie die *Operation Condor*, die grenzüberschreitende Verfolgung von Oppositionellen in sechs lateinamerikanischen Ländern. Später arbeitete Walters als US-Botschafter bei den UN und von 1989 bis 1991 in der Bundesrepublik Deutschland.

31 Genau das bestreitet Carlos Gutierrez im nächsten Interview: Er wirft der Direktion der Partei vor, bewaffnete Einheiten zurückgehalten zu haben.

sank sie ein wenig. Die Frente Patriótico unterstütze die Proteste nach ihren Möglichkeiten, etwa indem sie für Stromausfälle sorgte. Aber die Frente war eigentlich damit beschäftigt, etwas anderes vorzubereiten: Es sollten massenhaft Waffen ins Land geschmuggelt werden, um das Volk zu bewaffnen. Außerdem hatten wir für den 4. September des Jahres eine Mobilisierung vorgesehen, die mindestens so groß sein sollte, wie die vom 2. und 3. Juli. Aber die Kommunistische Partei hatte nicht genügend Kraft, denn die Sozialistische Partei, die Christdemokraten und die Radikale Partei sowie andere Gruppen, die aus dem rechten Zentrum kamen, schlossen sich nicht an. Weder die Bus-, Lastwagen- und Taxifahrer machten mit, noch zogen die unabhängigen Arbeiter oder die Fachkräfte dort mit, wo der Einfluss der Kommunistischen Partei geringer war. Am 7. September verübte der bewaffnete Arm der KP, die Frente, dann den Anschlag auf Pinochet, der allerdings scheiterte. Danach begann die Partei, auch die Möglichkeit eines anderen Auswegs ins Auge zu fassen, da andere Sektoren bereits begonnen hatten, sich zu einem Bündnis zusammenzuschließen. Dieses Bündnis bildete die Basis der Concertación, die noch heute regiert.

An der Kreuzung Ñubles/San Diego, wo es etliche Textilunternehmen gab, war eine bewaffnete Propagandaaktion geplant. An der viel befahrenen Straße sollten die compañeros Flugblätter in die Höhe werfen, in die Luft schießen und abhauen. Sie hatten alle Sicherheits- und Fluchtpläne. Der compañero, der in die Luft schoss, musste zwischen den ganzen Autos hindurch, um wegzurennen. Dabei übersah er das Abschleppseil zwischen zwei Fahrzeugen. Er stürzte, und seine Waffe – eine Pistole oder ein Revolver – fiel zwischen den Autos auf den Boden. Der compañero begann, sein Schießeisen zu suchen. Auch Leute aus den Autos stiegen aus und halfen ihm, bis schließlich ein Fahrer die Waffe fand und dem compañeros in die Hand drückte. Der setzte dann seine Flucht fort. (Manuel)

VOLKSAUFSTAND, VOLKSBEFRAGUNG, VOLKSVERTRETER

Wir stellen das Auto unweit eines staubigen Bolzplatzes ab. „Hier stirbt niemand, compañero. Hier heißt es jeden Tag weiterkämpfen." Das Porträt an einer Hauswand zeigt Miguel Leal mit einem Gewehr in der Hand und der chilenischen Fahne um die Schultern. Miguel kam am 5. September 1986 bei einer bewaffneten Aktion im Arbeiterviertel Villa Francia ums Leben. Carlos Gutierrez, 44, zum Zeitpunkt des Interviews Professor an der Privat-Universität Arcis, erläutert in den Straßen des Viertels Villa Francia, wie die Proteste in den 80er Jahren verliefen. Carlos: „Die Besonderheit dieses Viertels sind die vielen quer stehenden Gebäude und die Wege dazwischen. Das erlaubte den Jungen, sich hier zu verstecken, wenn bei den Protesten die Soldaten anrückten. Die Carabineros bewegten sich auf der Hauptstraße, der Avenida 5 de April, warfen Tränengasbomben und schossen sowohl mit Schrot als auch mit richtiger Munition, aber es war sehr schwer für sie, in die población einzudringen. Wir machten die Straßen dicht und verschanzten uns. Dieses Gebiet war so gut wie nicht einnehmbar."

Ein paar Kreuzungen weiter erinnert ein eigenwilliges Kruzifix an die Brüder Eduardo und Rafael Vergara. Ihre Namen und ein Datum, der 29. März, sind auf den rot grundierten Stein gepinselt. Die Jahresangabe fehlt, doch es war der 29. März 1985, als die beiden Jugendlichen in einen Hinterhalt der Carabineros gerieten, festgenommen, entwaffnet und dann erschossen wurden. Mehr als zwanzig Jahre später müssen sich die Beteiligten vor Gericht verantworten (im Kapitel *Funa – Die Gerechtigkeit der Straße* auf Seite 207).

CARLOS GUTIERREZ : Seit diesem Tag erinnert man jedes Jahr am 29. März, dem Tag des „jungen Kämpfers", an die beiden Brüder. Dann gibt es Demonstrationen der Studenten, und auch hier in der Villa Francia gehen die Leute auf die Straße. Das bedeutet, dass dieses Datum Teil der kollektiven Erinnerung geworden ist, denn die meisten werden die Brüder Vergara nicht persönlich gekannt haben. Aber man behält sie im Gedächtnis als junge Menschen, die entschlossen gegen die Diktatur kämpften.

Für mich ist die Erinnerung eine fundamentale Angelegenheit, sie ist die Grundlage meiner Identität. Die Erinnerung macht aus mir eine Person, ein Subjekt. Auf der gesellschaftlichen Ebene ist es wichtig, die Erfahrung festzuhalten: Die Volksbewegung war in der Lage, dies und jenes zu tun. Das war kein Film. Wir taten es: Juanito und Pedrito, Menschen aus Fleisch und Blut. Es ist wichtig, dass die sozialen Bewegungen sehen, es ist möglich, etwas zu machen, es ist möglich, für Freiheit und Gerechtigkeit zu kämpfen und es ist möglich, Siege zu erringen.

Es gibt eine weitere Funktion der Erinnerung: Wir müssen in Chile vielen unbekannten Menschen dafür dankbar sein, dass sie etwas zu diesem Kampf beigetragen haben. Manche haben ihr Leben gegeben. Wir sollten dieser Frau oder jenem Alten danken, die uns in einer población etwas zu essen gaben, uns ihr Haus zur Verfügung stellten und uns versteckten. Es ist eine Form der Ehrerbietung. Ich hatte compañeros und compañeras, die eng mit mir zusammenarbeiteten und die bei Aktionen ums Leben kamen. Manche starben bei Aktionen, zu denen ich sie geschickt hatte. Die Erinnerung ist die einzige Form der Ehrerbietung, die wir diesen anonymen Helden gegenüber erweisen können, denn ihnen werden keine Monumente errichtet und nach ihnen werden keine Straßen benannt.

Ich wurde Mitglied der Juventud Comunista[32] in der Zelle meines Viertels Quinta Normal. In der Universität – ich studierte seit 1979 Geschichte in der Universidad Católica – war ich nie politisch aktiv, denn die Universität hatte überhaupt nichts mit dem zu tun, was bis zu diesem Zeitpunkt mein Leben ausmachte. Also engagierte ich mich in der población und bekam nach und nach mehr Verantwortung innerhalb der Untergrundorganisation der Kommunistischen Jugend übertragen. Ich war als Funktionär auch für andere Bereiche in Santiago zuständig, als wir 1982 den ersten Hungermarsch im Zentrum organisierten. Das war die erste große Mobilisierung, die die Linke in der Diktatur auf die Beine stellte. Da nahmen die linken Parteien teil, insbesondere die KP, sowie die Gewerkschaftsbewegung, die sich reorganisiert hatte und die Nationale Gewerkschaftskoordination gründete.

Offiziell unterstützte uns die Kirche nicht, aber sie stellte uns Räume in den poblaciones zur Verfügung. Wir hatten das Glück, dass wir es mit sehr

---

32 Juventud Comunista, JC, Kommunistische Jugend, auch liebevoll „Jota" für „J" genannt.

progressiven Geistlichen zu tun hatten. In der Zone Vikariat West, die im Norden unser Viertel, Quinta Normal, und im Süden Viertel wie Villa Francia umfasste, gab es Priester wie Mariano Puga oder Roberto Bolton, die eine sehr wichtige Rolle bei der sozialen Organisation spielten. 1982 und 1983, als die Wellen des Protests begannen, haben wir, die Kommunistische Jugend, die ersten radikaleren Aktionen gemacht. Ich will sie nicht paramilitärische Aktionen nennen, denn sie waren noch sehr klein, sehr embryonal, aber es waren die ersten Aktionen mit größerer Wirkung. Ich erinnere mich, dass wir, um die Proteste zu unterstützen, die Straßen blockierten und nachts loszogen, um die Schulen mit Ketten zuzusperren. Die erste Erfahrung von Partei und Jugend aber war der Aufbau der Frente Cero (Front Null), 1981, 1982. Das waren kleine Kampfeinheiten, in denen vor allem Jugendliche mitmachten, denn es war ganz offensichtlich, dass es den Jungen leichter fiel, bei dieser Art der Aktionen mitzumischen als den alten Hasen in der Partei. Ende 1983 wurde dann die Frente Patriótico Manuel Rodríguez gegründet. Wir, also fast alle Einheiten der Jugend und der Partei, die sich während der Proteste herausgebildet hatten, gingen zur Frente. Ein Teil der Kommunistischen Jugend widmete sich den Stadtteilmilizen. Wir schufen Milizen, die sich nicht nur aus Parteimitgliedern zusammensetzten. Dabei ging es in erster Linie um die Verteidigung der poblaciones während der Proteste. Zur Verteidigung des Viertels wurden Barrikaden gebaut, Straßensperren errichtet, Stromausfälle herbeigeführt sowie Sanitätsposten eingerichtet.

Unsere Milizen setzten Molotow-Cocktails und Krähenfüße[33] ein. Die Kampfeinheiten hingegen hatten leichte Waffen, wie Revolver und Pistolen. Die schwereren Waffen gingen an die Frente, denn die brauchte sie für die Aktionen größeren Kalibers. Richtige Waffen gab es dann von 1985, 1986 an auch außerhalb der Frente. M-16-Gewehre kamen an, und es gab Gruppen, die Sprengstoff einsetzten. In dieser Zeit nahmen nicht nur die militärischen Handlungen der Frente zu, sondern auch die anderer Teile der Partei. Auf regionaler Ebene bildeten sich spezialisierte Gruppen heraus, die „operativen Gruppen". Diese waren für Bombenanschläge gegen Banken oder gegen die städtische

---

33 In Chile heißen die zusammengeschweißten Nägel, die die Reifen von Autos beschädigen sollen, miguelitos.

Infrastruktur sowie für die zentralen Stromausfälle zuständig. Unsere Idee bestand darin, 1986 die sozialen Proteste und gleichzeitig die militärischen Aktionen der Frente voranzutreiben.

1986 mussten wir mit unseren Fehlern und mit den Schlägen der Repression gegen uns klarkommen. Es begannen die internen Probleme von Jugend, Partei und Frente, die soweit gingen, dass sich 1987 die Frente spaltete. Der größte Teil löste sich von der Partei und gründete die Frente-Autónomo. Das war eine schlimme Zeit. Die einen gingen dorthin, die anderen blieben hier. Freunde und Paare trennten sich. Das war eine dramatische Situation, denn der Streit war sehr gewalttätig. Solche Auseinandersetzungen haben eine gewisse Tradition in der Linken und verlaufen in Lateinamerika innerhalb bewaffneter Gruppen äußerst heftig. 1987 war durch den internen Kampf gekennzeichnet. 1987 und 1988 gingen die Kämpfe der Massen beträchtlich zurück. 1988 kam dann das Plebiszit und darauf folgte die transición (Übergang zur Demokratie). 1987 ist also ein Teil der Partei nach links ausgeschert, später wanderten Leute nach rechts ab, hin zur Concertación.

Ich glaube nicht, dass in Chile jemals reale Bedingungen für einen bewaffneten Volksaufstand existierten, aber 1987 mit Gewissheit nicht mehr. Die Zeit war einfach vorbei. Deshalb bin ich der Meinung, die Anhänger der Frente-Autónomo haben sich für eine Radikalität entschieden, die Lenin die „Kinderkrankheit der Linken" genannt hat. Sie wollten einen Krieg im mittelamerikanischen Stil, eine Erfahrung, die sie geprägt hatte, da sie ja in Nicaragua und El Salvador gekämpft hatten. Aber Chile ist anders. Allerdings teile ich mit ihnen die Auffassung, dass die Kommunistische Partei 1986 alles in die Waagschale hätte werfen müssen. Oder wie man hier sagt: „Wir hätten das ganze Fleisch auf den Grill legen müssen." Aber das hat die KP nicht getan. Es gab die große Mobilisierung im Juli 1986, den größten Protest, den es je gab. Aber wir hätten mehr machen müssen. Warum? Hätten wir alles auf eine Karte gesetzt, dann hätte es zwei Optionen gegeben: Wir gewinnen oder wir verlieren. Aber selbst, wenn wir verloren hätten, wäre eine so tief greifenden Krise entstanden, dass Pinochet hätte abtreten müssen. Die Gringos hätten versucht, ihn loszuwerden, um Zustände wie in Nicaragua zu verhindern. Wir hatten bewaffnete Einheiten, die nur auf den Befehl warteten, loszulegen. Das wäre etwas ganz anderes geworden. Wir hätten es schaffen können, das Land unregierbar zu machen.

Ja, 1986 war das Entscheidungsjahr, aber die Entscheidung fiel anders als erwartet aus. Die Concertación nahm ihre Arbeit auf, und die Politik nahm einen anderen Verlauf. 1987 wurde bereits ein anderer Kurs eingeschlagen, der eines ruhigen Übergangs. Die Linke verlor. Die transición umfasst Aspekte, die an Verrat erinnern. Denn man hätte hier in Chile die Bedingungen gehabt, zu mehr Demokratie und mehr sozialer Gerechtigkeit zu gelangen. Ich sage nicht, dass es perfekt geworden wäre, aber zumindest hätte der Reichtum besser verteilt werden können. Ich gehe davon aus, dass es 1988, als es das Plebiszit gab, und nach dem Wahlen von 1989, bei denen Patricio Aylwin Azócar als Präsidentschaftskandidat siegte, eine deutliche Mehrheit für tief greifende demokratische Veränderungen gegeben hätte, vor allem, weil es ein mobilisiertes Volk gab, das über die Erfahrungen der Kämpfe der 80er Jahre verfügte. Das mobilisierte Volk war die große Stärke, die die Linke und die Concertación hatten. Genau hier setzt der Verrat an, obwohl ich nicht weiß, ob man tatsächlich von Verrat sprechen kann, denn möglicherweise hatten sie ja immer dieses Modell vor Augen. Auf jeden Fall hatten die Christdemokraten und Teile der Sozialisten große Angst, dass sich diese Bewegung radikalisierte, wenn sie das neoliberale Modell vorantrieben. Deshalb unternahmen sie große Anstrengungen, das Ganze erst unter Kontrolle zu bekommen und dann zu demobilisieren. Mit den Leuten im Rücken hätte man die Verfassung und das Wirtschaftsmodell ändern können, wie es übrigens im Programm der Concertación stand, was sie aber niemals umsetzte. Die Frage ist, warum ist das nicht geschehen. War das wirklich die Angst vor einem neuen Putsch? Die Bedingungen waren doch mittlerweile ganz andere. Die Amerikaner hätten einen erneuten Putsch nicht mehr zugelassen. Auch innerhalb des Militärs gab es unterschiedliche Ideen, wie es weitergehen sollte, und außerdem war die soziale Mobilisierung wesentlich weiter fortgeschritten, einschließlich der Erfahrungen des bewaffneten Kampfes. All diese Bedingungen machten einen neuen Militärputsch unwahrscheinlich. Das Angstszenario wurde genutzt, um zu propagieren, man müsse nun ganz vorsichtig vorgehen, denn schon der kleinste Anlass könne wieder die Militärs auf den Plan rufen. Das war der Bär, den sie uns aufbanden. Wir sollten bloß keinen Krach schlagen, der irgendjemanden belästigen könnte.

Das war ein schleichender, leiser Prozess, dessen Ergebnis bekannt ist: Heute gibt es keine starke soziale Bewegung mehr und die Linke außerhalb der Concertación ist geschrumpft. Die Leute gingen nach Hause. Zum Teil aus gutem Grund, denn sie mussten ihr Leben wieder auf die Reihe bekommen. Ich zum Bespiel begann wieder zu studieren. Die Leute kümmerten sich verstärkt um ihre Familie, bauten Partnerschaften auf. Es ging darum, zurecht zu kommen, weil wir menschliche Wesen sind und nicht ewig verfolgt im Untergrund leben oder immer alleine bleiben wollten.

Dass während der 80er Jahre der Einfluss der Parteien auf die sozialen Proteste zunahm, wird in den Kapiteln *Widerstand der Arbeiter* (Seite 97) und *Kampfzone Wohngebiet* (Seite 120) beleuchtet. Es ist wichtig festzuhalten, dass die sozialen Bewegungen nicht in der Lage waren, ohne oder gegen die Parteien, auf die Straße zu gehen, um den Prozess der transición kritisch zu begleiten. Die Angst, dass es zu einem erneuten Putsch kommen könnte, war gewiss ein wichtiger Faktor, auch wenn die objektiven Bedingungen gegen eine erneute Erhebung des Militärs gesprochen haben mögen. Insgesamt herrschte in weiten Teilen der Gesellschaft, auch innerhalb der oppositionellen Linken und der sozialen Protestbewegungen, der Wunsch nach einer Normalisierung. So gesehen traf das Motto der Concertación „ahora viene la alegria" (Jetzt kommt die Fröhlichkeit), das vielen kritischen Beobachter Anlass zum Spott lieferte, den Geist dieser Zeit. Statt die tief greifenden politischen Reformen in Angriff zu nehmen, konzentrierte sich die Concertación darauf, die Ordnung aufrecht zu halten. Die Generation der 80er musste sich neu orientieren. Selbst in den poblaciones, in denen viele solidarische Strukturen geschaffen worden waren, galt der einzelne nun als seines Glückes Schmied. Armut wurde nicht mehr als Resultat einer Politik begriffen, die bewusst soziale Ungleichheit produziert, sondern als ein Zustand, den der einzelne selbst zu verantworten hatte. Dem Konsum, der auf Krediten basierend mit Einschränkungen auch für die Bewohner und Bewohnerinnen der poblaciones möglich wurde, kamen also mehrere Funktionen zu: Mit dem Kauf von Kühlschränken, Fernsehern und Wohnzimmergarnituren konnte die eigene Armut kaschiert werden. Denn schließlich wollte niemand in der Nachbarschaft als arm gelten. Außerdem war Konsum zur vorherrschenden

Form gesellschaftlicher Partizipation geworden. Die Kommunistische Partei war nicht in der Lage, angemessen auf die Veränderungen innerhalb der chilenischen Gesellschaft zu reagieren. Doch nicht nur dort, sondern auch im internationalen Kräfteverhältnis standen gravierende Veränderungen an.

CARLOS GUTIERREZ : Vor kurzem erschien eine Studie, aus der hervorgeht, dass es die Leute aus der unteren Mittelschicht sind, die am meisten konsumieren. Bis hin zu den marginalisierten Klassen sind alle in dieses Wirtschaftsmodell eingebunden. Ich kann mir nicht vorstellen, dass dieses Subjekt auf die Straße geht, um zu protestieren, zu streiken und seine Forderungen stellt. Hier funktioniert das installierte Modell. Deshalb ist die Situation viel komplexer, als sie die Linke darstellt.

1989 bin ich in die Kommunistische Jugend zurückgekehrt, wo ich bis 1992 blieb. Ich war nach dem Generalsekretär der zweite Mann in der Jugend. 1992 wechselte ich von der Jugend in die Partei, aus der ich 1994 dann wegen Differenzen mit der Direktion austrat. Ich hielt einen gewissen politischen Kurswechsel für unabdingbar. Schließlich waren wir als eine starke Partei in die transición eingetreten, aber wir verloren unsere soziale Basis und wurden fast eine marginale Partei. Trotz aller Repression hatte die Kommunistische Jugend 1988 zwölftausend Mitglieder – im Untergrund. Sie war eine enorme Kraft außerhalb der Partei, heute ist sie nur noch ein kleines Grüppchen. Also vertrat ich vor allem nach 1990/1991 die These, die Partei solle sich aus dem politisch-parlamentarischen Kampf zurückziehen und sich darauf konzentrieren, auf lokaler Ebene wieder an Kraft zu gewinnen. Wegen des geltenden Rechts[34] hatten wir ja ohnehin keine Chance, im Parlament vertreten zu sein. Gleichzeitig verloren wir ganze städtische Verwaltungsbezirke an andere Parteien.

Darüber hinaus stand eine weitere grundlegende Debatte an. Schließlich kamen für die chilenischen Kommunisten zwei große Entwick-

---

34 Carlos Gutierrez meint das binominale Wahlsystem, mit dem sich die Rechte eine überproportional starke Vertretung im Abgeordnetenhaus sichert, während kleinere Parteien, etwa die Kommunistische Partei oder das Wahlbündnis Juntos podemos más, ein Zusammenschluss aus Kommunisten, Humanisten sowie sozialen Bewegungen, kaum eine Chance haben, Abgeordnetenmandate zu erringen.

lungen zusammen, die in anderen Ländern nicht gleichzeitig abliefen: zum einen der Fall der Mauer, der Niedergang der Sowjetunion und alles, was dort geschah und tragische Konsequenzen nach sich zog. Zum anderen das Ende der Diktatur und der Beginn der transición, bei der wir außen vor blieben. Das politische Bild hatte sich sowohl national als auch global-strategisch verändert und wir mussten schauen, wie wir als Kommunisten damit umgingen. Schließlich wollten wir nicht zur Sozialistischen Partei, zur Concertación wechseln. Die Frage war also, wie sammeln wir neue Kräfte für eine neue historische Etappe. Ich glaube, das haben Gladys Marín[35] und ihre Leute nicht verstanden und führten einfach den harten Kurs weiter. Wer Kritik übte, wurde abgestraft. Wir reden hier nicht von Kritik, die von außen herangetragen, sondern die von Leuten innerhalb der Partei formuliert wurde. Die KP hat etwas verloren, was früher einmal sehr wichtig für sie war: die Intellektuellen. Heute hat die Partei keine starke intellektuelle Präsenz mehr.

Es fehlte eine ernsthafte Selbstkritik. Wenn man sich den real existierenden Sozialismus anschaute, merkte man, dass er nicht mit der Ikonografie übereinstimmte, die wir vom Sozialismus hatten. Ich glaube, wir haben uns selbst blockiert, diese Form des Sozialismus nicht zu kritisieren. In diesem Sinne gab es eine sehr große Verantwortung innerhalb der Direktion der Partei, die nicht in der Lage war, das wahrzunehmen, zu kritisieren und auf Distanz zu gehen. Ganz im Gegenteil, die chilenische KP war immer sehr pro-sowjetisch.

Ich glaube, dass die Linke im Moment über wenig neue Ideen verfügt und wenige konkrete politische Vorschläge unterbreitet. Die Programme sind noch immer sehr rudimentär und reflektieren in manchen Fällen überhaupt nicht die Veränderungen, die Chile erfahren hat. Natürlich kann man so tun, als ob alles so wäre, wie man sich das vorstellt, doch etwas anderes ist es, zu schauen, wie die Dinge wirklich liegen. Der große Verdienst der Begründer des Marxismus, unter anderem Marx, war doch, dass sie das untersuchten, was in ihrer konkreten Zeit ge-

---

35 Gladys del Carmen Marín Millie, 16. Juli 1941 bis 6. März 2005. Die Kommunistin musste 1973 Chile verlassen. Ihr Mann Jorge Muñoz, ebenfalls Kommunist, wurde 1976 in Chile verhaftet und gilt seither als verschwunden. Gladys Marín lebte im Exil, zeitweise in der DDR. 1978 kehrte sie heimlich nach Chile zurück. 1994 wurde sie Generalsekretärin der Kommunistischen Partei Chile, 1998 reichte sie die erste Klage gegen Augusto Pinochet ein, wegen des Verschwindenlassens ihres Mannes. 2005 starb sie an einem Krebsleiden. An der Trauerfeier nahmen zwischen 500.000 und einer Million Menschen teil.

schah. Die Genialität besteht darin, dass du die Welt, in der du lebst, interpretierst, oder versuchst, sie so gut wie möglich zu interpretieren, um zu entdecken, wer heute die sozialen, die revolutionären Subjekte, welches die Formen des Kampfes und die Aufgaben sind, die du dem Volk vorschlagen kannst. Das hängt immer von der jeweiligen historischen Epoche ab.

Die Partei schickte mich im April 1990 in die DDR. 1989 war die Mauer gefallen, und in Ost-Berlin fand ein Treffen des Weltbunds der Demokratischen Jugend statt. Das war das letzte Treffen, ich war auf der „Beerdigung". Und während des Treffens wurde deutlich, die Russen machen den Laden dicht. Alle Welt kam, um hier Schluss zu machen. Irgendwann ging dann das Treffen zu Ende, aber es gab eine spezielle Aufgabe für mich. Ich musste die Chilenen herausholen, die noch dort im Land waren. Denn es gab Landsleute, die konnten noch nicht zurückkehren. Auch ich war heimlich nach Ost-Berlin gereist. Die Regierung der DDR kümmerte sich nicht um die Exil-Chilenen, denn die SED war mit ihrem eigenen Rückzug befasst. Ich blieb also ein wenig länger in Berlin, um Wege zu finden, die Leute aus dem Land zu bekommen. Ich lebte im April und im Mai in Ost-Berlin, und die einzige Sorge, die die Leute umtrieb, war, wie sie sich retten konnten und was mit ihnen geschehen würde. Das hinterließ bei mir tiefe Spuren. Ich war zu Hochzeiten des Sozialismus in Moskau und in Berlin gewesen und jetzt musste ich zusehen, wie alles den Bach runterging. Es waren nicht nur die Deutschen, auf dem Treffen war die Jugend aus anderen Teilen der Welt vertreten. Was es einst gab, existierte nun nicht mehr. Du warst plötzlich allein auf dich gestellt in einer dir feindlich gesinnten Welt. Der Staat existierte nicht mehr, die Partei existierte nicht mehr, und Arbeit gab es auch nicht. Außerdem war nicht absehbar, was mit dir geschehen würde, wenn du als Kommunist in einer offiziellen Organisation gearbeitet hattest. Ich habe ein Bild vor Augen, von einem Mann, der Spanisch sprach und der mich die ganze Zeit in Berlin begleitete. Er war mein Fahrer und mein Übersetzer. Als er mich zum Flughafen brachte, umarmte er mich und begann zu weinen, richtig zu weinen. Ich dachte: „Was wird bloß aus ihm werden." (Carlos)

EIN HOHER PREIS

Auf der Eröffnungsveranstaltung zum XXIII. Kongress der Kommunistischen Partei Chiles 2006 in Calama lerne ich Cristián Marín, 48, kennen. Wir verabreden uns für den nächsten Abend im Büro der KP, wo er mir von seinen Erfahrungen in Talca berichtet. Denn dort lebte er nach 1982, dem Jahr, in dem er nach Chile zurückgekehrt war. In Kuba hatte er bereits in den 70er Jahren eine Offiziersschule besucht, dann kämpfte er in Nicaragua und in El Salvador. Dass Widerstandskämpfer, die gegen die Diktatur von Augusto Pinochet vorgingen, Schulen und Ausbildungsstätten im sozialistischen Ausland durchlaufen haben, ist keine Seltenheit. Die Idee, den Kampf der Kommunistischen Partei um einen bewaffneten Flügel zu ergänzen, soll in Ostberlin entstanden sein.[36]

CRISTIÁN : In den 80er Jahren haben wir hier die „Politik der massenhaften Volksrebellion" (politica rebelión popular de masas) vorangebracht. Wir träumten von einer anderen, einer wirklichen Demokratie. Dafür kämpften wir. Ich war schon immer Kommunist, ich komme aus einer kommunistischen Familie. Für mich war der Eintritt in die Kommunistische Jugend ein ganz natürlicher Schritt. Dabei steht für mich fest, dass Stalin nichts anderes war als ein roter Hitler. Es gibt ein paar Errungenschaften, die man ihm anrechnen muss, dass er die Sowjetunion industrialisierte zum Beispiel, oder den Sieg im Zweiten Weltkrieg. Das sind ganz gewiss gute Dinge, doch die schlechten überwiegen deutlich. Eine Doktrin lässt sich nicht per Gewehrkugel einführen. Wenn das nicht freiwillig geschieht, hat es keinen Zweck. Deshalb war ich nie Stalinist. Allerdings: Während der Zeit im Untergrund wandten wir als Direktion häufig stalinistische Methoden an, weil es keine Zeit zum Diskutieren gab. Ich bin immer davon ausgegangen, dass eine militärische Politik die Politik der Masse sein muss. Wir haben

---

36 Ein „Berliner Kreis", zuständig für die geheimen Arbeiten der Kommunistischen Partei Chiles, entwickelte laut Dokumentation der Tageszeitung *La Tercera* die Politik des Aufstands, indem sie sich unter anderem auf die Erfahrungen der IRA (Irish Republican Army) in Nordirland bezog. Auf den Impuls des Berliner Kreises hin entstanden als Vorläufer der Frente Patriótico Manuel Rodríguez die Frente 17 und die Frente Cero (vgl. *La Historia inédita de los años verde olivo*, La Tercera, Especiales, 2001, http://docs.tercera.cl/especiales/2001/).

das Beispiel der Revolution in Nicaragua, deren Triumph sich auf die Massen stützte, nicht auf den Apparat einer Partei.

Der bewaffnete Kampf in Chile und der direkte Angriff auf die Diktatur wurde in jenem Moment vom Volk verstanden. Wir führten eine militärische Aktion durch, und die Leute applaudierten uns. Sie fühlten sich sicher, wenn wir da waren. Die Leute erkannten uns an unseren Ponchos. Wenn wir die Barrikaden verteidigten und die Repression kam, hoben wir die Ponchos, denn darunter hatten wir die Uzi versteckt. Die Leute sahen die Uzi, die Leuten sahen die Granaten und klatschten. Ich agierte immer dann heimlich, wenn ich heimlich agieren musste, ansonsten war ich als kommunistischer Führer bekannt. Das unterschied uns von unseren Brüdern in Santiago. Dort waren sie ganz im Untergrund und traten nur bei Aktionen in Erscheinung. Wir hingegen mussten eine Doppelrolle spielen: Wir waren sowohl politische als auch militärische Führer. Das bedeutete natürlich auch ein doppeltes Risiko. Ich gewöhnte mich daran, beide Aufgaben zu übernehmen.

Wir haben einen sehr hohen Preis dafür bezahlt, das zu sein, was wir sind. Keine Familie zu haben, ist ein hoher Preis. Als wir in das zivile Leben zurückkehrten und uns fragten, was machen wir jetzt, stellten wir fest, dass wir nichts hatten. Wieder war eines unser Projekte vor die Hunde gegangen. Allerdings war es für uns, die bereits eine legale Existenz hatten, leichter als für andere Brüder, die bis zum heutigen Tage nicht wirklich verstanden haben, was geschehen ist.

Viele der Waffen, die die Frente-Autónomo hatte, befinden sich heute in den Händen von Drogenhändlern, denn am Schluss haben Anhänger der Frente-Autónomo sie verkauft. Das sind Leute ohne jeglichen Skrupel. Das sind für mich keine „Brüder" mehr. Ich kann einen Dieb nicht meinen Bruder nennen. Nachdem Pinochet weg war, verwandelten sie sich in Delinquenten. Du darfst dein Untergrundwissen nicht für den privaten Gebrauch nutzen. Das ist unmoralisch. Selbst wenn wir Hunger leiden würden, würden wir keine Bank überfallen, auch wenn das für uns sehr einfach wäre.

Cristián zehrt noch heute von den Erinnerungen an die Zeit in Mittelamerika und die anschließenden Kämpfe in Chile. Sein Ehrenkodex ist typisch für einen Teil der chilenischen Linken: Nur wenn es die Bewegung oder die Partei es für richtig hält und es der Sache dient, sind „Enteignungen", etwa der Überfall auf eine Bank, moralisch vertretbar. Wer sich während der transición von der Partei abwendete und auf eigene Rechnung Banken überfiel, wird nicht mehr als compañero anerkannt.

Das ist ein Urteil, das zum einen ausblendet, dass es viele Leute gab, die sich einfach nicht mit der neuen Situation zurechtfanden. Denn ihr Alltag war über Jahre von der Routine des Untergrunds bestimmt. Dass nun einfach alles vorbei sein sollte und sie heimkehren sollten (wohin überhaupt?), ohne dass sie ihrem Ziel näher gekommen waren, löste heftige Krisen aus, die nicht alle unbeschadet überstanden. Zum anderen blendet dieses Urteil aus, dass es trotz der veränderten politischen Verhältnisse, noch immer eine ganze Reihe Gründe gab, die für eine Fortsetzung des bewaffneten Kampfes sprachen: 1. Die Militärjunta hatte umfangreiche Maßnahmen ergriffen, um sich Macht und Einfluss zu sichern (Wahlrecht, Senatoren auf Lebenszeit, Militärgerichtsbarkeit etc.). 2. Die Militärs hatten sich selbst amnestiert (das Gesetz galt für die Verbrechen gegen die Menschenrechte, die zwischen 1973 und 1978 begangen wurden). Viele Täter und zivile Kollaborateure der Diktatur würden ungestraft bleiben. 3. Das unter der Diktatur eingeführte neoliberale Wirtschaftsmodell wurde fortgeführt – mit allen damit verbundenen sozialen Implikationen.

Denjenigen von Frente-Autónomo und MAPU Lautaro, die ihre Kämpfe auch nach dem Übergang zur unvollkommenen Demokratie fortsetzten, kann man gewiss vorwerfen, die Zeichen der Zeit nicht richtig gedeutet zu haben, weil sie noch immer an die Möglichkeit eines siegreichen Volkskriegs glaubten. Diesen Vorwurf kann man jedoch gerade jenen nicht machen, die ihr im Widerstand gegen die Diktatur angeeignetes Wissen dazu nutzten, sich selbst zu bereichern. Eine solche auf den eigenen Vorteil ausgerichtete Praxis prägt die chilenische Gesellschaft heute in weiten Teilen. Wer über politische oder ökonomische Macht verfügt, wendet lediglich subtilere Mittel an. Dass es einen compañero schmerzt, wenn ehemalige Kampfgefährten einen solchen Weg einschlagen, ist nachvollziehbar. Der chilenischen Elite steht ein solches Urteil jedoch nicht zu.

„Nach Jahren in Kuba, da schnappt man bestimmt den einen oder anderen typischen Ausdruck auf", gebe ich mich verständnisvoll. „Nach 14 Tagen sprichst du wie ein verdammter Kubaner", rückt mein Gesprächspartner mein Urteil zurecht. In Kuba müsse man schon aus Sicherheitsgründen kubanisch sprechen, um nicht preiszugeben, woher man kommt. Denn dort wimmele es von ausländischen Geheimdienstlern. Doch das, was in Kuba der Sicherheit dient, der Akzent, die spezifischen Redewendungen, wandelt sich in Chile in eine potenzielle Gefahr. Ein falsches Wort, und die dortigen Militärs oder Geheimdienstler wissen sofort: „Der ist in Kuba geschult worden." Eine Festnahme wäre die unausweichliche Folge. Um den „Schülern" die kubanischen Floskeln auszutreiben, stand vor der Rückkehr nach Chile strenge Klausur an: sechs Wochen in einem Haus eingeschlossen und nur chilenisch sprechen. Auch der Speiseplan wurde umgestellt, damit daheim niemand aus Versehen eine karibische Speise bestellt. (Anonym)

ZWANZIG JAHRE NACH DER ENTSCHEIDUNG

Junge Männer und Frauen blicken ernst unter ihren grünen Militärmützen hervor, in den Händen halten sie Fackeln, Mund und Nase sind mit roten Halstüchern bedeckt. FPMR ist darauf zu lesen, Frente Patriótico Manuel Rodríguez. Am Abend des 7. September 2006 sind sie auf der Plaza de Armas im Zentrum Santiagos zusammen gekommen, um dem gescheiterten Anschlag auf Pinochet vor zwanzig Jahren zu gedenken. „Wir würden es jederzeit wieder tun, wenn es notwendig wäre", lautet die zentrale Aussage dieses Abends. Kein Zweifel: Die Organisation ist stolz auf den Versuch, den Tyrannen zu richten, auch wenn es nicht geklappt hat. Das ist die trotzige Variante des Olympiamottos: „Dabei sein ist alles." Mehr als eine Verklärung der Vergangenheit ist es der Versuch, aus der eigenen Geschichte Stärke für die Gegenwart zu ziehen. Die Fahnen- und Fackelträger, die in lockerer, aber deutlich erkennbar militärischer Formation durch die Fußgängerzone marschieren, dürften mehrheitlich kaum älter als 20 Jahre alt sein. Es sind vor allem Kinder der transición. Die Polizei hält sich an diesem Abend zurück. Sie begleitet den Zug zwar mit zahlreichen Beamten, unternimmt aber keine Versuche, ihn zu unterbinden. Das ist nicht immer so, schließlich gilt in weiten Teilen der chilenischen Gesellschaft die Frente heute als Enfant terrible: Bei einer Demonstration am 5. Juni 2006 zur Unterstützung der streikenden Schülerinnen und Schüler, zu der unter ande-

rem die Frente aufgerufen hatte und die nicht von der Stadtverwaltung genehmigt wurde, kam es zu schweren Ausschreitungen, nachdem die Carabineros mit Wasserwerfern und Spezialkräften den Marsch aufgelöst hatten. Auch am Abend der 11. September 2006, dem Jahrestag des Putsches, löste die Polizei mit Wasserwerfern und Tränengas einen Zug von Frente-Anhängern auf, der sich von der Innenstadt in Richtung Estadio Victor Jara[37] in Bewegung gesetzt hatte.

An einem Abend wie dem des 7. September lässt sich nicht nur einiges über die Geschichte Chiles lernen, sondern vor allem auch über die Gegenwart, etwa über die Zersplitterung der Linken in Chile: Während die Frente Patriótico Manuel Rodríguez auf die Straße geht, auch um ihr wieder gewonnenes Selbstbewusstsein zu demonstrieren, findet gleichzeitig eine weitere Hommage an die Kämpfer statt: KP-nahe Gruppen haben ins Gewerkschaftshaus geladen. Einstige Weggefährten erinnern sich getrennt. Einige Tage später bin ich mit Leonardo Tapia, 41, Historiker und einer der führenden Köpfe der Frente, verabredet. Mit ihm will ich darüber zu reden, was seine Organisation heute will, die 1983 als Projekt der Kommunistischen Partei ins Leben gerufen worden war, um bewaffneten Widerstand gegen die Diktatur zu leisten, und die sich 1987 von der KP trennte.

LEONARDO : Im Jahre 2003 hatte die Frente Patriótico ihren ersten Kongress. Das war ein sehr wichtiger Moment, denn in den zwanzig Jahren, die es die Organisation gab, hatte es nie ein Treffen gegeben, bei dem in dieser Tiefe über die Ideologie diskutiert wurde. Nach dem Bruch mit der Partei galt die ganze Anstrengung der Umwandlung in eine eigenständige und umfassende revolutionäre Organisation. Heute bezeichnen wir das Projekt der Frente als revolutionär, patriotisch und volksnah. Das Projekt ist revolutionär, denn wir sind davon überzeugt, dass die Alternative zur herrschenden neoliberalen, dem Imperialismus dienenden Ordnung nur der Aufbau des Sozialismus in Chile sein kann. Trotz der Krise, die der real existierende Sozialismus in Europa erfuhr, glauben wir weiterhin, dass der Sozialismus eine Alternative zum Ka-

---

37 Im Estadio de Chile war der populäre Liedermacher Victor Jara in den ersten Tagen des Putsches gefoltert und später mit 44 Gewehrkugeln getötet worden. Heute trägt das Stadion, eine überdachte Sporthalle, in der auch Konzerte stattfinden, seinen Namen.

pitalismus darstellt, insbesondere in dieser Phase des Imperialismus. Das Projekt ist patriotisch, weil es den Imperialismus als seinen größten Feind ansieht, sowohl den nordamerikanischen als auch den europäischen oder japanischen. Aber auf unserem Kontinent, insbesondere im Falle Chiles, dominiert die nordamerikanische Hand. Etwas, das sich in den vergangenen Jahren mit der Präsidentschaft von George W. Bush zugespitzt hat. Wir definieren also Chile als ein abhängiges, ein neokoloniales Land. Volksnah ist unser Projekt deshalb, weil wir den Akzent auf das Volk, auf die Arbeiter im weitesten Wortsinne, als die Summe aller Ausgebeuteten, aller Lohnarbeitenden, setzen. Das ist die Klasse, die historisch gesehen berufen ist, gegen das System zu kämpfen. Das grundlegende Ziel ist es, eine Volksbewegung zu schaffen, eine soziale und politische Bewegung, die sich mit der vergleichen lässt, die in den 80er Jahren existierte. Unser Projekt hat drei Achsen: eine politische, eine soziale und eine militärische. Was den militärischen Aspekt anbelangt, rechtfertigen wir heute den Gebrauch der Gewalt durch das Volk, vor allem als Form, um sich gegen die Repression zu wehren. Häufig sind diese Gewaltausbrüche spontan und Ausdruck der Wut. Aber für uns ist es wichtig, dass dies organisiert und mit einer politischen Führung geschieht, damit es nicht nur ein Bekenntnis bleibt, sondern ein effektives Werkzeug wird, das die soziale Bewegung stärkt. Doch so etwas erreicht man nicht von außen, so etwas muss von innen heraus entstehen. Das ist das Ergebnis einer Selbstkritik, die wir geübt haben: Oftmals wurden bewaffnete Aktionen unabhängig vom Zustand oder der Stimmung der Bewegung ausgeführt. Wir suchen unsere Basis bei den Arbeitern, den Studenten und den Bewohnern der poblaciones. Die größte Kraft besteht heute, wenn man das so sagen kann, noch immer im Bereich der poblaciones, auch wenn wir in diesem Jahr begonnen haben, im Gewerkschaftsbereich zu arbeiten, in dem wir bislang sehr schwach vertreten waren. Aber wir wissen, dass sich die poblaciones aus Arbeitern, aus Proletariern zusammensetzen, ob sie nun arbeitslos sind oder nicht. Die Krise der gesamten revolutionären Linken nach dem Fall der Mauer in Berlin betraf letztendlich auch die revolutionären Organisationen in Chile. Auf der einen Seite waren sie auf Grund der Repression und der erlittenen Schläge sehr geschwächt, auf der anderen Seite war es die ideologische Krise, die bei der MIR, bei MAPU Lautaro und bei der Frente Brüche provozierte. Dies geschah genau zu der Zeit, als sich hier der Übergang von einer militärischen zu einer zivilen Regierung vollzog und es eigentlich darum ging, Antworten auf die neue Situation zu finden. In diesem Moment begann ein gegen Parteien gerichtetes Denken Boden zu gewinnen, das der Mitgliedschaft skeptisch gegenüber stand, das die Rolle der linken Parteien im Allgemeinen in Frage stellte und das autonome Positionen bezog. Die Auflösung der politischen Organisationen hat zudem dazu geführt, dass Waffen weit verstreut wurden. Sie wurden verkauft, gekauft und benutzt. Außerdem gab es einige ehemalige compañeros verschiedener Organisationen, die sich in Delinquenten verwandelten und ihr Wissen nun dafür nutzen, etwa beim Drogenhandel oder bei Raubüberfällen.[38] Das ist alles Teil der Krise, die die Linke durchlebte.

Aber unsere Stärke liegt noch immer in den Arbeitervierteln, auch in der población La Victoria. Das ist heute ein schwieriges Terrain. Denn neben der Präsenz der Dealer ist die Präsenz des Staates sehr groß, etwa beim Nachbarschaftskomitee. Es gab direkte staatliche Intervention in dem Gebiet. Außerdem herrscht dort eine Einstellung vor, die sich gegen jede Form politischer Organisation wendet. Das sind die Herausforderungen, denen wir uns stellen müssen. Mit unserem militärischen Handeln Ende der 80er Jahre haben wir uns vom Volk entfernt. Das wollen wir nun ändern. Wir laden die Leute ein, die ein Bewusstsein haben und diese Gesellschaft radikal verändern wollen, Teil des Projektes zu werden. Wir sind davon überzeugt, dass es besser ist, sich zu organisieren, als alleine zu kämpfen. Unser Projekt hat neben der nationalen auch eine kontinentale Ebene. Diese globale Vision und Strategie, die sich aus dem lateinamerikanischen Kampf ergibt, weist über das Alltägliche hinaus.

So wichtig die kontinentale Ebene auch sein mag, der Alltag spielt sich in geografisch sehr begrenzten Räumen ab. Das Klima in den poblaciones hat sich in den vergangenen zwanzig Jahren radikal verändert. Ein Aspekt hat gewiss mit der Zunahme von Drogenkonsum zu tun. Leo Tapia spricht davon, dass die poblaciones mittlerweile von Drogendealern „kolonialisiert" sind. Auch andere Gesprächspartner weisen auf die

---

38 Leo Tapia nennt diese Personen „PT, Para Tí oder Parateros", was soviel bedeutet wie Anhänger der Für Dich Partei.

ernsthaften Probleme rund um den Drogenhandel und Konsum in den Stadtvierteln hin. Diese führen dazu, dass einzelne Personen, Gruppen oder Familien ein eigenständiges Machtsystem aufgebaut haben, während andere Familien unter der Sucht von Angehörigen und den damit verbundenen Folgen leiden. Ob jedoch die Begriffe wie „Kolonialisierung" und der verschwörungstheoretische Ansatz, die Regierung fördere oder dulde zumindest den Drogenhandel, um die soziale Bewegung zu schwächen, dem Verständnis für die komplexen Zusammenhänge dienen, die zu einer Sucht führen, darf bezweifelt werden. Ähnlich wie bei der Kritik am Konsumismus fehlt bei vielen Analysen der traditionellen linken Organisationen eine Auseinandersetzung mit der Frage, warum Teile des „Volks" oder der „Arbeiterklasse" auf diese oder jene Weise Bedürfnisse befriedigen wollen, deren Existenz mitunter gar nicht wahrgenommen wird. Dass die Menschen in den poblaciones momentan ein gesteigertes Interesse an einer Auseinandersetzung mit dem Begriff der Volksmacht bei Trotzki und Lenin (vgl. *El Rodriguista*, Mai 2006) haben, bezweifele ich. Die beklagte Distanz zum Volk drückt sich auch in einer solchen Themenwahl in der Zeitschrift der Frente aus. So verwundert es nicht, dass eine chilenische marxistisch-leninistische Organisation mit Elan dem Jahr 1986 gedenkt: Für die FPMR war zu diesem Zeitpunkt die Welt zwar gewiss nicht in Ordnung, aber zumindest waren die Fronten geklärt.

B.S.: Eine Sache habe ich noch. Vielleicht das Schwierigste von allem. Ich habe compañeras kennen gelernt, die ziemlich enttäuscht von den Kameraden der Frente sind, weil die sich auf der einen Seite sehr revolutionär gaben, aber in der Praxis nicht in der Lage waren, persönliche Verantwortung, etwa für die gemeinsamen Kinder, zu übernehmen.
Leonardo: Ups!

Hast du denn das Gefühl, dass die Leute heute für den revolutionären Kampf vorbereitet sind und gleichzeitig ihren persönlichen Verantwortungen gerecht werden?
Das ist eine gute Frage. Das ist eine Sache, wegen der unter anderem Kritik geübt wurde: Dass der Mann nach außen den Revolutionär gibt, aber in seinem engsten Umfeld entweder ein totaler Macho ist oder durch Abwesenheit glänzt. Das ist wahr, und es hat eine ganze Menge Ungerechtigkeit erzeugt.

Deshalb versuchen wir heute, den Leuten beizubringen, dass man so nicht handeln kann. Teil unserer Anziehungskraft besteht darin, dass das Private und das Politische mehr oder wenig kohärent sein sollten. Was jemand nach außen projiziert, muss er erst einmal auf seine eigene Familie, seinen engsten Kreis anwenden. Also, ich stimme mit dir überein, dass es diese Probleme gegeben hat, und hoffentlich geschieht es heute nicht mehr so häufig wie früher. Ich sage nicht, dass es heute nicht mehr vorkommt, aber wir sind uns des Problems bewusst. Heute ist der Anteil von Frauen, von compañeras, größer als früher. Viele von ihnen sind Mütter, und ihre Männer sind ebenfalls Mitglieder der Frente. Viele der compañeros gehen davon aus, dass die Frauen zu Hause bleiben und auf die Kinder aufpassen, damit sie zu den Treffen gehen können. Also versuchen wir zu verhindern, dass das so abläuft. Doch es ist schwierig für eine Organisation, in das Haus der compañeros zu gehen, um zu schauen, wie es läuft. Es ist eine Sache des Bewusstseins. Wir versuchen anzustoßen, dass die Frauen heute die gleichen Möglichkeiten haben, politische Verantwortung zu übernehmen.

Mitunter hat der Untergrund das Macho-Verhalten befördert. Heute ist es leichter, dass eine compañera ein solches Verhalten innerhalb der Frente kritisiert, zumal unsere Organisation jetzt horizontaler aufgebaut ist. Ich kann mich an einen Fall erinnern, als sich eine compañera über ihren gewalttätigen Partner beschwert hat. Wir haben ihn dann aus der Organisation ausgeschlossen. Man kann Machismo, der sich gewaltsam äußert, nicht tolerieren. In Chile ist die Gewalt gegen Frauen und Kinder ein großes Problem. Es ist ein Recht, mit Würde behandelt zu werden. Das ist das Mindeste. Da gibt es noch einiges zu tun, um menschlicher miteinander umzugehen.

KUGEL IM KNIE

Wie sieht jemand aus, der elf Jahre Gefängnis hinter sich hat? Wie wird das Gespräch mit dieser Person verlaufen? Werde ich voller Rücksichtnahme agieren und der andere voller Misstrauen sein? All diese Fragen beschäftigten mich auf dem Weg zum vereinbarten Treffpunkt. Ich stellte mir meinen Gesprächspartner eher dicklich vor und auf jeden Fall älter als ich, mit langen grauen Haaren und einem Bart. Aber warum? Vielleicht war das Bild ein wenig von Filmen über den Graf von Monte Christo bestimmt, und das mit der Dicklichkeit war gewiss dem Ausdruck geschuldet, dass der andere elf Jahre lang „gesessen" hat. Marcelo Villaroel ist schlank, rasiert, trägt kurze, schwarze Haare. Er ist 33, wirkt aber wesentlich jünger. Schwarze Jeans, schwarzer Kapuzenpulli, in der Art, uns zu kleiden, gibt es kaum Unterschiede. Wir mögen die gleiche Musik, funken auf der gleichen Wellenlänge. Wir gehen zu einem Privathaus in Valparaíso. Setzen uns an einen kleinen Tisch, trinken Bier und Kaffee. Irgendwann beginnt dann der formale Teil des Interviews. Ich frage alles, was mir einfällt und erhalte auf jede Frage eine Antwort. Am Schluss weiß ich, was ihn bewogen hat, bewaffnet zu kämpfen, weiß, dass er der einzige Überlebende seiner Generation in der MAPU Lautaro ist und dass ihm noch immer eine Kugel im Knie steckt. Eine Frage bleibt nach dem Gespräch. Wie wäre wohl mein Leben verlaufen, wenn ich nicht in Frankfurt, Westdeutschland, sondern in Chile unter einer Militärdiktatur groß geworden wäre?

MARCELO : Ich saß elf Jahre, zwei Monate und fünfzehn Tage im Gefängnis, weil ich Mitglied einer chilenischen, marxistisch-leninistischen Organisation, des Parteikomplexes MAPU Lautaro, war, der sich aus drei Organisationen zusammensetzte. Das waren die Jugendbewegung Movimiento Juvenil Lautaro, eine Organisation der Massenmiliz, es war die Partei MAPU, die Mutterorganisation und Leiterin der Politik, und die Fuerza rebelde y popular de Lautaro, die rebellische Volkskraft Lautaro, eine weiterentwickelte militärische Struktur. Das war die Keimzelle dessen, was wir als Ejército Revolucionario del Pueblo, als Revolutionäre Armee des Volkes, definierten. Ich bin 1986 im Alter von 13 Jahren in die Organisation eingetreten. Während der Diktatur bin ich zwei Mal verhaftet worden. 1987, mit 14, war ich fast einen Monat lang Häftling. 1989, da war ich 16 beziehungsweise 17 Jahre alt, war ich ein Jahr lang in Haft, wegen bewaffneter Aktionen gegen die Diktatur. Mein Kampf bestand darin, eine Position innerhalb dessen einzunehmen, was Lenin – ich war zu jener Zeit Leninist – als bewusste Avantgarde des Volkes bezeichnete. Ich glaubte an die revolutionäre Partei und war überzeugt, mein Kampf müsse durch eine politische und militärische Organisation vermittelt sein. Ich glaubte nicht, dass der soziale Kampf allein zum Niedergang der Diktatur führen würde. Man muss sich daran erinnern, dass zu jener Zeit Pinochet putzmunter war mit seinem ganzen Sicherheitsapparat und seinem ganzen Staat.

Die chilenische Realität sah damals ganz anders aus als heute. Ich kanalisierte meine Option, meine Haltung, meine Wünsche und mein Leben durch die Untergrundorganisation, die ihre revolutionäre Politik mittels bewaffneter Aktionen ausdrückte.

MAPU Lautaro definierte die Demokratie als eine Fortführung des wilden Kapitalismus. Also sagten wir uns, es ist egal, wer kommt, ob die Christdemokraten oder Pinochet mit seinen Chicago Boys, der Kapitalismus wird fortgesetzt. Die Gründe und Motive, den Kampf fortzuführen, waren also die selben, auch wenn sich das Szenario veränderte und es einen bürgerlichen Wechsel gab: Der Staat ging von der faschistischen Rechten zur sozialdemokratischen Concertación über. Wir sagten also: „Wir gehen keinen Schritt zurück, diese Situation muss ausgenutzt werden, um die Massen zu erreichen. In diesem Sinne waren wir Leninisten. Die Massen sollten im Sinne der Subversion geführt werden. Eine Sache, die nicht geschah. Wir hatten nirgendwo eine soziale Basis, wie ich rückblickend feststellen muss. Es ist immer der gleiche Fehler, den bewaffnete Organisationen begehen, die sich in Apparate verwandeln. Sie glauben, dass sie mit ihrer Politik den Kampf dieses oder jenes Sektors bestimmen können. Betrachtet man die verschiedenen revolutionären Erfahrungen, stellt man fest, dass dies immer der gleiche Irrtum erleuchteter, avantgardistischer und hierarchischer Organisationsapparate ist.

Wir haben während des gesamten paktierten Übergangs nicht aufgehört, militant zu handeln. Wir sagten, jede Reaktion bringt neue Aktionen hervor. Statt uns angesichts eines Schlages der Repression zurückzuziehen, kamen wir zusammen und schlugen wieder zu. Nahm die Polizei irgendwo im Lande, sei es im Norden oder im Süden, Leute von uns fest, agierten wir in Valparaíso oder in Concepción. Wir griffen die Struktur des Staates, die Stadtverwaltungen, politische Parteien, einfach alles an, was den Staat symbolisierte. Wir überfielen Banken. So lange es Hunger in den Armenvierteln gab, nahmen wir uns das Recht, jeden Laster mit Fleisch oder Milchprodukten zu überfallen und die Waren zu verteilen. Auf die Angriffe seitens der Repression, bei den Durchsuchungen der poblaciones etwa, griffen wir Polizeistationen, Polizeifahrzeuge oder einzelne Polizisten an. Entweder weil sie konkret verantwortlich für Menschenrechtsverletzungen waren oder wir löschten sie aus, einfach weil sie Polizisten waren.

Ein anderes Feld war der Kampf gegen das Hochsicherheitsgefängnis. Denn zu dieser Zeit wurden die ersten unserer Mitglieder gefangen genommen. Zwischen 1990 und 1994 gab es ein hohes Niveau der subversiven Tätigkeiten. 1991 ermordete die Frente-Autónomo zum ersten Mal in der Geschichte Chiles einen Senator der Republik, Jaime Guzman Errázuriz, einen Ideologen der Militärdiktatur sowie der Verfassung von 1980 und Mitglied des Opus dei, der vehement Front gegen eine mögliche Freilassung der politischen Gefangenen der Diktatur durch einen Gnadenakt des Präsidenten machte. Die Frente ermordete ihn am 1. April 1991, was die demokratische Stabilität im Lande erschütterte. Die Regierung der Concertación war gerade einmal zwölf, dreizehn Monate im Amt. Das war der erste direkte Schlag gegen die Stabilität der Demokratie. Also begann der Sicherheitsapparat der Concertación unter Führung von Christ- und Sozialdemokraten ein paar neue Arbeitsgebiete in der Aufstandsbekämpfung zu definieren. Eines davon war die Stärkung des Apparates der Spitzel und Denunzianten rund um die Organisationen Frente, MIR und MAPU Lautaro. Dafür wurde das Büro kreiert, das unter der Leitung der Sozialisten die verbleibenden subversiven Kräfte zerschlagen sollte. Man beschloss den Bau eines Hochsicherheitsgefängnisses nach europäischem Stil und schickte ein Team aus Architekten, Soziologen und Psychologen los, um Gefängnisse in Spanien, England und Deutschland zu besichtigen. Schließlich schuf man einen neuen politisch-juristischen Rahmen: Das Antiterrorismusgesetz wurde neu definiert und die Strafen wurden erhöht. Wer unter der Diktatur wegen Waffen- oder Sprengstoffdelikten oder wegen der Mitgliedschaft in einer terroristischen Organisation mit Strafen von drei bis sieben Jahren rechnen musste, kann nun zu Strafen zwischen fünf bis fünfzehn, ja mitunter bis zu siebzehn Jahren verurteilt werden. Die Strafen wurden verschärft, und es wurde Geld in ein Hochsicherheitsgefängnis gesteckt, das für Gefangene aus den angeführten Organisationen gebaut wurde.

Ich wurde 1992 zum letzten Mal festgenommen. Ich war mehr als zwei Jahre im Untergrund und wurde mit meiner Waffe in der Hand nach einer Schießerei mit der Polizei festgenommen. Ein compañero fiel. Mich trafen drei Schüsse ins Bein und ich war sechs Monate lahm. Das war am 13. Oktober 1992. Zu dieser Zeit hatten wir ein sehr hohes Niveau der bewaffneten Aktionen erreicht. Zwei, drei Mal pro Woche machten wir einen Polizisten fertig, überfielen eine Bank oder platzierten eine Bombe. Als ich verhaftet wurde, war ich zwar erst 19 Jahre alt, aber schon seit sechs Jahren Teil dieser Bewegung. Im Untergrund widmete ich hundert Prozent meines Lebens der Organisation. Du bist um fünf Uhr morgens aufgestanden, um dies oder jenes zu erledigen, und um zwölf Uhr warst du dann im Barrio Alto, geschminkt, mit einer Perücke auf dem Kopf und mit einer Maschinenpistole in der Hand. Ich hatte eine langjährige Beziehung, und die compañera war ebenfalls Mitglied in der Organisation, also gab es keine großen Konflikte. Das änderte sich, als sie aufhörte zu kämpfen. Wir mussten uns trennen.

Die Freundschaften, die Zuneigungen und die Liebe wurden durch die Organisation kanalisiert. Mit jeder Aktion, die wir machten, oder wenn Leute von uns verhaftet wurden oder starben, isolierten wir uns mehr. Wir hatten keine sozialen Kontakte, weder in der población noch im Sportverein, im Kulturzentrum, der Schule, der Uni oder der Arbeit. Nichts. All unsere menschlichen Beziehungen spielten sich im Untergrund ab. Wir entfernten uns in unserer politischen Analyse immer weiter von der sozialen Realität. Am Schluss richtete sich unsere Sprache und unser Handeln weniger an die Masse, als vielmehr an uns selbst. Das war der Anfang vom Ende unserer Organisation.

Ich bin der einzige Überlebende einer Generation, die gemeinsam im Untergrund aufgewachsen ist, zur gleichen Zeit, in der selben Epoche. Ich war nie davon ausgegangen, ins Gefängnis zu kommen. Es gab für mich nur den Tod oder das Weitermachen, bis sich die Organisation auflöste oder siegte. Ich wollte nicht im Gefängnis ankommen, deshalb zog ich die Waffe, die ich bei mir trug, als die Polizei uns festnehmen wollte. Doch als das alles vorbei war, fand ich mich im Knast wieder. Mir wurde klar, dass ich noch am Leben war. Klar war auch, dass nun ein anderes Leben beginnen würde: Wenn ich es nicht schaffte auszubrechen, würde ich lange eingesperrt bleiben. Und so geschah es dann auch. Wir konnten nicht abhauen und verbrachten viele, viele Jahre unseres Lebens hinter Gittern.

Am 30. Dezember 1996 gelang allerdings vier Mitgliedern der Frente Patriótico Manuel Rodríguez eine spektakuläre Flucht aus dem Hochsicherheitsgefängnis: Ein gekaperter Hubschrauber näherte sich der

Haftanstalt im Zentrum Santiagos. Die Insassen des Helikopters eröffneten das Feuer auf die Wachtürme und ließen gleichzeitig einen Korb, den sie aus schusssicherem Material gefertigt hatten, hinab. Die vier Gefangenen kletterten hinein und entschwanden.[39]

MARCELO : Wie alle anderen auch waren wir sehr beeindruckt. Doch das Besondere für uns war, dass die, die flohen, unsere Freunde waren. Zwei von ihnen hatte ich bereits außerhalb des Gefängnis kennen gelernt. Ricardo Palma und Pablo Muñoz kannte ich bereits aus der Zeit der Schülerbewegung, bei der Miristas, Lautaros, Rodriguistas und Mitglieder der Kommunistischen Partei mitmachten. Dort kamen Leute des gleichen Alters aber mit unterschiedlichen politischen Einstellungen zusammen. Die Freude über die erfolgreiche Flucht war also sehr groß, zumal wir ja die Befreiung direkt miterlebt haben. Interessant war auch die Wirkung, die der Ausbruch beim Volk, beim chilenischen Proletariat provoziert hat. Denn bis zu diesem Moment war die Wahrnehmung, dass die Subversion in Chile tot war, dass sie vernichtend geschlagen worden war.

Sie schlugen uns, sie folterten uns, und niemand sagte irgendetwas. Das änderte sich von diesem Moment an. Die Mehrheit ging davon aus, dass in dem Gefängnis Terroristen saßen, aber jetzt schaute man hin, wer die politischen Gefangenen, die Revolutionäre aus dieser oder jener Organisation waren. Mit einem Mal wurde die Existenz von politischen Gefangenen wieder aufs nationale und internationale Tapet gebracht. Viele begriffen, dass es eine Generation von Subversiven war, die bereits gegen Pinochet gekämpft hatte und die diesen Kampf weiterführte. Sie sperrten uns in ein Spezialgefängnis für terroristische Delinquenten, sie unterzogen uns einer Spezialbehandlung, doch gleichzeitig negierten sie unseren Status als politische Gefangene.

Von diesem Moment an interessierten sich andere Teile der Gesellschaft für uns. Der ganze Bereich der Gegenkultur war ja von den politischen Avantgarden immer verachtet worden. Bis heute wird er von denen nur in Hinblick auf eine mögliche Instrumentalisierung betrachtet. Wenn ich von Gegenkultur spreche, meine ich alle Ausdrucksformen, die mit der Norm und Struktur der Macht brechen. Also das, was die

---

39 Vgl. Ricardo Palma Salamanca, *El gran rescate*, LOM Ediciones, Santiago 1997.

herrschende Soziologie versucht, als „urbane Stämme" zu beschreiben. Vor ein paar Jahren stimmten die Merkmale eines Delinquenten mit denen eines Rappers überein. Rap und Hip-Hop sind ein Phänomen, das in Chile Ende der 80er Jahre begann und in den 90er Jahren an Kraft gewann. Es tauchten verschiedene Generationen von Rappern an unterschiedlichen Orten auf. Es gab einen Kern mit Klassenbewusstsein der in den poblaciones arbeitete. Dasselbe geschah mit dem Punk in den 80er Jahren. Anfang der 90er Jahren begannen dann alle Gegenkulturen zu wachsen und gegen Ende der 90er begannen sie, von der Jugend ausgehend, der Rebellion neuen Atem einzuhauchen. Ende der 90er, Anfang 2000 wurden dann die ersten Häuser besetzt. In den besetzten Räumen der Gegenkultur wuchs dann das Bewusstsein für den Verschleiß der Demokratie, für die Ablehnung des Establishments, der Parteien, des Staates und der ganzen hierarchischen Strukturen. Damit gewann der Anarchismus in Chile wieder an Bedeutung. Anarchismus gab es schon lange in Lateinamerika, aber er war durch die Vorherrschaft des Marxismus-Leninismus sehr verdeckt. Nun, nach den Vorkommnissen rund um den 11. September und nach der Festnahme von Hausbesetzern in Santiago, wurden die Anarchos und die Besetzer als die neuen Feinde der Demokratie hingestellt. Das ist ein interessantes Phänomen, denn der Anarchismus ist überhaupt nicht neu. Also, wie gesagt, in diesem sozialen Raum gewann das Thema politischer Knast Bedeutung, denn die jungen Leute begriffen das Gefängnis nun auch als eine konkrete Gefahr für sich.

Es gab verschiedene Meilensteine in unserem Kampf gegen das Hochsicherheitsgefängnis: Der erste war unser erfolgreicher Kampf gegen die Trennscheibe. Wir als politische Gefangene wurden total von der Außenwelt isoliert. Das heißt, es gab keinen körperlichen Kontakt weder mit der Familie noch mit geliebten Menschen und schon gar nicht mit Freunden oder compañeros. Der unmittelbare Ausdruck dieser Trennung waren die Gesprächszellen. Das ist das klassische Prinzip eines Hochsicherheitsgefängnisses, wo du zwei Mal im Monat für jeweils fünfzehn Minuten Besuch empfangen darfst, den du dann nur durch eine Scheibe siehst. Wir lieferten uns einen Kampf, was viele Hungerstreiks bedeutete, damit wir einen würdigen Tagesablauf bekamen und unseren Angehörigen bei Besuchen direkt begegnen konnten. Wir wollten einen würdigen Rahmen, ohne dass wir täglich verprügelt wurden oder jeden Tag 23 Stunden in der Zelle eingeschlossen waren, und nur eine Stunde Hofgang hatten, den wir alleine verbringen mussten. Dieser Kampf war ein Meilenstein. Der zweite war die beschriebene Flucht der vier compañeros. Und es gab einen dritten Meilenstein: Wir erkämpften ihn uns, auch das war kein Geschenk des Feindes. In allen anderen Gefängnissen in Chile gab es ein Kulturprogramm: Manchmal nur ein-, zwei Mal im Monat, Evangelisten machen Musik, es gab Knäste, die kulturelle Workshops anbieten, Gitarrenkurse. Und wir? Wir hatten noch nicht einmal die Möglichkeit, ein einziges Mal im Jahr mit anderen Menschen zusammenzukommen.

Ein Freund und ich pflegten seit 1995 Brieffreundschaften mit Bandmitgliedern von *Fiskales ad hok*. Für den 1. Januar 1999 luden wir sie ein, hier im Gefängnis gemeinsam mit zwei anderen Bands, *En tu Contra* und *Malgobierno*, zu spielen. *Fiskales ad hok* war eine bekannte Band, die allerdings keinen politischen Punk spielte. Sie machten guten Punk, gute Musik, viele jungen Chilenen hörten sie. Für sie als Musiker war das Konzert im Knast, glaube ich, das Beste, was ihnen im Leben passiert ist. Ich glaube, es ist der Auftritt, den sie am meisten schätzen. Es war auch für mich eines der schönsten Konzerte, das ich erlebt habe. Aber die Idee war, dass sich dies fortsetzte. Ich kritisiere die *Fiskales* heute dafür, dass sie dies nicht fortführen wollten. Heute repräsentieren sie etwas, aber dieses Etwas ist ihnen auf dem Weg, für den sie sich entschieden haben, entglitten. Sie machen Musik, sie treten mit bekannten Bands auf, sie reisen und stellen sich auf die Bühne und sagen ein paar Wahrheiten, aber ihr Alltag unterscheidet sich sehr von dem, wie er sein sollte. Sie hatten die Chance, ein Universum anderer Leute kennen zu lernen, aber sie entschieden sich, wieder den alten Weg des Erfolgs einzuschlagen. Auf jeden Fall war das Konzert ein schönes Ereignis. Alle Leute erinnern sich daran, sie auch. Und alle werden dies bis zum Ende ihrer Tage tun.[40]

Die letzten politischen Gefangenen unserer Generation verließen 2005 das Gefängnis. Ich kam im Mai 2004 raus. Zuvor hatte ich Freigang: erst sonntags, dann an den Wochenenden, zum Schluss täglich. Das ging peu à peu. Sonntags um sieben Uhr morgens raus und um

---

40 Siehe auch das Abschnitt *Gewehr oder Gitarre* (Seite 197).

22 Uhr wieder rein, ein paar Monate lang. Das war traurig und auslaugend, aber es war verdammt nochmal besser, als nicht raus zu können. Ich hatte bereits vor elf Jahren aufgehört, mich in der Organisation zu engagieren, für die ich eingefahren bin. Danach begannen wir uns in einem horizontalen, selbst bestimmten Kollektiv zu organisieren, das *Kamina libre* hieß. Wir als Gefangenenkollektiv verloren nie die Verbindung nach außen. Wir hatten immer die Möglichkeit, ein Fanzine oder ein Bulletin herauszubringen. Uns erreichten Fanzines und Bulletins verschiedener Gruppen und Organisationen, so dass wir immer darüber informiert waren, was außerhalb des Knasts geschah. Ich war also nicht von dem überrascht, was ich draußen vorfand. Allerdings hat es nicht aufgehört, dass mich ganz alltägliche Dinge beeindrucken. Die Anzahl der Häuser in Santiago zum Beispiel. Dort haben sie in den vergangenen acht, neun Jahren überall Neubauten errichtet, auch in Gegenden, in denen auf Grund der städtischen Struktur eigentlich ein regulierender Plan existieren müsste, um alte Architektur zu schützen, die ein Kulturerbe Santiagos darstellt. Aber nein, mittendrin wird ein Gebäude mit zwanzig Stockwerken hochgezogen. Den Leuten von nebenan wird der Hof, das Sonnenlicht und der Blick auf die Kordilleren genommen. Das Gefängnis, in dem wir waren, ist diesen Gebäuden ziemlich ähnlich. Es ist konzentrierter Raum, es gibt einen Concierge, du kannst nicht einfach da rein gehen. Der Concierge sagt dir: „Ja." „Nein." „Wohin soll es gehen?" Er notiert deinen Namen. Der ist wie ein Gefängniswärter. Weniger, dass mich die Tatsachen überraschen, aber es schockiert mich, das zu sehen. Mich schockiert es noch immer.

ANARCHISTEN

„Chile, das Land der guten Bräuche." Unklar bleibt, ob der Mann das T-Shirt nur zufällig trägt, oder ob er es bewusst für diesen 1. Mai angezogen hat. Der internationale Kampftag der Arbeiterklasse ist ein traditionsreiches Datum, an dem es immer wieder zu Ausschreitungen kommt. 2006 sind diese angeblich heftiger als sonst. Das behaupten zumindest Teile der Presse. *La Nación* spricht gar von der Wiederkehr der schwarzroten Fahnen des Anarchismus. Anarchisten, lumpen [41] und encapuchados, also junge Leute mit Kapuzen auf dem Kopf, das ist für weite Teile der Öffentlichkeit ein und dasselbe. Sie mischen bei den Schülerprotesten mit, sie randalieren am 1. Mai und, der Höhepunkt des Protestjahres: Sie schleudern am 10. September 2006 einen Molotow-Cocktail gegen den Regierungspalast La Moneda. Die Reaktionen auf die Tat fallen heftig aus. Auch Mitglieder der Kommunistischen Partei setzen die Aktion zum Jahrestag Pinochets Staatsstreich mit der Bombardierung des Regierungspalastes durch Flugzeuge der Putschisten gleich: „La Moneda wieder in Flammen". Die KP befindet sich in Verhandlungen mit Parteien der Concertación und der Rechten, um Veränderungen des Wahlsystems zu erreichen, das sie bislang aus dem Parlament draußen hält. Da heißt es, besonders staatstragend zu wirken.

Schon vor dem Brandanschlag hatten an diesem Tag Anarchisten und Kommunisten mit Fäusten und Latten aufeinander eingeschlagen. Nach dem Anschlag auf den Regierungspalast setzte der Innenminister Ermittler auf die möglichen Täter an. Drei Wochen später hob die Polizei in einem besetzten Haus im Zentrum Santiagos eine angebliche Bombenwerkstatt aus und nahm sechs junge Leute unter dem Verdacht fest, einer illegalen Organisation anzugehören. Es mehrten sich jedoch

---

41 Das Wort *lumpen*, eine Adaption des marx'schen Begriffs „Lumpenproletariats" wird nicht nur von der bürgerlichen Presse, sondern auch von linken Gruppen benutzt, wenn es darum geht, sich von gemeinen Kriminellen abzugrenzen. Eine ähnliche Funktion der Abgrenzung kommt den *infiltrados* (Provokateur) zu, die sich unter die protestierende Menge mischen. Mit diesem Begriff werden nicht zwangsläufig Aufwiegler im Dienste der Polizei bezeichnet, obwohl es auch diese gibt. So geht vermutlich eine Tränengasattacke am 21. Mai 2006 in Valparaíso gegen eine Polizeikette auf das Konto von Polizisten in zivil. Dieser Angriff wurde zum Anlass genommen, gewaltsam gegen die Demonstranten vorzugehen, die sich anlässlich der Regierungserklärung der Präsidentin Michelle Bachelet in Valparaíso versammelt hatten (vgl. die kommunistische Wochenzeitschrift *El Siglo* vom 26. Mai 2006).

schnell Zweifel daran, ob bei dieser Polizeiaktion alles mit rechten Dingen zugegangen sei. Nicht wenige, auch Kommunisten, fühlten sich an Inszenierungen aus Zeiten der Diktatur erinnert.

In Chile, „dem Land der guten Bräuche", ist das politische Jahr durch eine Vielzahl fester Termine bestimmt. Zu diesen gehört auch der „Tag der Rasse". Dieses Datum, das an die „Entdeckung" des Kontinents durch die Spanier erinnert, wird von den Mapuche und ihren Unterstützern genutzt, um auf die Lage der indigenen Bevölkerung hinzuweisen. Unter anderen drücken Fußballfans, sowohl der Mannschaft Universidad Católica als auch von Colo-Colo ihre Solidarität mit dem Widerstand der Mapuche gegen die Ausplünderung der Natur im Süden des Landes aus. Am 9. Oktober 2006 galt das Hauptaugenmerk der Medien und der Polizei jedoch den anarchistischen Aktivisten auf der Demonstration. Am Rande der Abschlusskundgebung neben der Nationalbibliothek interviewte ich Tomás, 24, Bauarbeiter. Er ist von der Corriente Revolución Anarquista (CRA), der Organisation, aus der derjenige stammen soll, der den Molotow-Cocktail gegen das Regierungsgebäude geschleudert hat. An diesem Tag wurde eine Erklärung der CRA verlesen und verteilt, in der es heißt: „Wir verstehen und unterstützen voll und ganz jene Menschen, die auf die Gewalt des Staates und des Kapitals mit revolutionärer Gewalt antworten. Das Volk hat das volle Recht, sich bewaffnet gegen seine Unterdrücker zu erheben." Mit dem Anschlag auf die Moneda wollen die Anarchisten der CRA allerdings nichts zu tun haben. Gerüchte über ihre Autorenschaft seien falsch. „Wir als Mitglieder der CRA haben immer unser Gesicht gezeigt, denn wir sind stolz darauf, Anarchisten zu sein und diese makabre Welt ändern zu wollen, darauf, eine Alternative zu dieser sinnlosen Gesellschaft anbieten zu können." Zudem wiesen sie darauf hin, dass die anarchistische Bewegung facettenreich sei und über die CRA hinaus reiche.[42]

---

42 In der Sonntagszeitung *La Nación Domingo* vom 7. Mai 2006 werden unter anderen folgende Gruppen und Organisationen aufgezählt, die sich aus Anarchisten zusammensetzen, oder bei denen Anarchisten vertreten sind: Die Front libertärer Studenten, die Organisation libertärer Kommunisten, die Antifaschistische Front, der Anarchistische Block, das Anarchistische Netz des Südens oder die Organisation der Kriegsdienstverweigerer Ni Casco ni uniforme (Weder Helm noch Uniform).

TOMÁS : Unsere anarchistische Praxis entwickeln wir mit einer eher lokalen Arbeit, indem wir Räume öffnen. In letzter Zeit geschieht dies häufig mit Hausbesetzungen. Diese kulturellen Zentren eröffnen uns viele Möglichkeiten. Unsere Arbeit ist auf sehr direkte Weise sozial, wir arbeiten viel in den poblaciones, wo wir beispielsweise Bibliotheken aufmachen. Im Gegensatz zu den Parteien, egal, wie sie heißen, suchen wir immer die Horizontalität in all unserem Handeln. Wir unterstützen Gewalt, aber wir sind nicht gewalttätig. Wir schmeißen keine Molotow-Cocktails. Wir machen soziale Arbeit, öffnen Bibliotheken, Räume und volksnahe Voruniversitäten, wir arbeiten mit den Kindern in den Stadtteilen.

Unwahrscheinlich, dass alle Anarchisten nur mit Kindern spielen wollen. Doch gerade die Vielzahl von unterschiedlichen Gruppen mit ihren spezifischen Aktivitäten charakterisiert die chilenische Gesellschaft mittlerweile. Insbesondere in den Städten gibt es eine Menge neuer Initiativen, die sich jenseits traditioneller Partei- oder Organisationsstrukturen entfalten, ohne diese jedoch zu ersetzen. Sie bestehen parallel und beeinflussen sich gegenseitig: Eher informelle Strukturen der Subkulturen verbinden sich noch heute mit politischen Analysen und einer Rhetorik, die sich stark an den 70er und 80er Jahren anlehnt. Und: Auch traditionelle Organisationen machen mittlerweile subkulturelle Angebote. Die Geschichte des Widerstandes, auch des militanten, als die mehr oder weniger logische Entwicklung von marxistisch-leninistischen Gruppen hin zu anarchistischen Gruppen zu interpretieren, wäre also zu einfach. Zumal es auch in den Subkulturen, etwa bei den Red-Skins, Gruppen gibt, die sich explizit auf kommunistische Strömungen beziehen, und weil noch immer Jugendliche bei „klassischen" marxistisch-leninistischen Gruppen, zum Beispiel bei der Frente Patriótico Manuel Rodríguez oder der Kommunistischen Jugend, mitmachen. Folgerichtig indes erscheint es, dass sich auf Grund der Erfahrungen mit dem Parteiapparaten überhaupt wieder eine anarchistische oder zumindest weniger formale Tendenz herausgebildet hat, die dem Lebensgefühl vieler junger Menschen zu entsprechen scheint.

Hinreißend, so wird wohl Patricia Villablanca, 51, die Ausschreitungen am 1. Mai empfunden haben. Denn die Hausfrau und Mutter ließ sich am Tag der Arbeit dazu hinreißen, sich an den Plünderungen einer Bankfiliale zu beteiligen: Sie trat durch die zerstörte Glasfront in den Büroraum und ließ ein Tischlein mitgehen. Dumm nur, dass sie dies unvermummt und vor laufender Kamera tat. Am Abend war sie im Fernsehen zu sehen, drei Tage später wurden ihr Name samt Foto in den führenden Zeitungen Santiagos veröffentlicht. Überhaupt schien es plötzlich kein anderes Thema zu geben, dass die Journalisten mehr interessierte, als die Geschichte von der „Dame mit dem Tischlein". Ihre Version: „Ich habe den Tisch aus der Bank geholt, um meinen acht Jahre alten Sohn vor dem Steinhagel zu schützen, der schrecklich war. Zu dieser Zeit hatte sich mein Sohn hinter einem Baum versteckt. Eigentlich hätte der Kameramann die ganze Szene filmen müssen, das tat er aber nicht." Über die wahren Motive der Frau wurde auch in den folgenden Tagen viel spekuliert. Die Anekdote blieb Gesprächsstoff. So dass Claudio Borghi, Trainer des Vereins Colo-Colo, die verdutzten Journalisten nach der Pressekonferenz am Ende eines Fußballspiels fragte: „Ach, und meine Meinung zu dem Tischchen interessiert Sie wohl gar nicht."

WENN WIR HEUTE NICHT GEWINNEN, WERDEN WIR VERGANGENHEIT SEIN – DER KAMPF DER MAPUCHE

Frauen tragen ihren traditionellen Silberschmuck, haben Zweige oder Schellen in den Händen, rufen und schreien. Männer tragen Stirnbänder, führen Holzstöcke mit sich, Sportgerät, das sonst bei dem mit Hockey vergleichbaren Spiel Chueca zum Einsatz kommt. Auf einem Transparent steht: „Land, Kultur, Gerechtigkeit – Freiheit für die gefangenen Mapuche". Es sind nicht nur Mapuche[43], die an diesem Samstagmorgen im Mai 2006 durch das Zentrum von Santiago ziehen, auch die Linke ist alarmiert: Gemeinsam bangen die Demonstranten um das Leben von vier jungen Menschen, die sich seit mehr als 50 Tagen im Hungerstreik befinden. Sie sind zu zehnjährigen Haftstrafen verurteilt worden. Im Prozess wurde ihnen vorgeworfen, 2001 einen Wald ange-

---

43 Mapuche ist ein Wort aus der Sprache Mapudungún und heißt „Menschen der Erde".

zündet zu haben, der einst den Mapuche gehört hatte, nun jedoch von einem privaten Unternehmen zur Holzproduktion genutzt wurde. Bei dem Prozess kam das aus der Diktatur Pinochets stammende und von der Concertación verschärfte Antiterrorgesetz zur Anwendung. Seit ein paar Tagen hat sich die Situation der Hungerstreikenden zugespitzt: Die vier verweigern auch die Aufnahme von Wasser. Auf einem Flugblatt wird der Brief zitiert, mit dem sich der Vater einer der Hungerstreikenden an die Öffentlichkeit wendet:

„Ich bin Roberto Troncoso Millar, Vater von Patricia Troncoso Robles, politische Mapuche-Gefangene in Chile. Ich möchte der Welt die Ungerechtigkeit dieses Gerichtsprozesses aufzeigen. Die Mehrheit der 120 Zeugen hat mit vermummten Gesichtern und verzerrten Stimmen ausgesagt. Außerdem war der Urteilsspruch im Prozess um die Brandstiftung auf der Farm Poluco-Pidenco von einem anderen Prozess abgeschrieben. Ich bin über diese Situation sehr besorgt, denn die Gefangenen befinden sich nun schon 51 Tage im Hungerstreik und ihr Gesundheitszustand verschlechtert sich zunehmend. Als Vater bitte ich, dass Sie mir helfen. Ich bin verzweifelt, denn weder die Regierung von Michelle Bachelet noch der Oberste Gerichtshof *(Corte Suprema)* haben bislang auf die Gesuche der Hungerstreikenden oder auf die verschiedenen nationalen und internationalen Solidaritätsbekundungen reagiert. Wären die Gefangenen wirklich Terroristen, dann würde es diese Unterstützung der unterschiedlichen Personen und Gruppen doch gar nicht geben." Das Flugblatt endet mit der Forderung: „Freiheit für die politischen Mapuche-Gefangenen!" Der Hungerstreik wird nach 63 Tagen unterbrochen, da die Regierung die Aufhebung des Antiterrorgesetzes für die Mapuche in Aussicht stellt.

Im Süden Chiles, südlich des Flusses Bío-Bío, kommt es immer wieder zu Auseinandersetzungen zwischen Carabineros und Mapuche, die teilweise bürgerkriegsähnliche Ausmaße annehmen. Kern des Konfliktes ist die Konfrontation der Landeigner (zum Beispiel Forstbetriebe), die vom chilenischen Staat geschützt werden, und den Mapuche, die sich gegen diese Enteignung von ehemaligen Mapuche-Land und den Raubbau an der Natur zur Wehr setzen. Die Aktionsformen der Mapuche-Aktivisten schließen Landbesetzungen, Sabotageakte und Brandanschläge ein. Der Staat reagiert unter anderem mit der umstrittenen Anwendung des Antiterrorismusgesetzes, bei Gerichtsverfahren werden fragwürdige Methoden angewandt, aus dem Süden werden immer wieder Übergriffe von Spezialkräften gemeldet. Im August 2006 wurde Juan Domingo Collihuin, ein 71 Jahre alter Mapuche, von Polizisten erschossen, als diese versuchten, nachts sein Gelände zu durchsuchen. Er wurde beschuldigt, Vieh gestohlen zu haben. Der Vorfall, in den auch ein anderer Mapuche, der zu Zeiten der Diktatur mit den Militärs kooperiert haben soll, verwickelt war, löste landesweit, vor allem jedoch im Süden, Empörung und Poteste aus.[44]

Nicht wenige Mapuche sehen in dem aktuellen Konflikt die Fortsetzung einer Jahrhunderte alten Auseinandersetzung um Unterwerfung oder Behauptung. Der Mapuche-Konflikt ist auch hinsichtlich des Nationalverständnisses der Chilenen eine Herausforderung, müsste er doch den bei Linken weit verbreiteten Nationalstolz und den einen oder anderen (National-) Mythos in Frage stellen. So habe sich lange Zeit die Version gehalten, die Mapuche seien vor allem von den Spaniern unterdrückt und ermordet worden, schreibt der Autor Alejandro Saavedra Peláez in seinem kritischen und vielschichtigen Buch über die Mapuche.[45] Richtig sei indes, dass die Spanier die Bevölkerung der Picunche, also den Teil der Mapuche umbrachte und unterdrückte, der nördlich des Bío-Bío lebte. „Dieser Teil der Mapuche-Kultur wurde in der Kolonialzeit (zwischen dem 16. und dem 19. Jahrhundert) zerstört, und ihre überlebende Bevölkerung wurde eine der gestalterischen Grundlagen für die chilenische Gesellschaft, es wird das chilenische Volk. Die Mapuche des Nordens verschwanden. Nicht alle Angehörigen dieser Ethnien starben, sondern viele wurden Chilenen. Diese Picunche, kulturell angepasst und zu Mestizen geworden, wurden die demografische Basis des Volks, der Nation und der aufstrebenden chilenischen Nationalität. Nördlich des Bío-Bío verschwanden die Picunche, die Mapuche-Kultur des Nordens, aus dem kollektiven Gedächtnis und verwandelten sich in das Volk einer neuen, aufstrebenden Gesellschaft. Das gleiche Volk ging später, Ende des 19. Jahrhunderts bei der ‚Befriedung Araukaniens' gegen die Mapuche des Südens vor."[46] Die Kultur der Mapuche südlich des Bío-Bío veränderte sich und expandierte unter anderem

---

44 Vgl. *Punto final*, Nr. 623, 8. bis 21. September 2006.
45 Alejandro Saavedra Peláez, *Los Mapuche en la Sociedad chilena actual*, Santiago de Chile, 2002.
46 Ebd., S. 51.

auf Grund der komplexen Grenzbeziehung mit den Spaniern, die mit den Mapuche Handel trieben. Eine „ursprüngliche" Mapuche-Kultur, also eine abgeschottete, unveränderte Kultur gibt es deshalb heute auch südlich des Bío-Bío nicht mehr. Mit der Entstehung der Nationalstaaten Chile und Argentinien Ende des 19. Jahrhunderts wurde die autonome Mapuche-Bevölkerung militärisch angegriffen und unterworfen. Die so genannte Befriedung Araukaniens, also die Unterwerfung der Mapuche im Süden des Landes sowie die Konfrontationen im Norden mit Bolivien und Peru, spielte für die Stiftung einer nationalen Identität der Chilenen eine wichtige Rolle.[47]

In den Jahren 1964 bis 1973 fühlten sich die Mapuche auf Grund der allgemeinen Aufbruchstimmung in Teilen der bisher wenig repräsentierten chilenischen Bevölkerung ebenfalls dazu veranlasst, sich an den gesellschaftlichen Prozessen zu beteiligen. Ihnen gelang es, als Ethnie sowohl politische als auch sozioökonomisch Vorteile zu erlangen. Während der Regierung der Unidad Popular und den Landreformen wurde dieser Prozess vertieft. Die dominante Klasse sah diese Entwicklung nicht gerne und mobilisierte dagegen.[48] „Der Militärputsch setzte eine Welle der Repression frei, vor der sich auch die Mapuche nicht retten konnten. Im Gegenteil, viele Mapuche sowie jene, die für eine tief greifende Landreform gekämpft hatten, wurden besonders stark unterdrückt. Die Organisationen fielen auseinander, die Mapuche spalteten sich. Viele wurden für Positionen derjenigen gewonnen, die nun die Macht hatten."[49] Die Lage der Mapuche war nicht nur in Hinblick auf die Repression schwierig, die Militärdiktatur veränderte auch die soziale Struktur: „Während der Militärregierung verringerte sich die Anzahl der Mapuche-Bauern, und die Personen, die von dieser Wirtschaft abhingen, wurden proletarisiert, emigrierten oder verarmten. Mit dem Neoliberalismus wuchs auf die eine oder andere Art der Verlust des Landes, das in die Hände der Forstunternehmen gelangte."[50] Daran hat auch die Politik der Concertación nichts geändert.

Der heutige Konflikt im Süden des Landes lässt sich nicht nur als eine Fortführung der Kolonialisierung interpretieren. Er lässt sich auch

---

47 Ebd., S. 51.
48 Ebd., S. 79.
49 Ebd., S. 67.
50 Ebd., S. 68.

als eine Konfrontation zwischen dem neoliberalen Wirtschaftssystem im globalen Kontext, der für Chile vor allem eine wenig nachhaltige Rolle als Rohstoff- und Agrarprodukte-Lieferant vorsieht, und einer indigenen Bevölkerung verstehen, deren Kultur trotz aller Modifikationen während der Geschichte die Nähe zur Natur betont. Diese so zugespitzt formulierten Konfliktbeschreibungen bergen indes die Gefahr, die Ausdifferenzierung der Mapuche-Bevölkerung zu vergessen und politische Unterschiede innerhalb der Community zu übersehen. Heute leben bereits 53 Prozent der Mapuche außerhalb des Mapuche-Lands. Die Probleme der Community in den Städten, insbesondere in Santiago, sind anders gelagert, als auf dem Land im Süden. Für Saavedra zählen heutzutage zu den Mapuche all diejenigen, die in den im 19. Jahrhundert eingeführten reducciones (Reservate) oder vergleichbaren Gemeinschaften lebten oder geboren wurden, sowie deren direkte Nachkommen (Kinder, Enkel etc.). Nach dieser Definition leben aktuell in Chile rund 700.000 Mapuche, während die Volkszählung von 1992 eine Zahl von 1,5 Millionen Mapuche nahe legt. In jener Erhebung wurde gefragt, wer sich der Kultur der Mapuche zugehörig fühlte. Saavedra kritisiert zum einen das Fehlen objektiver Kriterien und weist zum anderen daraufhin, dass es im Zuge der kritischen Kampagne zu den 500-Jahr-Feiern der „Entdeckung Amerikas" einen Aufruf gab, sich als „indigen" zu bezeichnen.[51]

Südlich des Flusses Bío-Bío, in der VIII., IX. und X. Region, leben 47 Prozent der Mapuche-Bevölkerung, davon knapp zwei Drittel im ländlichen Raum, ein Drittel in Städten. Von den 53 Prozent der Mapuche, die außerhalb des Mapuche-Gebiets leben, lebt die übergroße Mehrheit in Städten, vor allem in Santiago. In den Städten außerhalb der Mapuche-Regionen leben die Mapuche in der Regel wie die Nachbarn oder Arbeitskollegen auch. „Die Mapuche sind indigene, chilenische Bürger, direkte Nachkommen einer Mapuche-Kultur und -Ethnie, die als Tagelöhner oder Angestellte, als Bauern oder Selbstständige tätig sind oder Service-Leistungen erbringen und die ein ärmliches Leben führen. Das sind die objektiven Identitäten der aktuellen Mapuche-Bevölkerung. Mapuche verfügen nicht über eine soziale Identität, sondern über mehrere [...] Jeder Versuch, die Vielfalt der Identitäten auf eine einzige zu

---

51 Ebd., S. 26.

reduzieren, ist falsch und führt zu schweren Irrtümern, wenn es darum geht, eine Perspektive des Handels angesichts der sozialen Probleme zu entwickeln [...] Die Tatsache, dass die Mapuche-Bevölkerung verschiedene soziale Identitäten hat, annuliert oder reduziert nicht ihre Eigenschaften als soziales Subjekt. In diesem Sinne sind die Mapuche ein indigenes Volk. Sie haben sich diese historische Subjektivität im Prozess des Widerstands gegen die Reducción und die erzwungene Integration in die chilenische Gesellschaft angeeignet."[52]

In einem Café in Concepción führe ich ein Interview mit einem Mapuche, der sich mir als Manuel Antillanca, 35 Jahre, von der Coordinadora Arauco-Malleco (CAM), die immer wieder durch Landbesetzungen und andere direkte Aktionen von sich Reden macht, vorstellt.

B.S.: Was sind eure Anliegen und aktuellen Forderungen?

Manuel: Uns bewegen noch immer die gleichen Anliegen wie schon seit Jahrhunderten: die Verteidigung beziehungsweise die Rückeroberung des Territoriums. Momentan haben wir es mit einem besetzten Territorium zu tun, zerstört durch die großen transnationalen Unternehmen und Konsortien. In diesem Rahmen bewegt sich der Kampf der Mapuche gegen die Forstunternehmen und alles, was das sichtbare Antlitz des neoliberalen Systems ist. Das Ziel ist ein Wiederaufbau. Dem wird der Rausschmiss vieler kapitalistischer Unternehmen aus dem Gebiet vorausgehen. Zumindest müssen wir erreichen, dass sie das Interesse verlieren, in dieser Zone zu investieren. In der offiziellen Presse gelingt es den Unternehmen häufig, sich nach Aktionen der Mapuche als Opfer darzustellen. Wir hingegen wissen, dass niemand der Personen oder der Unternehmen die, in Anführungszeichen, Opfer des Widerstands der Mapuche wurden, unschuldig sind.

Solange die Mapuche als Opfer erscheinen, solidarisiert sich die Linke im Allgemeinen ziemlich stark mit ihnen. Aber wenn die Mapuche zur Offensive übergehen, dann wird damit begonnen, die Methoden in Frage zu stellen. Normalerweise sagen sie, dass Gewaltanwendung keine aktuelle Form des Kämpfens ist, und beginnen, die demokratischen Aspekte des Systems und die Bedeutung der Wahlen zu unterstreichen. Aspekte, die mit uns nicht viel zu tun haben. Für uns sind Demokratie und Wahlen nicht mehr als die Legitimation

---

52 Ebd., S. 46.

der wirtschaftlichen Ausbeutung und der Repression gegen uns. Wir stellen mittlerweile selbst im Mapuche-Gebiet nur eine Minderheit dar und können deshalb schlecht an einem politischen Prozess teilhaben, der große Massen von Wählern erfordert. Auch die Verwaltungsstruktur des Landes hilft, den Kampf der Mapuche zu atomisieren. Zudem haben die Parteien eine starke wirtschaftliche Macht, um die Wahlkampagnen zu führen. Selbst wenn Kandidaten der Mapuche Mandate gewinnen, haben wir innerhalb der Kommunen sehr schlechte Erfahrungen gemacht. Das System verschlingt sie einfach, so dass sie keine substanziellen Verbesserungen für die Mapuche erreichen können.

Im Moment geht es uns darum, das Mapuche-Volk neu zu rekonstruieren. Es ist ein Diskurs, der sich an uns selbst, an unsere eigenen Gemeinschaften richtet. Es handelt sich nicht um eine Forderung, die man an den Staat richtet. Sonst wären wir nicht mehr als ein zusätzlicher Sektor innerhalb der Gesellschaft, der mehr Land, mehr Schulen oder ähnliche Dinge fordert. Aber dies ist nicht die Forderung der Mapuche, zumindest nicht seitens der Coordinadora Arauco Malleco, die in diesem Moment den Widerstandskampf vorantreibt. Wir streben die Rekonstruktion des Mapuche-Volkes durch den Kampf gegen den Kapitalismus und die Rekonstruktion der kulturellen Identität an. Und zwar innerhalb der Gebiete, die wir zurückgewinnen. Zurzeit kontrollieren wir Gebiete in verschiedenen Zonen. Das sind Gebiete, aus denen zum Beispiel Forstunternehmen vertrieben wurden. Dort versuchen Mapuche, die Sprache und tradierte Zeremonien wiederzubeleben. Gleichzeitig kehrt man dort zu alten Formen des Wirtschaftens zurück. In diesen Zonen versuchen wir also eine kulturelle und soziale Rekonstruktion.

Wie lange wird es dauern, bis das Volk der Mapuche verschwunden ist, wenn es keinen radikalen Wechsel in der Politik Chiles gibt?
Der Fortschritt des kapitalistischen Systems auf dem Territorium der Mapuche ist so gewaltig und die Zerstörung dermaßen groß, dass wir, wenn wir heute den Kampf nicht gewinnen, bald Vergangenheit sein werden. Zum einen, weil die Bodenbewirtschaftung in Riesenschritten verläuft, zum anderen weil unsere Kultur am Verschwinden ist. Heute gibt es bereits sehr wenige Menschen, die ausschließlich Mapudungún sprechen. Die Mehrheit der Menschen, die Mapudungún spricht, ist zweisprachig. Und Mapudungún sprechen nicht mehr als zehn Prozent. Der Fortschritt des Systems ist erschreckend, auch beim Grundbesitz: Die Forstunternehmen Arauco und Mininco verfügen heute schon über doppelt so viel Land wie die Mapuche.

Wird sich die Situation der Mapuche unter der Regierung Bachelet grundlegend verbessern?

Ich glaube nein, denn für uns ist der Feind das kapitalistische System. Die Concertación, mit welcher Präsidentin auch immer, wird immer die Verwalterin dieses Wirtschaftsmodells bleiben. Ich glaube nicht, dass die Concertación den politischen Willen hat, einen politischen Wandel herbeizuführen, der die Situation des Volkes der Mapuche verbessert, denn dies würde bedeuten, viele sehr ausgeprägte wirtschaftliche Interessen zu berühren. Viele Probleme rühren daher, dass die chilenische Regierung die Mapuche nicht als eigenständiges Volk anerkennen will, sondern als einen Teil innerhalb der Gesellschaft ansieht. Mit ein paar Nuancen ist das der Diskurs, den es seit Entstehung des chilenischen Staates gibt. Aber in Wirklichkeit ist es nicht so, denn die Mapuche haben ihre eigene Sprache, Kultur und weitere eigene Ausdrucksformen. Die Kämpfe, die es heutzutage gibt, beweisen das. Aber es gibt seltens der Regierung kein Interesse, dies zu verstehen, denn Chile ist kein bikulturelles Land. Wie können wir also von irgendwelchen Programmen etwas Positives erwarten, wenn das eigentliche Ziel ist, Mapuche in Chilenen zu verwandeln? Wir sollen aufhören, Mapuche zu sein und Indios werden, das heißt Menschen mit einem Gesicht eines Indigenen, die aber keinerlei eigene Identität haben. Wenn die chilenische Gesellschaft wirklich multikulturell und pro-indigen wäre, so, wie es die Concertación gerne darstellt, wäre Mapudungún offizielle Zweitsprache und die Sprachen der anderen indigenen Völker ebenfalls. Die „Befriedung Araukaniens" steht im Geschichtsunterricht nicht auf dem Lehrplan. Wir können also nicht von einem bikulturellen Land sprechen, in Wirklichkeit besteht eine getrennte Gesellschaft. Die Form, in der das Volk der Mapuche die neue Beziehung zum chilenischen Staat sieht, ist in Bewegung, es gibt keinen festgelegten Plan. Realität ist, dass unterschiedliche Wirklichkeiten bestehen.

Was haben die Mapuche, die in Santiago oder anderen großen Städten leben, noch mit der Kultur der Mapuche zu tun?

Die Mapuche, die etwa in Santiago leben, sind Migranten, die sich gezwungen sahen, ihr Land zu verlassen. Von vier Kindern einer Familie gehen drei weg. Meist bleibt derjenige, der weniger Antrieb zum Studieren hat, weil es ihm schwerer fällt, oder weil er die Schule abgebrochen hat. Die Kultur, die die Mapuche-Gemeinde in Santiago pflegt, ist anders als die authentische, denn es handelt sich um eine Wiedererschaffung dessen, was man ursprünglich gelebt hat. Sie erinnern sich daran, wie es früher in der Gemeinschaft war, und versuchen, dies in das Leben in der Stadt zu übertragen. Ganz offensichtlich ist die Umgebung eine andere. Sie müssen beispielsweise den Nguillatún (das wichtigste religiöse Ritual der Mapuche) in den Parks oder auf den Plätzen ausüben, statt in der Natur.

Es gibt viele Beziehungen zwischen Mapuche und Nicht-Mapuche. Gefährden solche Beziehungen die Mapuche-Kultur?

Im Moment gibt es eine sehr große Diversität von, ich weiß nicht, wie ich es nennen soll, von Rassen oder von unterschiedlichen Farben. In dieser Situation ist eine Mischung etwas ganz Natürliches. Für uns ist das nichts Negatives. Etwas Positives kann es aber auch nicht sein. Es ist neutral. Das heißt, der Kampf der Coordinadora hat keinerlei rassistischen Zuschnitt, es gibt auch keine Form der Segregation gegenüber den Leuten, die unsere Anliegen unterstützen wollen. Wenn wir einen rassistischen Kampf führten, würden wir uns ja auf das einlassen, was wir bekämpfen.

Aber historisch gesehen, lässt sich doch immer wieder beobachten, dass sich Gemeinschaften auf Grund erlittener Diskriminierung abkapseln und andere Gruppen als Feinde definieren?

Ja, in der alltäglichen Beziehung gibt es Situationen der gegenseitigen Ablehnung, denn die chilenische Gesellschaft ist rassistisch, sie negiert die Identität der Mapuche als solche. Also gibt es auch von Seiten der Mapuche eine kulturelle Ablehnung. Auf der einen Seite werden Mapuche als „indio" bezeichnet, wir Mapuche bezeichnen Nicht-Mapuche als „huinca", das heißt „Fremder", „schlecht Geborener", „Bastard", „Dieb" oder „Invasor". Das ist der alltägliche Ausdruck. Im Politischen benutzen wir einen anderen.

In der Geschichtsschreibung der Linken wird die Phase der Unidad-Popular-Regierung immer als ein Beispiel für das gute Verhältnis zwischen Chilenen und Mapuche angeführt. War das wirklich so?

Ich glaube, es war kein schlechtes Verhältnis, aber es bestand nur eine sehr kurze Zeit. Wenn diese Phase länger gedauert hätte, wären wir womöglich als Feinde auseinander gegangen. So, wie es in vielen lateinamerikanischen Länder passiert ist, in denen die Indigenen zu Feinden der Linken wurden, wegen des Hangs zum Paternalismus, den normalerweise der christlich-westliche Mensch im Umgang mit indigenen Völkern pflegt, die er als minderwertig ansieht.

Wozu dient die Erinnerung?

Das Gedächtnis der Völker ist ein Werkzeug des Widerstands, um die Identität zu wahren und um sich für die Zukunft zu rüsten, um am Leben zu bleiben. Wie könnten wir uns heutzutage unter den Konditionen, unter denen wir leben, der kulturellen Beeinflussung und in einer so prekären Situation „Mapuche" nennen, wenn wir keine Erinnerung hätten.

Wichtig dürfte für die Mapuche sein, errungene Erfolge wie etwa die Rückgewinnung von Ländereien und das Verhindern von umweltzerstörenden Projekten zu sichern. Das stellt angesichts der staatlichen Repression und des herrschenden Diskurses, wo nach die Ausbeutung des ehemaligen Mapuche-Landes Ausdruck ehrbaren Unternehmertums ist, eine große Herausforderung dar. Darüber hinaus ist es für die Mapuche unabdingbar, den veränderten sozialen Realitäten Rechnung zu tragen und einen Austausch zwischen den unterschiedlichen Mapuche-Communities auch künftig sicherzustellen (was bereits zum Beispiel mittels kultureller und sportlicher Aktivitäten geschieht). Dies, sowie die Gestaltung der Beziehung zu den Nicht-Mapuche, ist ein Prozess mit offenem Ausgang. Eine Vorstellung, es ließe sich zu einer ursprünglichen Kultur zurückkehren, dürfte gründlich an den Realitäten vorbei gehen, in denen große Teile der Mapuche heute leben. Die Erfahrungen in den unterschiedlichen Lebenswelten haben die Identitäten der Mapuche beeinflusst und verändert.

Die Skepsis der Mapuche gegenüber staatlichen Programmen ist ebenso verständlich wie die Tatsache, dass der Kampf vieler Mapuche gegen den Kapitalismus zu einem konstituierenden und Identität stiftenden Faktor geworden ist. Eine Auflösung dieser Konfliktkonstellation lässt sich nur dann erreichen, wenn der Raubbau südlich des Bío-Bío aufhört. Dass die Concertación dem Tun der nationalen und transnationalen Unternehmen einen Riegel vorschiebt, ist mehr als unwahrscheinlich. Also werden die Mapuche ihren Kampf fortsetzen. Die chilenische Linke (und nicht nur sie) kann sich mit den Kämpfen der Mapuche solidarisieren. Die größte Unterstützung wäre indes, den eigenen Kampf gegen das ausbeuterische Wirtschaftssystem zu verstärken, das bislang nahezu ungehindert Bodenschätze und natürliche Ressourcen in Privateigentum verwandelt.

PROTESTAUFRUF

Aus einem Flugblatt zum vierten nationalen Protest am 11. August 1983 aus dem gut sortierten Archiv von Chiloé.

LANDSMANN: Auch du kannst und solltest gegen die Ungerechtigkeit, den Hunger, das Elend, die Unterernährung, willkürliche Entlassungen, die Folter, die Unterdrückung, das Verschwindenlassen, die Arbeitslosigkeit und die absolute Abhängigkeit protestieren, sowie gegen das Klima des Hasses, welches das aktuelle Regime in Chile gesät hat.

Mach mit und erfülle folgende patriotischen Pflichten:

8 UHR: Der Protest beginnt; beteilige dich bei den teilweisen oder totalen Streiks, arbeite so langsam wie möglich.

9 UHR: Bezahle an diesem Tag nichts, weder Strom, Wasser, Dividenden oder Schulden. Erledige keine Überweisungen, kaufe nichts und gehe langsam.
Schicke deine Kinder nicht zur Schule.
Solidarisiere dich mit der Suppenküche.

18 UHR: Verlasse dein Haus nicht mehr.

20 UHR: Schlage die Töpfe und Trommeln, pfeife, mach Krach mit allem, was dir zur Verfügung steht.

21.15 UHR: Schalte für 15 Minuten alle Lichter im Haus aus.

Denk daran, mit deiner Beteiligung an diesen und anderen Aufgaben, die du für eine geeignete Form des Protests gegen die aktuelle Situation erachtest, leistest du einen Beitrag, damit dein geliebtes Land zur Demokratie zurückkehrt.

Komitee *Chile protestiert für Chile*

P.S.: Lies, vervielfältige und bringe diesen Aufruf in Umlauf.

DER WIDERSTAND DER ARBEITER

„Bildung für Arbeiterkinder, und erst dann kommen die Bürgerkinder dran", skandiert eine Gruppe von Schülerinnen und Schülern. „Arbeiter an die Macht", steht auf dem Transparent neben dem Konterfei Che Guevaras. Eine linke Demonstration ohne positiven Bezug auf die Arbeiterklasse oder das Proletariat sind in Chile kaum denkbar. Die Reaktionen der Arbeiter sind indes nicht immer positiv: Bei einer Demonstration von Lehrern und Schülern für die Reform des Bildungssystems wäre es um ein Haar zu einer handfesten Keilerei gekommen, da Arbeiter eine frisch geglättete Betonfläche verteidigten. Sie sahen ihr Tagewerk durch kreuz und quer laufende Jugendliche in Gefahr. Eine Randnotiz bloß, gewiss. Doch wie steht es um das Verhältnis zwischen Arbeiterschaft und der radikalen chilenischen Linken? Zumal die chilenische Arbeiterklasse heute wohl so fragmentiert ist wie nie zuvor in ihrer Geschichte (und selbst da war sie nie so einheitlich, monolithisch, wie sie in so mancher romantischen Verklärung erscheint).[1] Die Arbeiterklasse, als Synonym für die „Ausgebeuteten", für „die da unten", ist für manchen noch immer identitätsstiftend und legitimierend, insbesondere in Zeiten, in denen andere Teile der Linken längst begonnen haben, die Vielfalt und Flüchtigkeit von Identitäten zu beschreiben oder gar zu propagieren. Besonders deutlich ist dies in der „Arbeiter-Post", dem *Correo Proletario,* die bei Demonstrationen verkauft wird: „Dass wir uns als Proletarier zu verstehen, hat nichts mit diesen lächerlichen Bemühungen zu tun, eine Identität zu konstruieren. Niemand kann wählen, Proletarier zu sein. Man wird als Proletarier geboren, so wie man als Sklave geboren wird, oder die blinden Mächte der Wirtschaft proletarisieren einen. In beiden Fällen gibt es nichts, auf das man stolz sein könnte. Proletarisiert zu sein, ist keine Tugend, es ist keine Bedingung, die wir bekräftigen oder verteidigen wollen. Es erfüllt uns nicht mit Freude, wie die Ökos, die

---

1 Siehe dazu auch: Gabriel Salazar und Julio Pinto: *Historia contemporánea de Chile II. Actores, identidad y movimiento,* Santiago 1999, S. 112–136.

Hausbesetzer oder die Schwulen ihre Identität erfreut, die sie sich ja so ‚frei‘ ausgesucht haben, um sich in der Gesellschaft zu präsentieren. Das Einzige, auf das ein Proletarier stolz sein kann, ist sein Kampf gegen das Eigentum und den Staat, gegen dessen kulturelle und psychologische Exkremente und gegen alle, die die Unterwürfigkeit rechtfertigen, anstatt sie anzuprangern."[2] Auf eine Ideologie verzichte der *Correo Proletario,* heißt es in der Einleitung. „Stattdessen sind wir ein Medium der Theorie und der Propaganda, die lebendige Erfahrung derjenigen, die in der Vergangenheit gegen die bürgerliche Gesellschaft gekämpft haben, und derjenigen, die es heute tun."[3]

Sowohl gewerkschaftlich organisierte Arbeiter als auch das immer größer werdende Heer der Arbeitslosen spielten eine wichtige Rolle im Kampf gegen die Militärdiktatur. Die Wirtschaftspolitik des Regimes baute die Arbeitswelt in Chile grundlegend um. Eine Politik, die von den demokratischen Regierungen fortgeführt wurde: Die Arbeitsverhältnisse wurden flexibilisiert, produzierende Branchen geschlossen, der Dienstleistungssektor ausgebaut und staatliche Unternehmen privatisiert. Ehemalige Arbeiter schlagen sich heute nicht selten als Kleinunternehmer durch.

Die neoliberale Schockpolitik[4] verursachte Anfang der 80er Jahre wirtschaftliche Not innerhalb der poblaciones, die so groß wurde, dass kirchliche und gewerkschaftliche Organisationen Suppenküchen einrichten mussten, um den Hunger der Familien zu lindern. Diese ollas comunes wurden Zentren, um die sich herum die Unzufriedenen organisierten. Die poblaciones, zu jener Zeit eher Arbeitslosenviertel denn Arbeiterviertel, spielten eine sehr wichtige Rolle beim Widerstand gegen die Militärdiktatur. Dort wurden die härtesten Kämpfe ausgefochten, hier schlug die Repression brutal und flächendeckend zu. Doch auch der organisierten (und in Lohn und Brot stehenden) Arbeiterschaft kam eine nicht zu unterschätzende Rolle zu. Die Streikaufrufe der Minenarbeitergewerkschaft waren 1983 die Initialzündung für landesweite Proteste. Den Gewerkschaften, unter Einfluss der politischen Parteien stehend,

---

2 Siehe *Correo Proletario,* número 1 segunda época, Santiago Mai 2006: Die Hälfte des Heftes besteht aus Einschätzungen zu aktuellen Themen und Ereignissen aus Chile und anderen Ländern. Die zweite Hälfte des Heftes ist ein Reprint eines Heftes aus dem Jahr 1975, der einfach übernommen wurde, ohne sich damit kritisch auseinander zu setzen.

3 Ebd.

4 Salazar, Pinto, S. 123, a.a.O.

gelang es, zu nationalen Protesten zu mobilisieren und somit einen wesentlichen Beitrag zum Überwinden des von Angst geprägten Klimas zu leisten. Erfolgreich waren diese Mobilisierungen jedoch vor allem außerhalb der Betriebe, da die Kontrolle innerhalb der Unternehmen sowie die wirtschaftliche Abhängigkeit der Arbeiter zu groß waren. Heute setzen selbst klassenbewusste Gewerkschafter, etwa ein Vertreter der Leiharbeiter in der Kupferbranche aus Calama, darauf, dass es ihre Kinder mit Hilfe der Ausbildung schaffen, die Erbfolge der Armut zu durchbrechen. Dies lässt sich als Fluchtbewegung weg von der viel gelobten Arbeiterklasse interpretieren. Auf der anderen Seite hat die Vorstellung eben dieser Klasse noch immer eine sehr große integrierende Kraft, schließlich fühlen sich nicht wenige Akademiker aufgrund ihrer Herkunft sowie ihrer prekären Arbeitsverhältnisse dieser Klasse zugehörig. Viele Lehrer müssen sich auch lange nach ihrer Studienzeit mit Jobs in Fischfabriken, Privatunterricht etc. über Wasser halten. Ein Studium garantiert keinesfalls das Ende der wirtschaftlichen Probleme. Vielmehr werden solche Erwartungen oftmals enttäuscht. Mit dem Studium lösen sich aber auch nicht automatisch alle Verbindungen zu den Arbeitervierteln.

ABSTERBENDE INDUSTRIE, DIE FOLGEN DER NEOLIBERALEN SCHOCKPOLITIK

Alejandro Olivares Pérez war bis 1979 Textilarbeiter, als die Fabrik, in der er arbeitete, geschlossen werden sollte. Er kämpfte als neu gewählter Gewerkschaftsvertreter gegen den Rauswurf von 1500 Arbeitern. Alejandro ist zum Zeitpunkt des Gesprächs gesundheitlich sehr angegriffen.[5] Dennoch, wann immer er kann, geht er in die Calle Londres, um dafür zu demonstrieren, dass aus dem ehemaligen Folterort ein „Haus der Erinnerung" wird und begleitet seine Tochter auf der Gitarre, die gegen das Unrecht in Chile ansingt. Auch wenn er unter seinem Poncho friert, ist es für ihn selbstverständlich, vor das ehemalige Folterzentrum im Herzen Santiagos zu ziehen. Dorthin, wo so viele andere Miristas in den ersten Jahren der Diktatur gefoltert wurden.

---

5 Alejandro ist am 20. September 2007 gestorben.

ALEJANDRO : Nach sechs Monaten, in denen ich in der Textilindustrie bei Indústria Panal gearbeitet hatte, begann eine ernste Krise. Das neoliberale Modell sah vor, in Chile genau diese Art Betriebe dicht zu machen und die Produktion nach Taiwan oder in andere Länder zu verlagern, in denen die Arbeitskraft billiger war. Das Unternehmen stand kurz vor der Schließung und wurde Ende 1979 von uns besetzt. Wir waren zu dem Schluss gekommen, dass es anderer als der klassischen Gewerkschaften bedurfte. Uns wurde klar, dass die Gewerkschaft das neoliberale Modell nicht in Frage stellte. Wir wollten eine Organisation mit eigenem Charakter sein. Ich war Gewerkschaftsführer zur Zeit der Unidad Popular gewesen, und nach dem Putsch hatte ich mich in der Phase der Repression und des Untergrunds vom Rest der Bewegung entfernt. Das führte dazu, dass wir nun zu forsch vorgingen: Unsere Aktionen waren zu heftig für diese Zeit. Also setzte die Unterdrückung ein. Compañeros wurden von der CNI verschleppt und gefoltert.

Ich arbeitete in der Wartung, denn ich bin Elektromechaniker. Ich war sechs Monate bei Indústria Panal beschäftigt, dann wurde ich festgenommen und aus dem Betrieb geschmissen. Uns war es gelungen, dort mindestens vier Widerstandskomitees einzurichten, und zwar in den wichtigen, strategischen Sektoren. Gut, in der Textilindustrie sind fast alle Abschnitte strategisch, denn wenn du den Prozess an einer Stelle unterbrichst, kommt der gesamte Ablauf zum Erliegen. Jedes einzelne Komitee bestand aus nicht mehr als fünf, sechs compañeros. Diese Beschränkung war schon aus Sicherheitsgründen notwendig.

Nach der Schließung versuchten wir, unsere Erfahrungen an andere zu vermitteln. Die Verhandlungsposition der Gewerkschaften war sehr schlecht, gab es doch bereits eine große Arbeitslosigkeit, so dass jeder jederzeit ersetzt werden konnte. Die Arbeiter spielten im Widerstand vor allem dort, wo sie wohnten, in den poblaciones, eine wichtige Rolle. Aber innerhalb der Unternehmen war der Widerstands geringer oder gleich null. Die Angst, die Arbeit zu verlieren, und die Angst vor der Repression, waren größer als der Wille oder das Bewusstsein, etwas zu unternehmen.

Wichtig war die Mobilisierung der Arbeiter des öffentlichen Dienstes. Sie initiierten einen Prozess der Partizipation. Das war genau, was dann zur Ermordung von Tucapel Jiménez[6] führte. Die Kupferarbeiter begannen ebenfalls mit ihrer Mobilisierung. Ende 1980 errichteten sie kleine Barrikaden in Chuquicamata, um den Verkehr zu blockieren. Das waren avantgardistische Aktionen: Gruppen mit fünf, zehn oder zwanzig compañeros legten Autoreifen auf die Straße. Sie trugen so dazu bei, Bewusstsein bei den Arbeiter zu schaffen. Als in der Mine Teniente bei Rancagua Gewerkschaftsführer entlassen wurden, was gegen die Arbeitsgesetze verstieß, begann ein neuer Prozess der Mobilisierung.

Den compañeros im Norden, in Chuquicamata, gelang es mittels der Confederación de Trabajadores de Cobre (Konföderation der Kupferarbeiter) gegen großen Widerstand einen nationalen Protest auszurufen. Vor allem die Kupferarbeiter beteiligten sich an dem Ausstand. Sie legte die Arbeit nieder und demonstrierten. Andere Teile der Bevölkerung, vor allem die Studenten und die Bewohner der Arbeiterviertel, verstanden dies als Signal zur allgemeinen Mobilmachung.

1983, als die Kupferarbeiter wieder auf die Straße gingen, riefen sie dazu auf, eine Koordination sozialer und politischer Organisationen zu schaffen. Diese Koordination rief zu erneuten Protesten auf, die nun Ausmaße eines Aufstands annahmen. In Pudahuel streikte die gesamte Kommune, weder der Zeitungskiosk noch die Zeitungsredaktion öffneten. Alle Straßen waren blockiert, damit die Sicherheitskräfte nicht durchkam. Die Barrikaden wurden mit den Mitteln verteidigt, die der Bevölkerung zur Verfügung standen, etwa einem Fläschchen Benzin und einer ganzen Menge Steine.

Ich erzähle eine Anekdote, die zeigt, wie damals der Bewusstseinsstand war: Eine Nachbarin, die früher hier gegenüber in Maipú gewohnt hat, wollte mit Politik nichts zu tun haben. Ihr Mann, ein Karrieretyp, arbeitete im öffentlichen Dienst. Er wirkte auf seine Frau ein, damit sie sich nicht mit uns abgab. Meine ganze Familie mischte schließlich im Widerstand mit. Die Nachbarin sagte mir eines Tages: „Hör mal, ich möchte mich da auf nichts einlassen, aber ich bin mit eurem Kampf einverstanden. Wenn ihr wollt, kann ich die Autoreifen für den Barrikadenbau bei mir zu Hause aufbewahren."

---

6 Der Gewerkschaftsführer Tucapel Jiménez wurde brutal ermordet, vgl. das Kapitel *Aufstand der Pinguine*.

Ich wurde immer als Ex-Gewerkschaftsführer von Panal vorgestellt, aber ich gehörte zur großen Armee der Arbeitslosen in diesem Land. In Chile entstanden eine Menge Projekte, die die Diktatur auf den Weg gebracht hatte, um die Arbeitslosigkeit zu kaschieren. Es gab Notfallprogramme für die Haushaltsvorstände, das war für uns, die verheiratet waren. Und für die Alleinstehenden gab es den Plan der Minimalen Beschäftigung, danach gab es noch eine ganze Menge anderer Bezeichnungen, doch im Grunde war das alles das Gleiche. Die Arbeitslosenquote in Chile übertraf 23 Prozent. Bei einem bestimmten Projekt innerhalb der población, etwa zum Säubern von Straßen und Plätzen standen 2000, 3000 Arbeiter zur Verfügung. Es gab die Notwendigkeit zu arbeiten, denn du musstest ja irgendetwas essen. Der Lohn betrug ein Achtel des Grundlohns. Es gab also objektive Gründe für die Arbeiter, sich zu organisieren.

Uns gelang es, eine sehr große Konföderation zu schaffen, in der sich Arbeiter mit prekärer Beschäftigung, Unterbeschäftigte und Arbeitslose organisierten. Das gab uns mehr Gewicht bei der Zusammenarbeit mit den regulär beschäftigten Arbeitern. So erreichten wir als Gewerkschaftsführer eine gewisse Anerkennung. Der Teil der Arbeiterschaft, den wir repräsentierten, zeichnete sich unter anderem durch seine Explosivität und die Leichtigkeit aus, ihn zu mobilisieren. In einer población oder in einer Kommune konnten wir leicht, fünf-, sechs-, ja bis zu zehntausend Arbeiter innerhalb eines Tages erreichen. Die Radios in den poblaciones arbeiteten in dieser Hinsicht sehr gut. So konnten die Militärs die Mobilisierung trotz aller Repression nicht stoppen. Außerdem waren sie in den 80er Jahren um das Ansehen der Diktatur im Ausland bemüht, und so erreichten sie nicht nur wenig mit der Repression, sondern sie schadeten auch jedes Mal ihrem Ruf.

Uns gelang es, die Konflikte auf die Straße zu tragen. Bei Streiks wurden Zelte vor den Unternehmen aufgestellt, auch wenn nachts die Schwadronen auszogen, um die Zelte anzuzünden und die Leute zu verprügeln. Aber die Arbeiter, die in einem Konflikt standen, haben sich in ihrer großen Mehrheit nicht einschüchtern lassen. Sie legten während der Auseinandersetzung ein ganz anderes Verhalten an den Tag, als ihnen während des Alltags im Unternehmen möglich war. Während der Auseinandersetzung bildeten sich Brigaden zur Selbstverteidigung.

In der Praxis gründeten wir Komitees für bestimmte Aktionen. Plante die Gewerkschaft ein caseroleo (Töpfeschlagen), oder ein chuchereo, bei dem die Löffel in der Kantine beim Mittagessen geschlagen werden sollten, um gegen den Arbeitgeber zu lärmen, gab es eine verantwortliche Person für diese Aktion. Gleichzeitig benannten wir compañeros, die Bescheid sagen sollten, wenn die Sicherheitsmitarbeiter oder die Spitzel des Unternehmens auftauchten, so dass der Rest der Arbeiter eine gewisse Sicherheit hatte. Bei all dem hatten wir mindestens immer einen compañero Rechtsanwalt dabei, damit er uns bei jeglicher Art von Repression zur Seite stehen konnte. Als sich der Kampf radikalisierte, gab es innerhalb der Unternehmen ein Komitee von vier, fünf compañeros, die kleine Sabotagen durchführten. In einer Druckerei war beispielsweise vor einem halben Jahr eine deutsche Druckmaschine angekommen, und lediglich eine Handvoll compañeros war bereits daran geschult worden. Als die Maschine außer Gefecht gesetzt wurde, sorgten wir dafür, dass der Unternehmer diese compañeros im Blick hatte, damit ihnen nichts nachzuweisen war. Denn die hatten bereits andere compañeros instruiert: „Hört mal, wenn ihr dieses Teilchen rauszieht und verschwinden lasst, dann steht die Maschine zwei Tage lang."

Das hat nicht nur dort, sondern auch in anderen Betrieben funktioniert. Bei einem Unternehmen, American Screw, mit französischen Drehbänken der neuesten Generation fiel die Produktion für mehr als einen Monat aus. Diese Sabotage war sehr wirkungsvoll. Es gab keinen Fachmann für Sabotage, alles wurde im Eifer des Gefechts gelernt. Das führte allerdings auch zu sehr schmerzhaften Rückschlägen, etwa zum Tod von compañeros. Ihr Opfer ist nicht sichtbar, weil sie nur einfache Arbeiter waren. Aber es sind anonyme Helden, die ihren Beitrag im Kampf gegen die Diktatur geleistet haben.

Wir hatten hier unseren Sitz der Gewerkschaft selbst aus Holzbrettern gebaut. Dort gab es ollas comunes (Suppenküchen) die morgens mit dem Frühstück für die Kinder, die zur Schule mussten, begannen. Es gab einen Schichtdienst, das war ebenfalls eine Form des Widerstands. Also die compañeras, es waren hauptsächlich Frauen, die das Projekt anführten, legten schon sehr früh am Morgen los und warfen den Herd an. Sie machten Brot mit dem Mehl, das wir von der Vicaría de la Solidaridad, von Gewerkschaften oder Unternehmen erhalten hatten. Es gab Frühstück und Mittagessen. Jeden Tag aßen da 250 Personen. Jeder musste seinen Teller und seinen Löffel mitbringen. Es gelang, die Volksküchen mit einem kulturellen Prozess zu verbinden. So kamen beispielsweise fünf oder sechs Violinisten, ein kleines Kammerorchester. Das war für die Leute anfangs gewöhnungsbedürftig, so etwas hatten sie noch nie gehört.

KUPFER – QUELLE DES REICHTUMS, QUELLE DER UNGLEICHHEIT

Was an jenem Tag passieren würde, war niemanden wirklich klar. Auch der Christdemokrat Rodolfo Seguel, Präsident der Konföderation der Kupferarbeiter, konnte weder vorhersehen, wie viele Menschen sich am ersten nationalen Protest gegen die Diktatur beteiligen würden, noch konnte er einschätzen, wie die Militärregierung reagieren würde. Seguel hatte ursprünglich auf einen nationalen Streik gesetzt, musste jedoch sein Konzept überarbeiten, da Teile der Gewerkschaftsbewegung keine Basis für eine flächendeckende Arbeitsniederlegung sahen. Das neue Konzept blieb laut Darstellung in *Historia oculta* recht vage: Die Menschen sollten sich am 11. Mai 1983 von 14 Uhr an nach Hause begeben, die Schüler den Unterricht schwänzen. Auf Einkäufe sollte verzichtet werden, und man sollte betont langsam mit dem Auto fahren. Für den Abend war dann ein Lärmkonzert mit Hupen und dem Schlagen von Topfdeckeln vorgesehen. Tatsächlich schlossen an diesem Tag in Santiago die Geschäfte früher, mancherorts erschienen Arbeiter und Schüler nicht am Arbeitsplatz oder in der Schule. Bei den Auseinandersetzungen mit der Polizei in der Hauptstadt wurden zwei Menschen erschossen und mehr als 600 Personen festgenommen. Das staatliche Kupferunternehmen Codelco registrierte den Stillstand der Kupferförderung.[7]

Codelco und die Behörden aus Calama, der größten Kupferstadt im Norden des Landes, meldeten den Tageszeitungen allerdings „keine besonderen Vorkommnisse", abgesehen von einem Konvoi von zehn Autos, der sich mit 30 Kilometern pro Stunde zwischen Chuquicamata und Calama bewegte. Die örtlichen Gewerkschaftsführer indes zeigten sich zufrieden mit der Beteiligung an den Aktionen. Sie tauchten in den nachfolgenden Tagen unter, weil sie sich vor Gericht wegen Verstoßes gegen das Gesetz zur Sicherheit des Landes verantworten sollten.

---

7 Vgl. *Historia oculta*, S. 548 f.

Von großer Bedeutung war im nordchilenischen Kupfergebiet 1984 ein Marsch, an dem sich 8000 Arbeiter beteiligten. „Wir nutzten eine Unaufmerksamkeit von Codelco aus, denn das Unternehmen hatte die Überwachung vernachlässigt, und brachten mit jeder Schicht Leute auf die Landstraße, so dass dann 8000 Personen zusammen waren", erinnert sich Daniel Ramirez Aqueros, 60, von 1986 an Anführer der Gewerkschaft „Nummer eins" in Chuquicamata. Die Demonstranten gelangten bis zum Zentrum von Calama, das rund zwölf Kilometer von Chuquicamata entfernt liegt. „Über diese Demonstration wurde landesweit berichtet", erzählt Tiberio Ugarte, Lehrer und Kommunist. Der heute 65-Jährige ist Mitglied der Kommunistischen Partei und in der Lehrergewerkschaft Colegio de Profesores aktiv. „Der Marsch von Chuquicamata erregte Aufsehen wegen der hohen Beteiligung, der großen Distanz, die die Arbeiter zurücklegten, und wegen des Effekts für Calama. Denn in jenem Moment war der zentrale Platz mit der Kirche und den wichtigsten Gebäuden quasi in der Hand der Arbeiter. Polizei und Militär trauten sich nicht vorzurücken, denn es waren zu viele Menschen dort." Dennoch kam es immer wieder zu Gewaltexzessen, wenn es der Polizei gelang, einzelner Demonstranten habhaft zu werden. Mitunter richteten sich die Aggressionen der Beamten auch gegen Unbeteiligte. Daniel Ramirez, Gewerkschafter und damals Sozialist, erinnert sich: „Die Carabineros schlugen auf Passanten ein. Wir sahen, wie sechs Polizisten auf einen Herren einprügelte, der mit der Sache nichts zu tun hatte. Das war so heftig, dass ich zum ersten Mal einen Stein warf. In der Nacht wurden an Kreuzungen Autoreifen angezündet. Die Polizei schoss und versuchte auch hier, Leute zu verprügeln. Aber es gab auch Jugendliche, die einzelne Polizisten schlugen." In der Nacht gab es weitere Festnahmen. Bereits am Tage hatte Daniel Ramirez beobachtet, wie ein Herr die Tür seines Hauses für von der Polizei verfolgte Demonstranten öffnete. „Allerdings war jener Herr selbst Polizist. Er schloss die Arbeiter dann ein und benachrichtigte seine Kollegen."

Nach dem erfolgreichen Marsch seien Faxe und Solidaritätstelegramme von amerikanischen und kanadischen Gewerkschaften eingetroffen. „Darin sind wir beglückwünscht worden, weil wir trotz der schwierigen Situation auf die Straße gegangen waren", schildert Daniel. Doch der Erfolg ließ sich nicht wiederholen. „Bei dem Versuch eines zweiten Marschs stoppten uns die carabineros in Höhe eines Kontrollpostens. In der Kurve der Zufahrtsstraße standen sechs Lastwagen voll mit Soldaten, die ihre Gesichter mit Tarnfarben angemalt hatten und die Kriegsbewaffnung trugen. Es gelangten nur kleine Gruppen der Demonstranten in die Stadt. Es war nicht wie beim ersten Marsch. Später, bei den Protesten im Juli 1986 waren die Arbeiter von Chuquicamata nicht mehr dabei."

Schon längst hatten Teile der Opposition begonnen, mit Vertretern der Militärdiktatur über einen friedlichen Transformationsprozess zu verhandeln. Doch es sind nicht nur diese Verhandlungen, die im Hintergrund laufen. Daniel: „1987 hatte ich fast körperliche Auseinandersetzungen mit anderen Gewerkschaftsführern, die ich als Verräter bezeichnete. Sie gingen zu den politischen Forderungen auf Distanz. In dieser Zeit wurde die Gewerkschaftsbewegung sehr geschwächt. Allerdings gab es auch Gewerkschaftsführer, die die Angehörigen der Verschwundenen unterstützten. Wir vermuteten, dass es damals Angebote an die Gewerkschaftsführer seitens des Unternehmens gab, damit diese einlenkten." Eine solche Einflussnahme existiert nach Einschätzung des Industriezeichners auch heute noch: „Codelco bietet Kredite an, um die Arbeiter einzuwickeln und zu demobilisieren. Die Arbeiter sind nicht solidarisch, sie beteiligen sich nicht an den Protesten der Leiharbeiter. Ich bin einer von zehn Arbeitern, die die Leiharbeiter unterstützen. Zehn von siebentausend."

Daniel war 35 Jahre lang Mitglied der sozialistischen Partei. Im Juli 2006 wechselte er zur Kommunistischen Partei. „Die Kommunistische Partei entspricht mir mehr, weil sie Position gegen den Neoliberalismus bezieht. Das sind Positionen, die eigentlich die Sozialistische Partei einnehmen müsste, es aber nicht tut. Das sind die Positionen der Linken, und ich war immer ein Linker. Die Sozialistische Partei ist nach rechts gerückt, ich bin links geblieben."

Auch Javier Rowe, 36, Präsident der Gewerkschaft Coordinadora de Trabajadores Contratistas de Codelco Norte (Koordination der Leiharbeiter von Codelco Nord), ist 2006 der KP als Reaktion der Politik der Concertación beigetreten.

B.S.: Außerhalb dieser Region rund um Calama denken viele, hier sei alles in Ordnung, das sei eine reiche Region. Ich glaube jedoch, dein Eindruck ist ein anderer.

Javier: Richtig. Aber es ist mehr als ein Eindruck. Es hängt davon ab, wie deine Familie lebt, wie deine Kinder leben. Wir haben ein Land, das stark wächst, dem Rhythmus des Kupfers folgend. Dies gilt vor allem in dieser Region und insbesondere in dieser Stadt, wo man weltweit am meisten Kupfer fördert. Dennoch: In Calama leben wir zum Teil mit ungepflasterten Straßen. Unsere Kinder kommen in einem viertklassigen Krankenhaus auf die Welt, so dass manche dann an einer Bronchien- und Lungenentzündung erkranken, weil es dort zu kalt ist. Unsere Kinder können nicht in Kinderkrippen, wenn unsere Frauen arbeiten. Das ist ebenfalls ungerecht. Die Bildung unserer Kinder in Schule, Vorschule, Kindergarten ist so schlecht, dass wir das Gefühl haben, es handelt sich nicht um ein Recht, sondern um ein Almosen. Vergleichstests haben gezeigt, dass wir in Calama bei der Bildung noch nicht einmal den Landesdurchschnitt erreichen. Das ist insbesondere bei den öffentlichen, den städtischen Schulen der Fall, auf die unsere Kinder gehen. Selbst wenn heute der Universitätsbesuch kostenlos wäre – das wäre leicht zu machen, wenn die Herren mit dem meisten Geld mal in ihre Tasche greifen würden –, hätten unsere Kinder dennoch nicht die Möglichkeit zu studieren. Denn sie sind nicht darauf vorbereitet. Wie wir geboren werden, die Krankenhäuser, was wir essen – all das ist ungerecht. Ein Kilo Brot kostet heute in Calama 950 Pesos, ab der IV. Region bis in den Süden kostet es 450 Pesos. Wir müssen hier mehr als das Doppelte bezahlen.

Aber dein Lohn ist nicht doppelt so hoch?

Nein, natürlich nicht. Man denkt, ah, hier ist der Reichtum. Klar, hier ist der Reichtum, aber er ist sehr schlecht verteilt. Wir, die Schätze aus der Erde holen, bekommen nichts davon ab. Man muss zudem wissen, dass das Produzieren von Kupfer nicht im Paradies geschieht. Kupfer wird an Orten hergestellt, die der Hölle gleichen. Bei der Schmelze kochen die Lungen der Arbeiter wegen der eingeatmeten Gase förmlich. Der Umweltschutz ist ein Märchen, und dass Codelco ein sauberes Unternehmen sei, eine große Lüge. Wir sind den Gasen bei der Schmelze ausgesetzt, dem Staub in der Mine, und beim Oxidationsprozess dem Blei. All unsere Arbeiter haben mit Blei vergiftetes Blut. Außerdem werden sie schwerhörig. Sie beenden einen Job und bewerben sich dann auf den nächsten, den sie dann nicht bekommen, weil sie die

Anforderungen des Gesundheitstests nicht mehr erfüllen. Und warum? Weil sie bei der vorherigen Arbeit, im Dienste des Kupfers, krank geworden sind. Für uns ist dieser Reichtum ein Fluch.

Wie groß sind die Unterschiede zwischen denen, die fest angestellt sind und denjenigen, die über Subunternehmen beschäftigt werden?
Um das klar zu sagen: Es gibt zwei Klassen von Arbeitern. Es gibt die Arbeiter, die bei Codelco unter Vertrag stehen, und es gibt die Leiharbeiter. Diese Arbeiter verdienen ein Drittel oder manchmal nur ein Viertel von dem, was ein Codelco-Arbeiter verdient. In unserer Stadt existiert die modernste Schule und es gibt das modernste Krankenhaus Südamerikas, aber sie sind den Angestellten von Codelco vorbehalten. Niemand außer ihnen hat da Zugang. Ein Angestellter von Codelco verdient eine Million Pesos, ein Leiharbeiter, der exakt die gleiche Arbeit verrichtet, lediglich 180.000 oder 250.000 Pesos. Gegen diese Ungerechtigkeiten kämpfen wir. Mitunter hältst du die Ungerechtigkeit ja noch aus, wenn du alleine bist. Aber es schmerzt, wenn diese Ungerechtigkeit deine Kinder trifft, dann verspürst du das Bedürfnis zu kämpfen. Denn dem Sohn eines Codelco-Angestellten stehen alle Möglichkeiten offen, eine Führungskraft zu werden. Aber der Sohn eines Malochers ist dazu verdammt, weiterhin ein Malocher zu bleiben.

Warum hat Codelco überhaupt noch fest angestellte Mitarbeiter? Für das Unternehmen wäre es doch günstiger, alles nur noch über Subunternehmen abzuwickeln.
Das hat historische Gründe: Innerhalb von Codelco gibt es mächtige Gewerkschaften, die es nicht zulassen würden, dass sie jemandem aus diesem Unternehmen herauslösen und in einem Subunternehmen beschäftigen. Aber das sind wenige. Zum Beispiel gibt es hier in Codelco Nord, in Chuquicamata und Radomiro Tomic 6000 Arbeiter in der Belegschaft von Codelco, aber 15.000 Leiharbeiter. Wir sind fast dreimal so viele.

Aber wenn es doch so viel Ungerechtigkeit gibt, warum gehen die Leute dann nicht auf die Straße?
Wir sind zurzeit damit beschäftigt, den Leuten zu erklären, was hier geschieht. Ich sage, ich will nicht, dass sie mit meinen Kindern das Gleiche machen, was sie mit mir machen. Wahrscheinlich stehe ich deshalb heute einer Gewerkschaft vor, und deshalb führe ich eine Bewegung an, die etwa 15.000

Arbeiter repräsentiert. Codelco hat uns zum Dialog eingeladen, damit wir über diese Dinge sprechen. Aber wir wissen genau, dass es so nicht funktioniert. Der Kampf wird genau da stattfinden, wo du es gesagt hast: auf der Straße. Eines Tages werden alle Leiharbeiter auf die Straße gehen müssen. Und an diesem Tag wird kein Kupfer produziert werden, denn wenn wir nicht da sind, können sie kein Kupfer produzieren. 2006 war das Jahr der Pinguine, 2007 wird das Jahr der Leiharbeiter sein.[8]

Was ist dein Eindruck von der Regierung Michelle Bachelets oder der Concertación im Allgemeinen? Hast du das Gefühl, dass sie eure Forderungen erhören?

Das glaube nicht. Ich bin maßlos enttäuscht. Ich war einer der wenigen Gewerkschaftsführer, der hier innerhalb der CUT seine Leute aufforderte, für Michelle Bachelet zu stimmen. Als ich meine Leute im Dezember 2005 und im Januar 2006 darum gebeten hatte, für Michelle Bachelet zu votieren, brachten wir dieses Foto an (er deutet auf das Porträt einer lächelnden Präsidentin, das hinter ihm an der Wand hängt). Eines Tags hatten wir einen Konflikt, bei dem 200 Arbeiter meiner Gewerkschaft entlassen wurden, ohne jede Rechtfertigung und ohne irgendeine Entschädigung. Am Tag nach dem Konflikt wollte ich das Bild abhängen, aber ein compañero sagte zu mir: „Das hängst du nicht ab. Du hast uns aufgefordert, Michelle zu wählen. Das ist nun deine Strafe. Schau dir die Alte an, wie sie über dich lacht." Und die Wahrheit ist, ich fühle mich so. Jedes Mal, wenn ich sie sehe, fühle ich mich bestraft, weil ich denke, sie lacht mich aus.

DIE KÄMPFE DER HAFENARBEITER

Manuel Zacarias Lara Tapia, früher beim Sindicato Estibadores Marítimos (Gewerkschaft der Hafenarbeiter) aktiv, ist ein ruhiger, besonnener Hüne. Der 65-Jährige, Vater von acht Kindern, blickt sehr unaufgeregt auf sein Arbeitsleben und seine Aktivitäten als Gewerkschaftsführer zurück. Die Zeitungsartikel und Urkunden, die von den bewegten Jahren zeugen, zeigt er mit Stolz und Zufriedenheit. Er hat getan, was er

---

8   Tatsächlich beginnen Ende Juni 2007 im ganzen Land Streiks und heftige Proteste der Kupferleiharbeiter.

für richtig hielt, hat seine Ideale nie verraten. Mit sich selbst scheint er im Frieden, nicht allerdings mit den demokratischen Regierungen der Concertación. Auch die Tatsache, dass er 1990 aus der Christdemokratischen Partei ausgeschlossen wurde, ärgert ihn noch heute. Das war der Preis, den er zahlen musste, weil ihm die Loyalität zur Gewerkschaft wichtiger war als die Parteiräson.

MANUEL ZACARIAS: 1985 nahm ich mich der Gewerkschaft der Hafenarbeiter an, weil alle bisherigen Arbeiter in den Ruhestand gegangen waren und die Gewerkschaft verlassen hatten. Das Erste, was wir 1985 machten, war, eine Suppenküche ins Leben zu rufen. Vorher hatte es hier verschiedene gewerkschaftliche Organisationen gegeben, die der Hafenarbeiter, die die Ladung löschten, die der Seefahrer, die die Laderäume öffneten, die der Angestellten der Bucht, die die Ware entgegennahmen… Aber die Reederei hatte sich mit Hilfe eines Gesetzes von Pinochet dieser Organisationen entledigt. Die Reederei und die großen Unternehmen wie Ultramar oder ANUSA hatten ihre eigenen Leute. Es war in dieser Zeit also sehr schwierig für uns, Arbeit zu finden. Ich war in dieser Zeit Mitglied der Christdemokratischen Partei (DC). Wir bekamen viel Hilfe von der Konrad-Adenauer-Stiftung. Das war wichtig im Kampf gegen die Diktatur. Die Unterstützung war für die gemäßigten Arbeiter bestimmt. Doch die gemäßigten Arbeiter akzeptierten die Kommunistische Partei nicht, so dass es nicht gelang, eine einheitliche Organisation zu schaffen. Es gab Seminare und Schulungen für Gewerkschafter. Dafür interessierten sich auch die Geheimdienstler vom CNI. Da musste man mit viel Vorsicht vorgehen. Es herrschte große Angst. Dennoch gab es auch etwas Schönes für mich, ein Traum ging für mich in Erfüllung: Ich habe ein Stipendium für die USA erhalten. Dort traf ich Anführer aus fast ganz Lateinamerika. Argentinier, Bolivianer, Nicaraguaner, Kubaner. Klar, das waren Kubaner der anderen Seite. Die Amerikaner gaben mir dieses Diplom „Zur Entwicklung einer freien Gewerkschaft".

Ich habe acht Kinder. Mit meinen vier Töchtern bin ich morgens um vier Uhr aufgestanden, um Flugblätter zu verteilen. Die Flugblätter hatten wir selbst mit Hilfe eines Mimeografen[9] hergestellt. Der Hafen war

---

9 Dabei handelt es sich um ein einfaches Vervielfältigungsgerät.

militarisiert, also von Marinesoldaten besetzt. Sie haben alles beobachtet und durchsuchten uns jeden Tag, denn sie wussten um unsere politische Tendenz. Ich erinnere mich an ein mexikanisches Schiff, das hier angelegt hatte. Sie stellten uns alle mit erhobenen Händen an die Wand einer Lagerhalle, um uns auf dem Weg zum Schiff zu kontrollieren. Etwa 30 Personen. Sie durchsuchten uns auf dem Weg zur Arbeit. Die Militärs gaben dem mexikanischen Kapitän Anweisungen. Das wurde dem Kapitän dann zu bunt. Er sagte: „Mich kommandiert hier niemand herum", und ist mit seinem Schiff einfach wieder weggefahren.

Wir organisierten eine Demonstration, ich glaube, das war im Jahr 1986. In der Innenstadt durften wir uns nicht versammeln, wir mussten immer außerhalb bleiben. Zu der Demonstration stießen andere Gewerkschaften und die Gruppe „Frauen in Trauer"[10]. Auch die Kommunistische Partei und die Sozialisten machten mit. Obwohl wir die Gesetze beachteten und den Verkehr nicht blockierten, waren immer die Bullen in Zivil da, die die Anführer filmten. Wir wurden überwacht. Das war ein ganz schön harter Kampf. Sie haben dir keine Arbeit gegeben, nichts. In dieser Zeit, verdammt, mit einer Familie …, die Kinder waren noch klein. Wir erkämpften zumindest ein wenig Arbeit. Vorher hatten wir ja gar nichts. Irgendwann begannen sie, über unsere Gewerkschaft eines gewissen Kontingent an Arbeitern anzufordern. Aber wir mussten uns mit eins, zwei Schichten in der Woche begnügen. Damit lässt sich keine Familie ernähren, aber es war besser als gar nichts.

Während der Diktatur haben alle am gleichen Strang gezogen. Das war das Schöne am Kampf, dass wir alle zusammen waren. Jetzt ist das ganz anders. In der Demokratie geht jeder seinen eigenen Weg. Ich habe mir eine andere Art der Demokratie vorgestellt. Bitter ist, dass sie uns marginalisiert haben. Das heißt, die Kämpfer von damals wurden marginalisiert. Unsere Anführer wurden von denen ersetzt, die sich während der Diktatur die ganze Zeit unter dem Bett versteckt hatten. Solche Leute haben wir jetzt als Gouverneure und Bürgermeister. Ich habe mich zurückgezogen, denn ich bin ja schon im Ruhestand. Ich bin jetzt Vorsteher im des Nachbarschaftskomitees. Nach all den Kämpfen sind wir, vier Führer der Gewerkschaft, aus der Christdemokratischen Partei geschmissen worden. Mir tut das sehr weh. Wir sind rausgeschmissen

---

10 „Frauen in Trauer", auch: „Frauen in schwarz", spanisch: Mujeres de luto.

worden, weil wir uns nicht an die Beschlüsse der Partei, sondern an die der Gewerkschaft gehalten haben. Ich habe als Gewerkschaftsführer in Arica zwei Präsidenten empfangen: Patricio Aylwin und Ricardo Lagos. Aber was haben wir erreicht? Eine gute Rente, mehr nicht. Meine Töchter sind arbeitslos. Die Türen haben sich verschlossen, niemand will mehr etwas mit Arbeitern zu tun haben.

Noch vor der Diktatur, wollten Leute das Land in Richtung USA verlassen. Und so baten sie uns, ihnen ein „Bett" im Laderaum eines Schiffes zu bauen. Wir haben mit den Säcken einen Hohlraum umschlossen, eine Platte darauf gelegt und darauf weitere Säcke gestapelt. Wir haben in der Zeit Allendes viele Leute außer Landes gebracht. Das war 1972. Den Leuten ging es schlecht in Arica, denn hier legten wegen eines Boykotts gegen Chile keine Schiffe an. Das Gleiche habe ich dann auch während der Diktatur gemacht, für Leute, die hier wegwollten. Sie sind in Schweden gut aufgenommen worden, immer wenn es hieß, sie hätten hier gekämpft. Aber es gab viele Leute darunter, die nie gekämpft haben. Wir stellten Zeugnisse aus, dass der und der bei der Gewerkschaft oder bei der Suppenküche mitgemacht hat. Wir haben gelogen, weil die Leute wegwollten. Hier gab es viele Feiglinge. Man muss wissen, der Seemann ist feige, weil er immer Geld verdient und den Bauch voll hat. Der Unterschied zu meiner Gewerkschaft war, dass wir leere Bäuche hatten, also mussten wir kämpfen. Heute haben viele den Bauch voll und begnügen sich damit, dass er voll bleibt. (Manuel Zacarias)

„NUNCA MÁS SOLO" – NIE WIEDER ALLEIN!

Jorge Silva Beron gilt bei Freund und Feind als ein Dickschädel, und das nicht nur, weil der Präsident von FETRAPI[11], der Föderation der Hafenarbeiter von Iquique, weiß, wie man Verhandlungen führt und Streiks organisiert. 2004 schlugen ihn Marinesoldaten fast tot. Mit mehr als 80 Stichen wurden die Platzwunden an seinem Kopf genäht. Diesen Mordanschlag überstand er ohne innere Verletzungen. Nordamerikanische Kollegen hätten ihn dann eingeladen, um ein bisschen mit ihm anzugeben. „Die neigen ein wenig zur Show", scherzt Jorge.

---

11 Federación de Sindicatos de Trabajadores Portuarios del Puerto de Iquique.

JORGE : So richtig ging es mit der neuen Gewerkschaftsbewegung hier erst 1993 los. In jenem Jahr bin ich dann auch Gewerkschaftsführer geworden. Vorher ging hier gar nichts, denn die Häfen waren lange Zeit in der Diktatur militarisiert. In jener Zeit beschränkte sich die Aufgabe der Gewerkschaften darauf, Trauerkränze zu kaufen, wenn jemand gestorben war. 1999 legten wir uns dann mit der demokratischen Regierung an, die unserer Meinung nach das Modell weiterführt, das unter Pinochet eingeführt wurde. Wir hielten den Hafen 34 Tage lang besetzt. Wir waren hier in Iquique die ersten, die im großen Stil mit der Mobilisierung der Hafenarbeiter begannen. Auch im Jahr 2000 hatten wir harte Auseinandersetzungen. Wir beschlossen, die Arbeit, die wir hier begonnen hatten, auf andere Teile des Landes auszuweiten. Wir sprachen mit Leuten in Arica und fuhren in den Süden. 2003 führten wir in der VIII. Region einen großen Streik an, an dem sich vier Häfen beteiligten. Die compañeros im Süden trauten sich noch nicht, das selbst in die Hand zu nehmen.

2004 hatten wir in Iquique wieder Lohnverhandlungen, aber wir ergänzten die Arbeitsniederlegung, die 21 Tage dauerte, diesmal um einen politischen Aspekt, den wir zuvor nicht gewagt hatten, zu thematisieren: nämlich, dass die Gesetze unter der Concertación noch immer die gleichen wie zu Zeiten der Diktatur sind. Und, was das Schlimmste ist, dass dieses System mit einem repressiven Polizeiregime gegen die Arbeiter verteidigt wird. Sowohl die Polizei als auch die Marine verfolgt uns und ermittelt gegen uns Gewerkschaftsführer. Während des Streiks von 2004 gab es den Plan, mich umzubringen. Sie schlossen mich an einem Ort mit Marineinfantristen ein und schlugen mich brutal zusammen. Ich wurde mit mehr als 80 Stichen am Kopf genäht.

Vor knapp zwei Wochen, bei einem Streik in Arica, an dem ich als Gewerkschaftspräsident teilnahm, wurde ich verhaftet, wieder geschlagen und bedroht. Wir sind ein Schlüsselsektor für die Industrie. Die Regierung befürchtet, und ich glaube, sie kann sich sogar sicher sein, dass wir in der Lage sind, die gesamte Wirtschaft des Landes lahm zu legen, wenn wir es wollen. Wir sind in der Lage gewesen, alle Häfen des Landes zu blockieren. Wir haben eine nationale Koordination der Hafenarbeiter ins Leben gerufen, deren Sprecher ebenfalls ich bin. Ricardo Claro[12],

---

12 Siehe auch Seite 197 und Seite 210

einer der reichsten Männer des Landes, hat mal bei einem Treffen von Unternehmern gesagt: „Hier im Land läuft der Talibankämpfer Jorge Silva Beron von Hafen zu Hafen, um diese dicht zu machen." Ich habe mir den Zeitungsartikel aufgehoben, um ihn meinen Enkeln zu zeigen.

Es gibt zwei fundamentale Anliegen, die wir haben: Zum einen geht es um radikale Veränderungen im Arbeitssystem in den Häfen. Ich bin stolz darauf, dass wir es – bislang als einzige – geschafft haben, die Regierung deswegen an den Verhandlungstisch zu bringen. Das machen sie nicht, weil wir oder sie so nette Menschen sind, sondern, weil wir sonst die Häfen oder die Schiffe besetzt hätten. Das zweite große Thema ist die Neugestaltung des Rentensystems. In den nächsten Tagen werden wir dem Arbeitsminister in Valparaíso persönlich unsere Vorschläge unterbreiten. Wir wollen eine solidarischere Rentenkasse, und die Hafenarbeiter werden massenweise das alte System verlassen.

Wir sind ein anarchistischer Sektor und in gewisser Weise so etwas wie die Speerspitze, der sich vielleicht andere Bereiche der Gesellschaft anschließen. Vor ein paar Tagen konnte man in einer Zeitung lesen, die Gewerkschaften seien nur noch ein Hühnerhaufen, nicht in der Lage, sich den aktuellen Veränderungen zu stellen. Wir sind davon überzeugt, dass in Lateinamerika eine soziale, politische und wirtschaftliche Transformation stattfinden muss, die über kurz oder lang auch Chile erfassen wird. Hier in Lateinamerika mit diesem neoliberalen System, das ich ultra-neoliberal nenne, befinden wir uns in einer Epoche, in der sich viele Dinge radikal ändern müssen. Jetzt ist der Zeitpunkt dafür gekommen. Die Arbeitgeber kommen immer wieder mit dem Argument an, dass in Chile die Lebenshaltungskosten niedriger seien als in den USA. Aber hier geht es nicht um die Lebenshaltungskosten, denn der Wert der Ladung eines Schiffs, das beispielsweise in Long Beach beladen und in Iquique entladen wird, halbiert sich ja nicht auf der Strecke. Es sind die selben Schiffe, die selben Waren und es ist die selbe Arbeit.

Seit mehreren Monaten arbeiten wir mit den Kollegen aus Peru zusammen. Demnächst soll eine Gruppe aus chilenischen und peruanischen Kollegen nach Ecuador reisen. Wir haben nämlich festgestellt, dass eben jener Ricardo Claro, Chef von Sudamericana del Valpor, dem größten Schifffahrtsunternehmen von Chile und Lateinamerika, alle Häfen an der Pazifikküste von Chile über Peru, Ecuador und Kolumbien unter seine Kontrolle bekommen möchte. Wir sehen also, dass die Globalisierung nicht nur für die Unternehmer ein wichtiges Thema ist, sondern es auch für die Arbeiter sein sollte. Wenn es hier einen Konflikt gibt, aber keine Solidarität mit den Hafenarbeitern in den anderen Ländern, dann können wir die Häfen in Chile ein Jahr dicht machen, und die peruanischen Arbeiter würden sich freuen, die Ladung der Schiffe in dieser Zeit zu löschen. Aber wenn Don Ricardo Claro mit einem Arbeiter in Ecuador Probleme hat, sollte er auch mit den Arbeitern in Kolumbien, Peru und Chile Probleme bekommen. Unser Slogan ist deshalb: „Nie wieder alleine!"

Viele Menschen, viele Arbeiter misstrauen mittlerweile den klassischen Gewerkschaften in Chile, die sich an die eingeschliffenen Spielregeln halten, wenn es darum geht, Lohnerhöhungen zu fordern oder die Arbeitsbedingungen zu verbessern. Das Arbeitsrecht, ein Erbe aus Zeiten der Diktatur, dessen Ziel es war, die Arbeiter zu einer flexibel verfügbaren Masse zu machen, deren Möglichkeiten, sich zu organisieren, beschnitten werden sollte, muss, so fordern radikalere Gewerkschaften, neu gestaltet werden. Dringender Überarbeitung bedarf auch das Rentensystem. Experten warnen vor einer tickenden Zeitbombe. Denn das Kapital gestützte Fonds-Rentensystem wird viele Chilenen, die Zeit ihres Leben nur wenig und unregelmäßig einzahlen konnten, in Armut stürzen. Dass sich angesichts dieser Herausforderungen neue Gewerkschaften, wie die der Hafenarbeiter oder der Leiharbeiter, bilden, scheint folgerichtig. Dass insbesondere die Hafenarbeiter über den nationalen Tellerrand schauen, ist ermutigend. Allerdings ist der Organisierungsgrad der Arbeiterschaft recht gering. Gewerkschaftsführer und Kommunist Manuel Cancino sieht darin das größte Defizit der Arbeiter. Nur acht Prozent der fünf Millionen Arbeiter seien in einer der Gewerkschaften, die zum Dachverband CUT gehörten, organisiert. Die traditionellen Branchen wie Salpeter, Kohle oder Textil, in denen die Arbeiterschaft stark organisiert war, existieren heute nicht mehr. In anderen Branchen, die an Bedeutung gewonnen haben, etwa der Obstanbau oder die Lachszucht, ist der Organisationsgrad gering, nicht zuletzt, weil sich dort viele der Arbeiter als (Klein-) Unternehmer verstehen.[13]

---

13 Vgl. Salasar, a.a.O.

DER KAMPF EINER ANDEREN GEWERKSCHAFT

Victor Hugo ist blind. Der 45-Jährige gehört zu der Schar von Blinden, die in der Innenstadt Santiagos Regenschirme, Nagelknipser und Heftpflaster verkaufen. Er sieht nichts, verzichtet aber auf einen weißen Stock. Dass sich Demonstrationen nähern, hört er bereits aus weiter Ferne. Wenn er mit den Forderungen der Demonstranten einverstanden ist, stimmt er in ihre Parolen ein. Manchen Journalisten mutet das wohl merkwürdig an, denn sie richten ihre Kameras auf den Blinden. Ganz so, als ob es etwas Exotisches sei, dass ein Mensch, der nicht sehen kann, eine politische Meinung hat. Victor Hugo hat sie und er hat eine politische Geschichte: In Zeiten der Diktatur gründete er mit anderen Blinden eine Gewerkschaft, weil die Lebensbedingungen und die Repression gegen die Straßenverkäufer unerträglich geworden waren.

VICTOR HUGO: Unsere Organisation entstand in den Jahren 1984/85, als die Stadtverwaltung den compañeros auf der Straße untersagte, ihre Ware zu verkaufen. Es kamen große Busse mit vielen Polizisten an, es wurden zehn, fünfzehn Nichtsehende festgenommen und weggefahren. Aus all dem entstand das drängende Bedürfnis, sich zu organisieren, und so gründete sich ein Komitee, das man als Vorstufe zu einer Gewerkschaft verstehen kann. Das Komitee nahm seine Arbeit auf, organisierte die Nichtsehenden und zeigte alle Aggressionen gegen sehbehinderte an. Wir besetzten die Kathedrale, Gemeindehäuser und städtische Verwaltungen. Außerdem gab es einige Meutereien auf der Straße: Wir machten Sit-ins, um den Verkehr zu blockieren. Auf diese Weise drückten wir unsere Wut gegenüber der Verwaltung aus. Das alles brachte uns allerdings der Lösung des Konflikts nicht näher, sondern führte nur zu noch mehr Repression. Am 24. März 1986 besetzten fünf Anführer die Vertretung der Internationalen Arbeitsorganisation. Gleichzeitig begannen wir mit einem Hungerstreik, der etwa 30 Tage dauerte. Daran beteiligten sich etwa 40 Leute.

Am 24. April geschah etwas sehr Unerwartetes. Das war ein harter Schlag für uns. Innerhalb der Streikbewegung gab es einen compañero, Pedro Venegas, einer wie ich oder jeder andere Nichtsehende auch. Um 4 Uhr morgens beging er Selbstmord, um den Forderungen Nachdruck zu verleihen. Er hängte sich im Streiklokal auf. Das erregte sehr viel Aufsehen, auch in der nationalen und internationalen Presse. Journalisten aus der ganzen Welt wollten mit uns sprechen. Da die Regierung sehr besorgt war, wurden wir vier Tage später vom Verwaltungsoffizier von Santiago, General Osvaldo Hernández Pedreros, angerufen. Mit ihm führten wir ein sehr kompliziertes Gespräch, an dem drei von unseren Anführern, einer unserer Anwälte sowie der Bürgermeister von Santiago teilnahmen. Danach ließen sie uns ein bisschen mehr Luft und wir konnten unsere Aktivitäten weiterentwickeln. Diese Atempause dauerte allerdings nicht lange. Die Repression gegen die Nichtsehenden setzte sich fort.

Ich wurde mehrfach bedroht. Die Drohungen kamen übers Telefon. Es waren die typischen Drohanrufe, die die Diktatur gegen soziale Anführer anwandte. Die Anrufe bestanden aus Beleidigungen. Was wir uns einbildeten? Ob wir uns nicht lieber dem Herren anschließen wollten, der sich das Leben genommen hatte?

Die Erwartungen, die die Nichtsehenden in die Demokratie setzten, wurden enttäuscht. Wir fühlen, dass wir noch immer nicht respektiert sind. Warum gibt es so viele Nichtsehende, die auf der Straße im Zentrum Santiagos ihr Geld verdienen müssen? Der Grund dafür ist, dass die Unterstützung für Blinde in Chile sehr gering ausfällt. Die Rente beträgt etwa 40.000 chilenische Pesos (zirka 55 Euro) im Monat. Damit kann man nicht überleben. In den vergangen drei Jahren sind viele unserer erkämpften Rechte gestrichen worden, was dazu führte, dass viele Nichtsehende ohne Arbeit blieben. Also sind sie in den Bussen und Metrostationen aufgetaucht. Andere sind Künstler und schnappen sich ihre Gitarre und singen dazu. Mit der Einführung des neuen Bussystems Transantiago[14] werden wieder viele auf der Strecke bleiben.

---

14 Transantiago sollte die Vereinheitlichung des mitunter recht chaotischen Busverkehrs erreichen. Moderne, weiße Busse sollten die gelben Dreckschleudern ablösen. Zur Unternehmenspolitik von Transantiago gehörte, Verkäufern und Musikern zu untersagen, in den Bussen Waren anzubieten oder zu musizieren. Während der Einführungsphase, in der altes und neues Bussystem parallel liefen, gestatteten die Fahrer dennoch das Zusteigen dieser Personengruppen. Seit der Komplettumstellung auf Transantiago Anfang des Jahres 2007 und der Abschaffung der gelben Busse haben die Menschen in Santiago mit ganz anderen Problemen zu kämpfen: Da deutlich weniger Busse als benötigt angeschafft wurden, kollabierte der öffentliche Personennahverkehr über Wochen. Menschen gelangten nicht mehr zur Arbeit oder zur Schule, verloren ihre Jobs oder mussten zu Verwandten ziehen, die zentraler wohnten. Das Verkehrschaos verursachte massive Proteste und führte zu einer tiefen Regierungskrise der Concertación und der Präsidentin Michelle Bachelet.

Wir sind der Meinung, Nichtsehende haben ein Recht auf ein würdiges Leben und eine Arbeit, die ihnen ermöglicht, die erforderlichen Einkünfte zu erzielen.

Victor Hugo hat Französisch und Englisch studiert. Gerne würde er in Santiago in Zusammenarbeit mit Touristenbüros Führungen durch die Stadt organisieren. Doch als Blinder wird er nicht eingestellt. Sein Traum ist, dass künftig nur die berufliche Qualifikation und nicht die Behinderung Einstellungskriterium ist. Er und die Gewerkschaft der blinden und unabhängigen Handelsarbeiter arbeiten an einem Mega-Projekt, um diesem Traum einen Schritt näher zu kommen. Dieses Projekt basiert nicht zuletzt auf den Erfahrungen einer Blinden-Industrie, die es bis zirka 1974 gab. Bis dahin, so Victor Hugo, hätten Blinde Körbe geflochten, Schals gestrickt und Besen gebunden: „Dies lief sehr gut, bis dann synthetische Materialien eingesetzt wurden und diese Industrie wegbrach." Das Zukunftsprojekt, von dem alle 90.000 Blinden in Chile profitieren sollen, umfasst die Bereiche Bildung, Arbeit, Betreuung und Gesundheit. Die Gesundheitsversorgung soll für Nichtsehende aus armen Verhältnissen verbessert werden. An drei Universitäten in Concepción, Santiago und La Serena sollen Blinden im Süden, dem Zentrum und dem Norden des Landes eine ihren Bedürfnissen angepasste professionelle Ausbildung erhalten. „Im Bereich Arbeit planen wir, Taxizentralen für Blinde zu schaffen, wo Nichtsehende alle Rechner, Tastaturen und Telefone bedienen können. Außerdem haben wir vor, dass alle Blinden Steuern und Patente bezahlen, dafür aber im Gegenzug Grundgarantien erhalten. Heute bezahlt niemand irgendetwas, das Ganze basiert auf karitativen Zugeständnissen. Ich habe etwas gegen Mitleid bei der Arbeit, denn was heute Brot bedeutet, bedeutet morgen Hunger. Wenn der Bürgermeister sagt: ‚So, das war's', hast du keinerlei rechtliche Möglichkeiten, die Entscheidung anzufechten."

Die chilenische Arbeiterbewegung hat ihre Ursprünge im Norden, in den Salpeterminen, und südlich von Concepción, in den Kohleminen. Die Geburtsstunde der Bewegung liegt in der zweiten Hälfte des 19. Jahrhunderts. Die Bedingungen der Organisierung unterschieden sich damals auf Grund der Arbeitsorganisation und der Lebenssituation. Die Salpeterminen waren künstliche Inseln in der Wüste, in denen Arbeiter in extremer Abhängigkeit vom Unternehmen lebten und ihren Lohn zu großen Teilen nur in Wertmarken ausgezahlt bekamen, die sie nur innerhalb der oficinas einlösen konnten. Ganz anders war die Situation der Arbeiter in der Hafenstadt Valparaíso oder später im Industriegürtel von Santiago (wo es übrigens bewaffneten Widerstand gegen den Putsch von 1973 gab). Das Industrieproletariat existiert in Chile seit den 1980er Jahren nicht mehr. Heute gibt es eine Vielzahl von Gewerkschaften, die etwa die Bauarbeiter, Arbeiterinnen und Arbeiter im Gesundheitswesen, die Fischer oder die Landarbeiter vertreten. Ausrichtung, Schlagkraft und Organisationsgrad sind sehr unterschiedlich ausgeprägt. Bemerkenswert ist, dass sich in manchen Bereichen, etwa in den Häfen oder Kupferstädten, neue Gewerkschaften gebildet haben. Die Hafenarbeiter konnten ihren Kampf bislang entlang der klassischen Konfrontationslinie Arbeit versus Kapital entwickeln und haben es geschafft, dies nicht nur landesweit, sondern auf dem gesamten Kontinent zu tun. War erst einmal die Angst, die aus den Erfahrungen während der Diktatur stammte, überwunden, ließ sich die Bewegung trotz massiver Repression nicht mehr aufhalten. Ganz anders ist die Situation der Leiharbeiter in Calama, die einen Zweifrontenkrieg führen, in dem sie sich nicht nur mit der Geschäftsführung der staatlichen Kupfermine auseinander setzen müssen, sondern auch mit den Angestellten von Codelco, den Kollegen erster Klasse, die sich nicht mit ihnen solidarisieren. Dass sich die Idee der einheitlichen Arbeiterklasse nahezu ohne Modifikationen hält, liegt möglicherweise nicht nur an der bislang von einigen linken Chilenen als unzureichend kritisierten Reflexion über die veränderten Realitäten, sondern kann auch Ausdruck der Angst sein, seine Identität in der neuen Unübersichtlichkeit der chilenischen Gesellschaft und der Globalisierung zu verlieren.

KAMPFZONE WOHNGEBIET

Ein Fokus der Auseinandersetzungen zwischen oppositionellen Kräften und der Militärdiktatur waren die poblaciones wie Villa Francia, La Victoria in Santiago oder Chiguayante in der Nähe von Concepción. Bei den Kämpfen anlässlich der nationalen Proteste oder an Jahrestagen ging es auch darum, Territorien vorübergehend zu kontrollieren. Doch der Alltag in den Vierteln war knallhart: Dort schlug die Repression am heftigsten zu, dort war die wirtschaftliche Not am größten, dort litten die Familien Hunger.

NUR MUT

Juanita Mendez, 48, war Aktivistin in einer población, arbeitete in den 80er Jahren in der Koordination der poblaciones von Santiago und war später lange Zeit Mitarbeiterin der Menschenrechtsorganisation CODEPU.

JUANITA : Im Zentrum unserer Arbeit standen die Vorbereitungen der nationalen Streiks und Proteste. Als Dach dienten uns in dieser Zeit die Kirchengemeinden und ein paar Kulturzentren, die es in den Vierteln gab.

1980 bis 83 gab es die internationale Wirtschaftskrise und die Krise der Banken. Die Pinochet-Regierung pumpte Geld in die nationalen Banken, um diese zu retten. Die Auslandsverschuldung begann, stetig zu steigen. Als Folge wuchs die wirtschaftliche Unzufriedenheit. Ich glaube, die Mobilisierung gegen die Diktatur hat auf Grund der wirtschaftlichen Misere begonnen und kam im Laufe der Zeit zu politischen Forderungen: nein zu Pinochet und Diktatur, nein zum Verschwindenlassen von Oppositionellen, nein zu den Verbrechen des Regimes, nein zu den geheimen Gefängnissen.

In den ersten Monaten waren an der Mobilisierung der 80er Jahre fast ausschließlich Leute aus politischen Organisationen beteiligt, weniger die Bevölkerung. Aber danach schloss sich diese stärker an, und es kam ein Moment, in dem die Beteiligung der Bevölkerung die der politischen Parteien bei weitem übertraf. Die politischen Parteien sahen sich auf einmal überrollt von der Bevölkerung. Es machten auch viele *lumpen* mit. Der politischen Organisation entglitt teilweise die Kontrolle. Es gab dann nicht nur Plünderungen großer Supermärkte, sondern diese Gruppen überfielen auch den Laden der Nachbarin an der Ecke, die doch die selben Probleme hatte wie wir. Am Anfang hieß es: „Ankommen und los geht's". Später war alles viel besser organisiert. Es gab unsere Koordination im Süden der Stadt, es gab die Koordination der Villa Francia, es gab die Koordination des Nordsektors. Und es gab eine übergreifende Koordination in Santiago. Die verständigte sich dann mit den Studenten und den Gewerkschaften. Eine Koordination der poblaciones auf nationaler Ebene existierte nicht. Die Aufrufe zu den nationalen Protesten wurden von den Gewerkschaften und Parteien im ganzen Land verteilt.

Am Anfang hatten wir nur unseren Mut. Wir sind ins kalte Wasser gesprungen. Wir sind in den Kampf gezogen, ohne viele Mittel zu haben. Wir hatten nicht die notwendigen Werkzeuge, und wir wussten nicht, was auf uns zukam. Für mehr als zwanzig Jahre waren die Leute und Freunde, mit denen ich Widerstand leistete, meine Familie. Die Rückkehr zur Demokratie bedeutete für mich dann auch die Rückkehr zu meiner eigentlichen Familie. Ich will nicht, dass mein Kind oder mein Enkelkind die Angst erleben muss, die ich während der Militärdiktatur durchlitt.

Die poblaciones wurden militärisch besetzt. Bei jedem Streik kamen die Militärs und die carabineros, es wurden unglaublich viele poblaciones durchkämmt. Am Tag des Streiks wurden oftmals alle Männer aus den Häusern geholt und auf den Fußballplatz gebracht. Manchmal wurden auch Frauen und Kinder dorthin gebracht, durchsucht und überprüft. Du musstest dein Haus verlassen, das wurde komplett auf den Kopf gestellt. Wenn sie bei irgendjemanden etwas Verdächtiges fanden, wurde die gesamte Familie verhaftet. Und der Geheimdienst, schleppte sie dann zu den geheimen Zentren. Am Tag des Streiks kamen sie um fünf Uhr morgens und begannen mit der Durchsuchung. Wenn dann die Mobilisierung am Nachmittag war, kamen sie in der Nacht wieder und durchkämmten alles aufs Neue. Dabei besetzten sie den Bezirk. Sie blieben mit ihren Panzern und Bussen. Es gab zudem viele Spitzel.

Ich glaube 1986, im Jahr der Entscheidung, in dem das Attentat auf Pinochet scheiterte, fühlten sich alle Linken, die das Land radikal verändern wollten, besiegt. Die Linke kämpfte, um an die Macht zu kommen, aber sie hatte keinen Arbeitsplan für den Fall, dass sie es wirklich schaffen sollte. Es gab zu dieser Zeit die Perestroika in Russland und die ganzen Veränderungen in Lateinamerika: Die Militärs zogen sich zurück. Den USA passten die Militärdiktaturen nicht mehr ins Konzept. Deshalb gab es Verhandlungen, an denen auch Leute der Linken, von der gemäßigten Linken und der Rechten teilnahmen. In Chile gibt es Geheimprotokolle, in denen zwischen Pinochet und einigen Leuten der Concertación, zum Beispiel Patricio Aylwin, vereinbart wurde: „Ihr rührt mir dies und das nicht an, dann dürft ihr regieren."

Der Wechsel zur Demokratie war richtig. Der Schritt war wichtig, und er war dank der vielen Mobilisierungen möglich. Das sollte man heute nicht vergessen. Wir als soziale Bewegung, als Leute aus den Vierteln und als Anführer haben unseren Beitrag dazu geleistet, dass es diesen Wechsel geben konnte. Das ist eine große Errungenschaft, die niemand in Abrede stellen kann. Ein Erfolg war auch, dass wir überhaupt zu einem bestimmten Zeitpunkt den Widerstand gegen die Diktatur organisieren konnten. Wir haben es geschafft, einen Teil der Bevölkerung zu mobilisieren und wir haben erreicht, dass der Diktator ein paar Augenblicke gezittert hat. Unser Beitrag war, dass wir die Leute organisierten, die wütend waren, und nicht wussten, gegen wen sie diese Wut richten sollten. In diesem Land hat man immer nur etwas mit Kämpfen erreicht.

In den 16 Jahren der Concertación hat es keine grundlegenden Veränderungen gegeben. Viele meiner ehemaligen compañeros haben heute hohe Positionen inne. Sie sind Teil der Concertación. Doch es gibt keine Veränderung. Die Concertación ist mittlerweile sehr verschlissen. Sie hatte alle Möglichkeiten, Veränderungen herbeizuführen, sich den Menschen anzunähern, mehr Geld in die armen Viertel zu stecken, aber sie hat es nicht getan. Heute gibt es soviel Geld, warum investieren sie es nicht in die Gesundheit, die Bildung oder in die Schaffung neuer Arbeitsplätze?

Das Militärregime hat immer den Individualismus[1] gepredigt. Dort haben wir wirklich eine Niederlage erlitten, weil die Militärs den Leuten den Individualismus einpflanzten. **Ich** muss wachsen, **ich** muss vorankommen, **ich** und nicht mein Umfeld. **Ich** muss auf den anderen treten, um höher und höher zu klettern. Ich glaube, der Individualismus ist sehr stark in der gesamten chilenische Bevölkerung verbreitet: „Ich kämpfe nicht mehr für meinesgleichen, sondern ich kämpfe nur noch für mich." In dieser Hinsicht hat uns das Militärregime besiegt. Es gibt eine Unzufriedenheit, die du jeden Tag sehen kannst. Die Arbeit ist schlecht, der Lohn gering und die Arbeitszeiten sind lang, doch die Leute reagieren nicht. Die Regierung lenkt und manipuliert die Medien. Alles, etwa der Kampf der Gewerkschaften, ist festgezurrt. Hier in Chile gibt es maximal 59 Tage Streik, am 60. Tag musst du an die Arbeit zurückkehren, mit dem, was dir der Arbeitgeber anbietet. Alles ist auf diese Art und Weise eingerichtet.

Früher hatten wir wenig zu verlieren und viel zu gewinnen. Ich glaube, heute wollen die Leute vor allen Dingen Ruhe, obwohl es ihnen schlecht geht. Aber wenigstens gehen die Schüler auf die Straße. Doch was passiert danach? In der Regierung gibt es nicht den Wunsch, das Bildungssystem zu verändern. Und warum? Weil viele der Anführer der Regierungsparteien selbst Schulträger sind. Sie betreiben 15 oder 20 Schulen und bekommen Geld vom Staat. Sie werden dieses Gesetz nicht von Grund auf ändern, sondern lediglich ein wenig modifizieren.

> Bei einem Meeting, an dem auch ein paar compañeros teilnahmen, die auf gar keinen Fall geschnappt werden durften, kamen plötzlich ein paar Autos des CNI an. Was also konnten wir tun? Mir fiel spontan nichts Besseres ein, als auf die Straße zu laufen und den Autos entgegenzurennen, damit die anderen Zeit hatten, zu verschwinden. Ich lief also wild gestikulierend auf die Autos zu und schrie: „Hierher, hierher." Da haben sie einfach umgedreht und sind geflüchtet. Ich glaube, die haben gedacht, wir erwarteten sie und hätten einen Hinterhalt vorbereitet. Auf jeden Fall drehten sie einfach um und verschwanden. Wir waren 15, 20 Leute und haben uns anschließend kaputtgelacht.

---

1 Individualismus wird in Chile vor allem im Sinne von Egoismus und als Gegensatz zum Kollektivismus und nicht etwa als betonte Individualität verstanden.

Einmal warteten wir an einer Ecke und waren kurz davor, eine Barrikade zu errichten, als ein ganz normaler Linienbus auftauchte. Wir blieben ganz gelassen: „Ein Bus, sonst nichts." Aber dann blieb der Bus plötzlich stehen und es stiegen massenhaft pacos[2] aus. Da mussten wir alle die Beine in die Hand nehmen. Wir sind dann in ein Haus geflohen, denn zu jener Zeit ließen die Leute die Türen offen, damit du entkommen konntest. Wir flohen also in ein Haus und warfen uns auf den Boden. Draußen suchten und leuchteten sie die ganze Gegend ab. Wir blieben drei Stunden lang auf dem Boden liegen, dann erst zogen die Bullen ab und wir konnten nach Hause gehen. Es gab Tausende solcher Anekdoten, die in dieser Zeit passierten und die Solidarität der Leute zeigten. (Juanita)

„ICH WEISS NICHT, OB ICH EUCH WIEDERSEHE"

Im Vorgärtchen steht eine alte Waage mit Blumentöpfen. In zwei Wasserkessel am Haus und in eine alte Einkaufstasche hat Elsa Blumen gepflanzt. Der Herd, die Regale und die Spüle in der Küche – alles stammt aus dem Sperrmüll: „Das sind Sachen, die die Reichen weggeworfen haben." Lediglich der Kühlschrank und ein Vorratsschrank sind neu. Die Anschaffung war notwendig, wegen der Mäuse. Die 45-Jährige legt Wert darauf, dass es bei ihr zu Hause, wo sie mit ihrem Partner und zwei ihrer vier Kindern lebt, sauber und gemütlich ist. Ihr Umgang mit Familie und Freunden ist herzlich, ja zärtlich. Elsa ist eine Kämpferin. „Wir haben bei den Straßenschlachten Steine geschmissen und die Barrikaden verteidigt. Ich habe diesen Kampf immer gerechtfertigt. Was ist schon eine Barrikade im Vergleich zu einer Maschinenpistole? Ein Stein kann zwar einen Schädel spalten, aber verdient hatten sie das ohnehin, wenn sie uns die Seele zerrissen, wenn sie uns ohne Essen und ohne Kraft ließen, unsere Kinder zu erziehen", sagt sie. Elsa hat für fließend Wasser, elektrisches Licht und für eine bessere medizinische Versorgung in ihrer población La Leonera in Chiguayante gekämpft. Kilometer, viele hundert werden es gewesen sein, hat sie zu Fuß zurückgelegt, um zu protestieren oder einfach nur, um ihre Mitstreiterinnen zu treffen. Denn häufig reichte ihr Geld nicht einmal für das Busticket. Und Elsa

---

2   Pacos, abfällig für Polizisten.

hat Angst um ihre beiden Töchter gehabt, die alleine zu Hause blieben, während die Mutter auf die Straße ging, um gegen den „Tyrannen Pinochet" zu demonstrieren. Die Demokratie hatte sie sich anders vorgestellt: freier, gerechter. Auch wenn ihr der Rücken schmerzt und ihr die Gesundheit arg zu schaffen macht, ihr Engagement für eine bessere Gesellschaft gibt sie nicht auf. „Ich bin erst still, wenn ich in der Kiste liege."

ELSA : Wir Frauen haben an der Besetzung von Straßen teilgenommen, wir haben Arztpraxen besetzt, das wird 1983 oder 1984 gewesen sein. Mein Kampf war immer auf der Straße. Dann kam der Tod von vielen compañeros: Kommunisten, Miristas, die compañeros, die sie in der Vega Monumental ermordet haben, am 23. August 1984[3]. Ich war damit beauftragt, den politischen Gefangenen, Männern und Frauen, Lebensmittel zukommen zu lassen. Wenn ich das heute analysiere, stelle ich fest, auch damals handelten wir mit viel Angst, denn die Furcht war immer da, aber es gab eine Verpflichtung, diese Dinge zu tun. Das heißt, trotz der Militärstiefel, trotz der Militärdiktatur musste man handeln und die Leute wachrütteln. Wir mussten auf die Straße gehen, auch wenn wir offensichtlich einem großen Risiko ausgesetzt waren. Ich wusste, wenn ich den Kampf nicht führte, würde kein anderer für mich einspringen. Ich hatte niemanden, der auf meine Kinder aufpasste, also traf ich alle möglichen Sicherheitsvorkehrungen und ließ meine beiden Töchter, eine war elf und die andere acht Jahre alt, alleine zu Hause.

Ich schrieb meine Gedanken auf, ich schrieb viele Gedichte, wenn ich mit dem Bus fuhr. Ich erinnere mich gut an eine Passage, die ich an meine Tochter richtete und in der es hieß: „Ich gehe heute fort, ohne zu wissen, ob ich wiederkomme. Ich weiß nicht, ob ich euch wiedersehe, aber ich habe die Gewissheit, dass, falls ich in diesem Kampf sterbe, euch jemand erzählt, wer eure Mutter war."

Die Armut in Chile ist heute getarnt, und die Mehrheit der Leute ist nicht in der Lage, das zu hinterfragen. Sie konsumieren, damit sie nicht arm wirken. Die Leute verdienen ein miserables Gehalt und nehmen einen Kredit auf, um dies zu kaschieren. Sie werden nervenkrank. Kein

---

3 Am 23. August 1984 wurden in Concepción und im benachbarten Hualpencillo drei Miristas auf offener Straße erschossen. Zwei von ihnen vor dem Großmarkt Vega Monumental.

Wunder, wenn sie nicht mehr ruhig schlafen. Dieses chilenische Volk ist depressiv. Dieses Land ist wegen seiner Wirtschaftssituation krank, in die sie uns hineingezwängt haben. Mich erinnern die Kreditkarten an die Bezahlung der Salpeter-Arbeiter in den Minen mit fichas, den Wertmarken. Wir sind in diese Zeiten zurückgekehrt, in denen sich die Leute nicht zu kämpfen trauen, weil die, die Arbeit haben und diese Karten nutzen, im Falle eines Streiks die Arbeit verlieren würden. Mit was sollen sie dann bezahlen? Jeden Tag kommen Vertreter der Warenhäuser Falabella, Ripley und París im Schutz der carabineros in die poblaciones, um den Leuten alles zu nehmen. Sie laden die Fernseher und Kühlschränke auf Lastwagen und fahren weg.

Es gab eine Aktion, die ich sehr bezeichnend finde und die mich heute zum Lachen bringt. Wir waren sieben Frauen, und wir haben 1985 oder 1986 im Barrio Norte eine Poliklinik besetzt. Denn wir hatten erfahren, dass sich Pinochet ein neues Haus kaufen wollte, und gleichzeitig wurde bekannt, dass sie den Kindern die Milchration reduzieren wollten. Wir sagten: „Jetzt reicht's!" Die Ration war fest eingeplant, damit die Kleinen ein paar Tage Milch hatten. Wir hatten so wenig Geld, dass wir anstatt Tee aufzubrühen, ein Stück Brot ankohlten und es ins Wasser warfen.

Wir druckten Flugblätter, Plakate und Flyer und machten uns auf den Weg zur Klinik. Wir traten als ganz normale Leute ein, gingen aufs Klo, setzten Mützen auf und versuchten, unsere Gesichter so gut wie möglich zu verdecken, denn sie hatten dort schon Leute, die darauf vorbereitet waren, mit Protestierenden umzugehen. Dann ging es los. Wir warfen die Flugblätter in die Höhe, klebten Plakate an und schrien, sie sollten uns nicht die Milch für unsere Kinder nehmen. Den anderen Frauen in der Praxis riefen wir zu, sie sollten sich organisieren, denn es reiche mit der Schamlosigkeit der Diktatur. Die carabineros wurden alarmiert. Wir zogen unsere Klamotten aus, warfen sie weg, und rannten los. Aber eine compañera hielten sie fest und warfen sie auf den Boden. Ich weiß, dass ich an der Tür einer Frau, die sich auf die compañera geworfen hatte, einen Tritt verpasste, dann nahm ich die Hand der Genossin und wir liefen davon. Im *Radio Bío-Bío*, das ist das Radio hier in der VIII. Region, wurden wir als Terroristen bezeichnet. Sie machten aus uns „Terroristinnen mit Maschinenpistolen in der Hand", die dort in das Sprechzimmer eingedrungen seien, um es zu überfallen und den Kindern die Milch zu rauben. (Elsa)

MIT DEM SCHIESSEISEN ZUM GOTTESDIENST

JUSTUS[4]: Eines Tages stand ich im Zimmer eines Freundes, den ich besuchen wollte, und sah dort eine ganze Menge Waffen. Also fragte ich: „Was ist denn hier los?" Mein Freund, der aus dem Bad kam erwiderte: „Was machst du hier? Jetzt hast du alles gesehen, wir müssen uns mal unterhalten." Also ging er mit mir ins Esszimmer und begann, mir alles zu erzählen. Er erklärte mir, warum er da mitmachte, und dass er nicht wolle, dass ich mich beteilige, weil ich noch so jung und unschuldig sei. Denn da ich Evangelist war, lebte ich in einer anderen Welt. Das war 1981 und ich war 13 Jahre alt. Es war, als ob ich aus den Fantasien meiner Kindheit gerissen wurde und plötzlich in einer ganz anderen Realität aufwachte. Mit einem Schlag kam die Erinnerung zurück: Unsere Familie war 1973 mit dem Bus durch die Stadt gefahren und wir sahen, als der Bus anhalten musste, im Fluss Mapocho Leichen treiben. Die Leute begannen zu weinen und zu schreien, andere forderten den Fahrer auf weiterzufahren, damit die Kinder das nicht sahen. Das alles fiel mir wieder ein, als ich mich mit meinem Freund unterhielt. Ich durchlebte ein paar Tage der Angst, bis wir die Unterhaltung fortführten und ich die Notwendigkeit spürte, mich am Kampf zu beteiligen.

Ein paar Jahre später geschah folgendes: Ich brachte mitunter verbotene Dinge nach Hause. Eines Tages, als ich außerhalb schlief, durchsuchten sie die población. Alles war voll mit pacos, milicos[5] und Geheimdienstlern, und ich hatte keine Chance mehr, nach Hause zu kommen, um dort die Dinge verschwinden zu lassen. Ich malte mir also aus, wie meine Familie festgenommen, ins Gefängnis gebracht oder vielleicht sogar umgebracht würde. Als dann alles vorbei war, bin ich wieder nach Hause gegangen, und meine Großmutter drückte mir ein Beutelchen mit meiner Pistole in die Hand. Das hatte sie in ihrem Bett versteckt, in dem sie während der Durchsuchung lag. Sie hatte als einzige geahnt, in was ich mittlerweile involviert war, und meine Sachen rechtzeitig versteckt.

Es gab verschiedene Formen, den Kampf zu unterstützen. Da ich hinter dieser Fassade des jungen, braven Buben lebte, der nicht gefährlich

---

4 Name geändert, 39 Jahre alt.
5 Milicos, abfällig für Militärs.

aussah, aus einer evangelischen Familie kam, der zur Kirche ging und in der Gemeinde arbeitete, bin ich viel mit meinem Rad in der población unterwegs gewesen, die Bibel in der Hand, die Knarre im Rucksack. Keiner konnte sich vorstellen, dass so ein schmächtiges Kerlchen einen militanten, revolutionären Charakter haben könnte. Meine Freundin hat mich unterstützt, auch wenn sie kein Mitglied einer Organisation war. Ich habe ihr vertraut. Manchmal hat sie mich mit dem Fahrrad begleitet und trug auch einen Rucksack mit Waffen. Oder sie hat auf mich gewartet, damit wir zusammen abhauen konnten. Ihre Mutter hat einmal in ihrem Haus Dinge von mir gefunden und mir dann die Ohren lang gezogen, ich solle das Zeug nicht mehr in ihr Haus bringen.

Schlimm war, als mein kleiner Bruder einen Finger verlor. Ich hatte zu Hause einen Schrank, den ich gewöhnlich abschloss. Zu dieser Zeit kam ich eigentlich nur nach Hause, um zu duschen, meine Kleidung zu wechseln und um etwas zu essen. Oft schlief ich nicht einmal zu Hause. Aber die Dinge, die ich benutzte, bewahrte ich dort auf. Eines Tages verließ ich das Haus, ohne meinen Schrank abzuschließen, und ging zu meiner Freundin. Dort suchten mich die Nachbarn eine halbe Stunde später auf und sagten mir, dass mein Bruder etwas aus meiner Schachtel genommen habe und etwas Heftiges passiert sei. Ich rannte nach Hause und dachte, er habe sich in die Luft gesprengt. Aber er hatte nur eine Waffe genommen, damit gespielt und sich in den Finger geschossen. Alle Nachbarn waren zusammengelaufen, da war es dann vorbei mit meinem unauffälligen Leben dort in der Straße, wo ich als braves Kind, das regelmäßig zur Kirche geht, bekannt war. Jetzt wussten alle, dass ich mit einem Schießeisen rumlaufe. Ich musste wegziehen und in einem anderen Viertel leben.

Justus antwortet auf die Frage, ob es für ihn kein Widerspruch war, als gläubiger Christ bewaffnet zu kämpfen, schließlich verlange ja die Bibel unter anderem, seine Feinde zu lieben: „Ich bin, was die Menschenrechte und die Hilfe für die Gemeinschaft anbelangt, in einer progressiven Kirche aufgewachsen, in der die Nächstenliebe das Fundament für das Wachsen des Geistes darstellt. All das musste Fleisch werden, das heißt, aus dem Wort musste Fleisch werden. Die Frage war also, wie kann ich, wenn ich Menschenrechte predige, das Menschliche schützen, wie schütze ich die, die um mich herum leben. Meine Interpretation war, dass ich selbst Teil dieses Schutzes werden musste, und dieser Schutz bestand in der Konfrontation. Ich beschützte mein Haus, und ich schützte es mit allem, was ich hatte. Wir wurden politische, soziale, militante Christen. Wenn uns unsere Feinde angreifen, dann halte ich ihnen eine Wange hin und auch die andere, aber irgendwann ist auch mal Schluss. Ich empfinde das nicht als Widerspruch, denn es war ein Kampf, den man führen musste. Es gab eine Vielzahl von Möglichkeiten, Widerstand zu leisten. Eine davon war die des bewaffneten Kampfes. Alle Formen ergänzten sich."

Die poblaciones waren Lebensraum, Kampfzone, sozialer Raum, Rekrutierungsort und Schicksalsgemeinschaft zugleich. Von der praktizierten Solidarität, die an vielen Orten gang und gäbe war und sich nicht nur auf die Suppenküchen beschränkte, sondern wie in La Victoria auch dazu führte, dass sich die Erwachsenen gemeinsam vor Weihnachten überlegten, wie sie allen Kindern zusammen eine Freude machen konnten, ist heute nur noch wenig übrig. Individualismus und Konsumismus haben längst in den poblaciones die Oberhand gewonnen. Kredite machen dies möglich, wenngleich sich die Menschen schnell ver- und überschulden. Drogen und Drogenkriminalität machen vielen poblaciones zu schaffen. Der Verlockung, mit dem Verkauf von Drogen schnell zu Geld zu kommen, können etliche nicht widerstehen. Die negativen Auswirkungen von Drogen auf das Gemeinwesen sind vielfältig. Beschaffungskriminalität und Erpressbarkeit generieren ein Klima des Misstrauens, das auch Auswirkungen auf die politisch-organisierte Arbeit hat. „Früher hatten wir die Diktatur, heute haben wir die Drogen" oder „die poblaciones sind von Dealern besetzt", sind nur zwei Einschätzungen von Aktivisten, die auf sehr zugespitzte und zugegebenermaßen sehr vereinfachende Weise das Problem beschreiben.

Dass sich in den poblaciones Frustration und Perspektivlosigkeit breit gemacht haben, hängt damit zusammen, dass weder die politischen noch die sozialen Versprechen während des Übergangs zur Demokratie erfüllt wurden. Bewohner der poblaciones sind medizinisch schlechter versorgt, ihre Kinder haben nicht die gleichen Möglichkeiten, sich zu bilden, die Wohnverhältnisse sind mitunter prekär. Mit der Parole „Jetzt kommt die Fröhlichkeit" war die Concertación angetreten, für die neue Ära der Demokratie zu werben. Die Enttäuschung über die demokratischen Parteien der Concertación hat das verstärkte Engagement der

Rechten in manchen poblaciones auf fruchtbaren Boden fallen lassen. Die UDI konnte einige poblaciones für sich gewinnen.

Doch einige der Probleme waren hausgemacht: Schon während der 80er Jahre hatten die sozialen Bewegungen innerhalb der poblaciones an Autonomie gegenüber den politischen Parteien eingebüßt. Diese Tendenz nahm zu, als sich alle Energie auf den Plebiszit und anschließend auf die ersten demokratischen Wahlen konzentrierte. Während der transición war das Mobilisierungspotenzial der poblaciones außerhalb der Wahlkämpfe ohnehin nicht mehr gefragt. Auch die Kommunistische Partei vernachlässigte in den folgenden Jahren die Viertel und die Basisarbeit, ihr Einfluss in den poblaciones schwand. Mittlerweile lässt sich in der allgemeinen Phase der Reorganisierung der Linken eine Zunahme an Aktivitäten innerhalb der poblaciones und der tomas (nicht legalisierte besetzte Gelände) feststellen. In der letzten Zeit ist wieder ein stärkeres Engagement von sozialen. kulturellen und politischen Gruppen in den Vierteln zu beobachten. Die Proteste der Schüler im Jahr 2006 dürften auch neue Impulse in die poblaciones getragen haben, und dies auf zweifache Weise: Zum einen ist im Allgemeinen die Resignation der Aufbruchstimmung gewichen, zum anderen haben auch Jungen und Mädchen aus den poblaciones in ihren Schulen gesehen, dass sie sich zur Wehr setzen können. Gut möglich, dass sie diese Erfahrung auch nach Hause tragen.

FRAUEN IM AUFBRUCH – ROLLEN IM UMBRUCH

Frauen haben in verschiedenen Bereichen der chilenischen Gesellschaft Widerstand geleistet. Weil in der Zeit vor der Diktatur vor allem die Männer die politisch Aktiven waren, kam den Frauen nach dem Putsch eine neue Rolle zu: Sie bemühten sich als Angehörige oder Ehefrauen, etwas über den Verbleib der Verschwundenen und Verhafteten zu erfahren. Auch im weiteren Verlauf der Widerstandsgeschichte nahmen Frauen mitunter andere Rollen ein als Männer, oder sie hatten mit spezifischen Schwierigkeiten zu kämpfen, wenn sie die selben Aufgaben wie ihre compañeros übernahmen.

Chile ist ein Land, in dem die katholische Kirche einen starken Einfluss auf die öffentliche Meinung geltend macht und versucht, öffentliche Diskussionen zu unterdrücken. Deutlich wurde dies im Jahr 2006 etwa bei der Diskussion darüber, ob staatliche Stellen Mädchen, die 14 Jahre und älter sind, ohne die Zustimmung der Eltern die Pille danach ausgeben dürfen. Die Kirche wandte sich gegen dieses Mittel, ungewollte Schwangerschaften zu verhindern. Zudem spricht sie sich gegen Sexualerziehung und Verhütungsmittel aus. Enthaltsamkeit vor der Ehe wäre somit für junge Chileninnen und Chilenen die einzige anerkannte Methode, unerwünschten Schwangerschaften vorzubeugen. Für viele keine wirkliche Option. Bei der Pille danach und in der Frage der erst seit 2004 legalisierten Scheidung musste die Kirche, die sich nach dem Ende der Diktatur deutlich nach rechts bewegte, Niederlagen hinnehmen. Beim Thema Abtreibung konnte sich die Kirche bislang jedoch behaupten: Schwangerschaftsabbrüche sind in allen Fällen verboten, selbst wenn das Leben der Mutter in Gefahr ist. Was natürlich nicht bedeutet, dass es Abtreibungen nicht gibt. Frauen, die es sich leisten können, fahren ins Ausland, um die Abtreibung dort vornehmen zu lassen, oder sie wird in Privatkliniken mit Hilfe einer anderen Diagnose durchgeführt.

Das klassische Rollenverständnis ist indes nicht nur innerhalb der katholischen Gemeinde vorhanden. Auch in der Linken ist es weit ver-

breitet, dass sich die Frau um die Familie zu kümmern hat. Dass ein Mann zu Hause bleibt und die Kinder versorgt, während die Frau zu einer Veranstaltung der Partei geht, ist in diesem Konzept nicht vorgesehen. Dennoch verändern sich Rollen- und Geschlechterverständnis. So gibt es eine wachsende Community von sich öffentlich bekennenden homosexuellen Männern und Frauen sowie von sich zunehmend vernetzenden Transgender. Trotz der in weiten Teilen der Bevölkerung herrschenden Ressentiments gegen Schwule und Lesben kommt es bei ihren Paraden nicht zu gewaltsamen Übergriffen von staatlichen Stellen oder religiös-fundamentalistischen Gruppen, wie sie in den vergangenen Jahren aus Osteuropa gemeldet wurden. Von beinahe wöchentlich stattfindenden Angriffen auf Transgender-Sexarbeiterinnen wird indes aus Valparaíso berichtet. Bis der Machismo überwunden ist, muss noch einen langen Weg zurücklegen. Dass mit Michelle Bachelet eine Frau an der Spitze des Staates steht, ist vor allem von symbolischer Bedeutung. Doch die Gefahr, dass sich nun viele mit dem Erreichten zufrieden geben und zurücklehnen, ist groß.

AUF DER SUCHE NACH MANN, SOHN, BRUDER

Ein Teil der Frauen, die Widerstand gegen die Diktatur leisteten, war schon zu Zeiten der Unidad Popular oder davor politisch aktiv. Für diese Frauen brach, wie für die männlichen compañeros auch, mit dem Putsch eine Welt zusammen. Sie waren direkter Verfolgung ausgesetzt, von Folter und Mord bedroht. Sie hatten, wie die Männer, drei Optionen: sich anpassen, im Untergrund weiterkämpfen oder das Land verlassen. Auf die Wucht und Brutalität des Putsches waren selbst politische Kader nicht gefasst. Die Männer und Frauen an der Basis sahen sich der neuen Situation hilf- und orientierungslos gegenüber. Die Strukturen der politischen Organisationen funktionierten nicht mehr. Dennoch hatten Männer und Frauen mit politischer Erfahrung einen gewissen Vorteil: Sie konnten sich zumindest erklären, was in ihrem Land vor sich ging, wenngleich das Geschehen ihre schlimmsten Vorstellungen übertraf. Völlig unvorbereitet wurden indes Ehefrauen und Mütter, deren Männer oder Söhne Opfer der Repression wurden, mit der neuen Realität konfrontiert.[1] Diese Frauen begannen, mitunter ohne jegliche Erfahrung und ohne Rückhalt einer Organisation oder Partei, nach ihren Angehörigen zu suchen. Nicht selten waren diese Bemühungen erfolglos. Eine Frau schilderte mir, wie sie sich als Minderjährige nach dem Putsch jeden Tag aufs Neue in Arica auf die Suche nach ihren Brüdern machte und die Stationen Kaserne, Gefängnis und Polizeiwache abklapperte. Die Prozedur sei immer die selbe gewesen: anstellen und warten, weggeschickt werden, sich weigern zu gehen, hinausgeprügelt zu werden. Diese Erfahrung habe sie mit Hunderten in ihrer Stadt geteilt. Schwestern, Ehefrauen und Mütter schlossen sich zusammen und wurden politisch aktiv. Sie entdeckten dabei Fähigkeiten an sich, die bislang brachlagen: Sie mussten politische Veranstaltungen und Demonstrationen organisieren, öffentlich reden und sich gegenüber staatlichen Institutionen behaupten. In Arica gründeten sich die Frauen in Trauer, die bei jedem offiziellen Besuch von Vertretern des Militärs öffentlich Aufklärung über das Schicksal der Ihren forderten.

Die Wirtschaftskrise zu Beginn der 80er Jahre führte zu einem Wiederaufleben sozialer Bewegungen. Der Beitrag der Frauen zu den sozialen Kämpfen beschränkte sich keineswegs auf die Arbeit in den Suppenküchen. In allen Bereichen des Widerstands, einschließlich des bewaffneten Kampfes, waren in den 80er Jahren Frauen aktiv. Allerdings gab es sehr wohl Unterschiede in den Zuständigkeiten. Frauen in den bewaffneten Einheiten waren eher die Ausnahme, sie wurden stärker im Sanitätsbereich eingesetzt. Egal in welchem Bereich des Widerstands ein Paar aktiv war, es oblag in aller Regel der Frau, die Verantwortung für die Kinder zu übernehmen.

EINE NEUE GENERATION VON FEMINISTINNEN

In den Frauenorganisationen und -netzwerken wurde begonnen, über das bisherige Rollenverhalten zu diskutieren und das Verhalten der männlichen Genossen zu kritisieren. Insgesamt lässt sich sagen, dass mit der neuerlichen Politisierung und Organisierung der chilenischen Gesellschaft auch die Frauen politischer wurden und sich besser orga-

---

1 Siehe auch das nachfolgende Kapitel „*Viele Lebensprojekte sind auf dem Müll gelandet*".

nisierten. Zudem bildeten sich in jener Zeit feministische Gruppen. Sie ereilte nach Ansicht von Antonieta Vera von der Coordinadora Feministas Jovenes, der Koordination Junger Feministinnen, das Schicksal aller sozialer Bewegungen in der transición: Sie verloren in der Demokratie an Bedeutung und Einfluss. Unter anderem deshalb, weil es der Concertación gelang, den Schein zu erwecken, nun werde sich von Regierungsseite aus der brennenden Themen angenommen. Dass im Januar 2006 das erste Mal in der Geschichte Chiles eine Präsidentin gewählt wurde, mag den Eindruck verstärken, den Frauen stünden die gleichen Rechte zu und Möglichkeiten offen wie Männern. Doch Frauen werden in der Arbeitswelt häufig noch immer nicht wahrgenommen. Frauen leiden stark an innerfamiliärer Gewalt und werden Opfer von Eifersuchtstaten (Antonieta gibt die Zahl von Todesopfern mit 80 pro Jahr an).

Die Feministin sieht in einigen der Frauenorganisationen wie dem „Netz der Frauen von Loa"[2] nur wenig Progressives und kritisiert deren Ansatz als *mujerismo,* was sich vielleicht mit *Frauentum* übersetzen ließe. Dabei würden die traditionell den Frauen zugeschriebenen Eigenschaften betont, die patriarchale Struktur der chilenischen Gesellschaft jedoch nicht in Frage gestellt. Antonieta hatte es aus Santiago für ein Jahr nach Calama, die Stadt des Kupfers, verschlagen. Feministische Mitstreiterinnen fand sie in dieser Stadt nicht.

ANTONIETA : Das, was mir hier noch am nächsten ist, nennt sich „Netz der Frauen von Loa", das eine Schule für Funktionärinnen und Führungskräfte in den verschiedenen Frauenorganisationen aufbaut, an der ich unterrichte. Aber die Organisation erfüllt weder meine Erwartungen noch meine Forderungen. Es ist eine Organisation, die in gewisser Weise sehr zufrieden damit ist, dass es Frauen an der Macht gibt, etwa als Gouverneurin oder als Bürgermeisterin. Für mich ist das ein Schritt, der allerdings nicht notwendigerweise irgendetwas Emanzipatorisches impliziert. Genau wie die Tatsache, dass Michelle Bachelet Präsidentin ist: Symbolisch ist sie sehr mächtig, und dass die Jungen und Mädchen mit dem Bild aufwachsen, dass auch eine Frau Präsident werden kann, ist wichtig. Aber daraus entwickelt sich nicht zwangsläufig eine bessere Politik.

---

2 Vgl. das Interview mit Maria Robles im Kapitel über den Norden *Zwischen Wüste und Freihafen.*

Zudem schätzt das „Netz der Frauen von Loa" das Weibliche in Verbindung mit der Familie wert, das heißt, hinter der Frau steht die Familie. Die Frauen halten die Familie zusammen, und das macht ihren Wert aus. Ohne Familie haben sie kaum einen Wert. Das ist das, was wir Feministinnen *mujerismo* nennen. Ich glaube, dass *mujerismo*, wenn auch auf einer ganz anderen Ebene als der Katholizismus, ein Gegner des Feminismus sein kann. Denn auf eine gewisse Weise zielt er auf eine Identität der Frau als Mutter, und darüber hinaus auf ein traditionelles Verständnis von Mutterschaft. Viele Frauenorganisationen organisieren sich rund um dieses Ideal: „Wir sind wertvoll, weil wir Mütter sind." Das war auch während der Diktatur so. Die Familien der Verhafteten und Verschwundenen sind Organisationen von Frauen, wie die Mütter der Plaza de Mayo in Argentinien. Ihre Motivation entspringt ihrer Mutterrolle. Sie gehen auf die Straße, um mit den Töpfen zu schlagen, wenn der Familie Essen fehlt. Sie gehen auf die Straße, wenn Angehörige sterben. Aber sie gehen nicht für sich selbst auf die Straße. Sie tun es für andere.

In der Linken und in den traditionellen linken Parteien – ich identifiziere mich am ehesten mit der Kommunistischen Partei – hat es viele Fehler hinsichtlich Gleichheit, Gender und Feminismus gegeben. Das wurde lange Zeit nicht wahrgenommen. Erst seit kurzem ändert sich das. Ich war Kandidatin für das Bündnis Juntos podemos más (Zusammen können wir mehr erreichen), eine Allianz unterschiedlicher Linken außerhalb der Concertación. Was mir zur Kandidatur verhalf, war, dass die Linke in Chile seit kurzem darüber nachdenkt, Forderungen unterschiedlicher Gruppen aufzugreifen, Forderungen der Indigenen, der Umweltschützer, der Frauen … Die marxistische Linke hat das Problem mit dem Hauptwiderspruch, dem der Klasse, und alle anderen Fragen sind diesem untergeordnet. Jetzt scheint sich jedoch ein Raum zu öffnen, uns als Linke selbstkritisch zu betrachten und dann echte Allianzen mit den unterschiedlichen Gruppen einzugehen.

Antonietas Anliegen ist es, feministische Politik für junge Frauen attraktiver zu machen. Für Antonieta gibt es grundsätzlich zwei Ebenen des feministischen Handelns: die des Subjekts, das sich über eigene Bedürfnisse klar werden und diese dann im persönlichen Umfeld, etwa in der Partnerschaft, umsetzen muss. „Das ist der Bereich, wo wir als Feministinnen dann immer als ein wenig kompliziert gelten. Es ist schwer, einen Partner zu finden, der zu dir hält. Und es ist schwer, dass deine Familie dich unterstützt. Es ist schwer, aber es ist sehr unterhaltsam. Deshalb glaube ich, Feminismus ist eine Form, uns glücklich zu machen." Die andere Ebene ist die politische. Als Hauptwidersacher sieht die Feministin dabei einen wichtigen Teil der chilenischen Elite, den sie als „reich, mächtig und katholisch-fundamentalistisch" beschreibt. 2006 lösten Antonieta und eine Mitstreiterin in Calama einen handfesten Eklat aus. Die beiden verteilten in der Nähe städtischer und katholischer Mädchenschulen Postkarten, die über die sexuelle Selbstbestimmung, den Gebrauch von Kondomen, internationale Frauensolidarität und Gender informierten. Auf einer Postkarte waren zwei Mädchen in Schuluniform zu sehen, die sich küssen. Auf der Rückseite stand ein Text, der wie folgt endete: „Wir gegen davon aus, dass Erotik divers ist und dass diese Diversität nicht zensierbar, sondern reich, komplex und herausfordernd ist. In dieser Welt haben die Wünsche von jeder und jedem Platz. Lesbisch? ... Mit Vergnügen." Die lokale Ausgabe der Tageszeitung *El Mercurio* bezeichnete die Aktion als „Propaganda für das Lesbentum", Schulleitung und Eltern kündigten juristische Schritte an, um die Schülerinnen zu schützen. Man habe sich mit der Polizei kurzgeschlossen, um im Falle eines erneuten Verteilens von Flugblättern „der Verantwortlichen habhaft zu werden".

B.S.: Was war das Ziel der Aktion?

Antonieta: Das Ziel dieser Aktion war es, Postkarten zu verteilen, die mit einem Bild und einem Text versehen waren. Es waren hübsche Postkarten, die den Mädchen gefielen, aber die komplizierte Themen behandelten: die sexuelle Diversität, die Autoerotik, die Masturbation, das Kondom, Aids. Das sind Themen, über die man in einer chilenischen Schule nicht spricht. In Chile gibt es wenig Aufklärung, und noch weniger in den katholischen Schulen. Die Mädchen haben die Postkarten sehr gut angenommen. Sie sagten uns: „Ich habe niemanden, mit dem ich über diese Themen sprechen kann. Ich kann sie nicht mit meinen Eltern besprechen, und hier in der Schule ist es, als ob es eine Sünde wäre. Wie schön, dass wir darüber reden können." Unser Anliegen war nicht, dass die Mädchen in unsere Organisation eintreten, sondern wir wollten vielmehr einen Impuls geben. Einen Impuls für eine Debatte, einen Impuls nachzudenken, einen Impuls, sich ein paar Fragen zu stellen.

Haben dich die heftigen Reaktionen überrascht?

Ja, auf jeden Fall. Ich hatte mir zwar schon ein Bild von der Realität der Frauen hier in Calama gemacht, aber ich hätte nie gedacht, dass die Reaktion so ignorant ausfallen würde. Wie ich dir gesagt habe, behandelten wir mit den Postkarten verschiedene Themen, und die Überschrift im *Mercurio de Calama* war: „Sie werben für lesbische Liebe vor der katholischen Schule." Also ganz offensichtlich, war die Beziehung von zwei Frauen ein Tabu. Viel akzeptierter sind zwei Männer zusammen. Aber zwei Frauen? Nein, das darf nicht sein! Mich hat sowohl die Ignoranz als auch die Intoleranz überrascht. Ich wurde dann von einem lokalen Radiosender eingeladen, um über das Thema zu sprechen. Hier dreht sich alles um Macht. Da ich Psychologin der Katholischen Universität und Magistra in Gender-Forschung und in Politischer Philosophie bin, haben sie mir Aufmerksamkeit geschenkt. Wenn ich jedoch irgendeine Frau aus einer población gewesen wäre, die dies mit der gleichen politischen Leidenschaft aber ohne diese Titel gemacht hätte, dann hätten sie mir niemals zugehört. Eine lesbische Frau aus einem Armenviertel hätte nicht diese Möglichkeiten gehabt. Das ist traurig. Letztendlich unterliegt alles dem Code der Macht, vor allem hier in Calama.

KAMPF GEGEN DISKRIMINIERUNG

Nicht nur in Calama bleibt einiges zu tun. Dennoch sind Veränderungen im Geschlechterverhältnis und -verständnis zu beobachten. Ein Prozess der mitnichten nur den Vertretern der katholischen Kirche und ihren Anhängern einiges abverlangt. Auch die traditionelle Linke muss, wie Antonieta andeutete, beginnen umzudenken und sich für Menschen zu öffnen, die andere Lebensentwürfe haben. Dass sich in der chilenischen Gesellschaft etwas verändert, ist der Ausdauer unterschiedlicher Initiativen innerhalb und außerhalb der Universitäten zu verdanken. Mitunter werden akademische und lebensweltliche Ansätze zusammengeführt. Im Oktober 2006 kamen zum Beispiel bei einem Kongress in der Universität Arcis[3] in Santiago Transgender aus allen Teilen des Landes

---

3 Die Universität Arcis ist als private Universität linker Gruppen und Parteien (u. a. einiger Miristas und Kommunisten) gestartet. Auf Grund inhaltlicher Differenzen innerhalb des Direktoriums sowie massiver wirtschaftlicher Probleme wurde begonnen, die U-Arcis umzubauen. Kritiker werfen der Leitung vor, spätestens mit diesem Umbau das politische Projekt aufgegeben zu haben.

zusammen, um sich über die Erfahrungen während der Demokratie austauschten. Bei dieser Gelegenheit sprach ich mit Zuliana Araya Gutierrez, Präsidentin der *Alianza Trans* aus Valparaiso.

ZULIANA :   Während der Diktatur erlebten wir als Homosexuelle eine absolute Diskriminierung. Wir wurden verfolgt und in den Polizeiwachen misshandelt. Ich bin 42 Jahre alt und seit 29 Jahren arbeite ich auf der Straße. Wir konnten nicht an der Straßenecke arbeiten, wir konnten uns nicht wie Frauen kleiden und wir konnten kein Silicon verwenden. Wenn sie uns in Frauenkleider erwischten, misshandelten sie uns. Das war eine furchtbare Diskriminierung, die sich bis in die Gegenwart fortgesetzt hat. Es ist erst fünf Jahre her, dass für uns die Diktatur endete und die Demokratie begann, weil wir uns von diesem Zeitpunkt an organisieren konnten. Wir haben regionale Organisationen ins Leben gerufen und arbeiten mit der Regierung zusammen, wenn auch noch nicht in dem Umfang, wie es wünschenswert wäre.

Ich selbst definiere mich als Transgender, das ist ein Transvestit, der Silicon in seinem Körper hat. Während der Diktatur musste ich das verstecken, insbesondere vor der Polizei. Ich wurde einmal für einen Monat eingesperrt, weil ich als Frau gekleidet war. In jener Zeit hatten wir keine Organisation. Man gestattete uns gar nichts. Wir haben alle alleine gearbeitet, ohne von irgendjemanden unterstützt zu werden. Die Veränderungen begannen 2000, als sich die erste Gewerkschaft gründete, damals noch für Transvestiten, heute für Transgender. Im ganzen Land gibt es tausende Transsexuelle, doch ist es schwer, die Zahl genau zu bestimmen.

Wir leiden heute unter den Attacken der Neonazis: Jedes Wochenende werden wir in Valparaíso von ihnen angegriffen. Manchmal sind es 15, 20 oder 30, die unterwegs sind. Wenn wir nur ein kleines Grüppchen sind, müssen wir wegrennen. Sie haben Totschläger und andere Waffen dabei. Weder die Polizei noch die Gerichte unterstützen uns, wenn wir Anzeige erstatten. Ich träume davon, dass wir unsere eigenen Kleinunternehmen eröffnen, auf eigene Rechnung arbeiten können und unsere eigenen Chefinnen sind. Und dass sich alle Organisationen zusammenschließen, in denen wir arbeiten. Zurzeit gibt es 15 Organisationen im Land. Ich wünsche mir, dass wir kooperieren und die Rivalitäten aufhören. Bei diesem Kongress sind alle Organisationen aus Chile zusammen gekommen. Hier haben wir die Möglichkeit, über unsere Probleme zu sprechen: die Diskriminierung, die besteht, was wir von der Regierung erwarten können und was wir tun können.

Auch wenn in großen Teilen der Linken noch immer der Hauptwiderspruch zwischen Arbeit und Kapital hochgehalten wird, sind mittlerweile weitere Widersprüche sichtbar geworden und haben sich die Kampfplätze vervielfacht. Unter dem Einfluss der katholischen Kirche leiden nicht nur Frauen, die sich nicht auf eine ihnen traditionell zugeschriebene Rolle reduzieren lassen wollen, oder Feministinnen, sondern auch Homosexuelle und Transgender. Dass es möglich ist, im Zentrum Santiagos zu demonstrieren, zeigt, dass sich die chilenische Gesellschaft trotz ihres konservativen Familienbildes und der militaristischen Tradition eines nicht unerheblichen gesellschaftlichen Sektors weiterentwickelt hat. Mit dieser Entwicklung sind nicht alle einverstanden, die regelmäßigen Angriffe von Neonazis in Valparaíso sind nur ein Zeichen dafür. Damit, dass offen bekennende Schwule in politischen Zusammenhängen mitarbeiten, haben etliche Linke Probleme, aller anders lautenden Bekenntnissen zum Trotz. Die Szenen sind in der Regel isoliert voneinander. Personen wie der Schriftsteller Pedro Lemebel sind die großen Ausnahmen. Als Homosexueller, Kommunist und Kolumnist der Wochenzeitung *La Nación Domingo* bezieht er zu politischen Themen und den Verbrechen der Militärdiktatur regelmäßig Stellung. Zudem nimmt er aktiv bei Demonstrationen gegen Folterer und Mörder des Militärregimes teil. Er genießt als „Tunte von der Front" Anerkennung und überwindet die Grenzen zwischen den unterschiedlichen Gruppen.

„VIELE LEBENSPROJEKTE
SIND AUF DEM MÜLL GELANDET"

Elsa kocht noch heute, 16 Jahre nach Ende der Diktatur, immer für zwei Tage im Voraus – man weiß ja nie. Und sie macht sich bis zum heutigen Tag Vorwürfe, weil sie ihre Töchter alleine gelassen hat, wenn sie zu den Demonstrationen ging. Juanita wollte eigentlich mehr Kinder haben, doch sie hat sich dagegen entschieden, wegen der Diktatur und der Erfahrung, dass sie und ihr damaliger Partner gleichzeitig vom Geheimdienst in Haft genommen wurden: „Ich habe eine Tochter, eine einzige Tochter. Dafür hatte ich mich entschieden, denn wenn dein Leben ständig in Gefahr ist, kannst du nicht viele Kinder haben, die dann in dieser Welt alleine wären."

Auf vielerlei Weise leiden Traumatisierte, jene, die am eigenen Leib Folter und Verfolgung erlebt haben, und jene, denen geliebte Menschen entrissen wurden, bis zum heutigen Tag an den Folgen dieser Erfahrungen. Furchtbar ist die Lage für all jene, die noch immer keine Klarheit über das Schicksal ihrer Nächsten erlangen konnten. Das Militär machte sein Versprechen nicht wahr, bei der Aufklärung der Schicksale von Verschwundenen mitzuhelfen. Angehörige, so weiß man, erkranken häufiger an Krebs, denn ihr körpereigenes Abwehrsystem ist durch die Schicksalsschläge geschwächt. Zu körperlichen Erkrankungen kommen jene an Seele und Geist. Viele Menschen – wer kann schon sagen wie viele – sind durch die Diktatur aus der Bahn geworfen worden, haben ihre Zeit im Untergrund nicht unbeschadet überstanden. 16 Jahre nach Ende der Diktatur habe ich Menschen getroffen, die es bislang noch nicht geschafft haben, sich wegen ihrer Traumata, die sie in der Folter erlitten haben, in Behandlung zu begeben. Die meisten meiner Gesprächspartner und -partnerinnen hätte ich im Schnitt zehn Jahre älter geschätzt, als sie wirklich sind. Ihre Erfahrungen, ihre Qualen haben sie schneller altern lassen.

Es geht jedoch nicht immer um Leben und Tod, Gesundheit oder Krankheit, Exil oder Ausharren. Viele meiner Gesprächspartner mussten wegen des Putsches ihr Studium abbrechen, andere hatten nie die

Möglichkeit, auf eine Universität zu gehen, weil ihre Familien zu arm waren. Wieder andere widmeten ihre Jugend vollständig dem Widerstand gegen Pinochet. Erst in Zeiten der Demokratie nahmen sie ihr Studium wieder auf. Wer sich mit 13 Jahren dem (bewaffneten) Widerstand anschloss, tat nicht nur einen Schritt in die Illegalität, sondern er schritt von der Kindheit direkt in die Welt der Erwachsenen, in der jede Entscheidung, jeder Irrtum weit reichende Konsequenzen hatte. Auch für die, die das Land verließen, war der Albtraum nicht vorbei. Wie stark muss die Angst sein, wenn eine Chilenin, die den Putsch von 1973 erlebt hat und kurze Zeit später nach Deutschland kam, noch dreißig Jahre später in ihrem Wohnort – einer Gemeinde in der Nähe Frankfurts – Wahlwerbung für die SPD nur nachts verteilt, weil man Politisches nicht öffentlich macht?

3000 Exekutierte, 2000 Verschwundene, 35.000 Folteropfer, mehr als eine halbe Million Menschen, die das Land verlassen haben.[1] Das sind die Eckdaten der Militärdiktatur von 1973 bis 1990. Jedes Schicksal ist ein Einzelschicksal, in Chile gibt es tausende davon. Es gibt Geschichten, die können einen schon beim Zuhören zur Verzweiflung oder zur Raserei bringen. Andere sind unspektakulär, erschreckend unspektakulär.

Clarks Leben, 32, wurde vom ersten Moment an von der Diktatur geprägt: „Ich bin am 25. Februar 1974 geboren worden, in einem Viertel, das sich Marchasa nennt, der Industriesektor Santiagos, in dem etwa siebentausend Leute lebten. Sieben Monate nach dem Putsch versuchten die Sicherheitskräfte, bei der Gewerkschaft von Marchasa y Alur einzudringen, in deren Nähe eine Passage ist, in der meine Familie lebte. Einen Tag vor meiner Geburt begann eine bewaffnete Auseinandersetzung. Bis zum heutigen Tage sind dort die Einschusslöcher zu sehen. Die Arschlöcher haben geschossen. Morgens um fünf begannen bei meiner Mutter die Wehen einzusetzen. Mein Onkel ist also mit einer weißen Fahne zu den Militärs an der Ecke gelaufen. Aber sie stellten das Feuer nicht ein. Also hat mein Vater mir selbst die Nabelschnur durchtrennt. Wir sind eine Familie vom Lande, doch all meine Geschwister

---

1 Die Zahlen variieren, es gibt Schätzungen, dass eine Million Chilenen aus politischen und ökonomischen Gründen ins Exil gegangen sind, Organisationen, die Folteropfer betreuen, gehen davon aus, dass mindestens 200.000 Menschen gefoltert wurden (vgl. *Reflexión. Derechos Humanos y Salud Mental,* Nr. 31, Santiago, Dezember 2005).

sind im Krankenhaus geboren. Nur ich kam, wegen Pinochet, zu Hause auf die Welt und das, obwohl wir in der Hauptstadt lebten.

1980, als Pinochet die neue Verfassung erließ, ließen sie uns Schüler zum Jubeln aufmarschieren. Ich weiß nicht mehr, wo das war, aber ich glaube, es war im Nationalstadion. Sie gaben uns ein Tütchen, denn sie wussten, dass wir Hunger litten. Das Tütchen enthielt einen „Super Ocho"-Schokoriegel, einen Keks, eine Apfelsine, irgendwelches essbares Zeugs. Es war wie ein Geburtstagsgeschenk. Dann schenkten sie uns eine Kokarde mit der Aufschrift: ,Es lebe die Verfassung von 1980'."

Ein Chilene, den ich in der Lobby eines Hotels traf, wo es uns hin verschlug, weil unser Flugzeug wegen technischer Probleme nicht starten konnte, erzählte mir die Geschichte seiner Familie. Nur wenige Wochen hätten ihm im September 1973 noch gefehlt, um sein Medizinstudium abzuschließen. Doch dann kam der Putsch. Als Mitglied der Kommunistischen Jugend war es ihm verwehrt, weiter zur Uni zu gehen. Ein Jahr später, 1974, schrieb er sich erneut ein, begann Chemie zu studieren und wurde Ingenieur. Mitglied in einer Partei oder einer politischen Organisation wurde er nie wieder, aus Angst. Sein Leben ging also weiter, aber war es noch sein Leben? Ein paar Jahre später wurde seine Frau, die in einer Schule arbeitete und als Linke galt, aus dem Schuldienst entlassen, wie 8000 ihrer Kolleginnen und Kollegen auch. Die Frau stürzte in eine tiefe Krise. Man habe sich, damit das Leben für die Frau wieder einen Sinn bekomme und sie nicht zum untätigen Herumhängen zu Hause verdammt bliebe, entschieden, ein weiteres Kind zu bekommen, erzählt der Chilene in der Hotelbar. Die dritte Tochter, das Nesthäkchen, sei also letztlich wegen Pinochet auf der Welt.

Gloria Bohn treffe ich in ihrem Büro in Castro. Wir kennen uns nicht, ich komme auf Empfehlung einer gemeinsamen Bekannten. Büro und Gesprächssituation sind sachlich. Gloria Bohn hat sich von der politisch unbedarften jungen Mutter zu einer politisch bewussten Frau gewandelt, die sich heute für die Partei Für Demokratie (PPD) engagiert. Ich ahne am Anfang des Gesprächs nicht, in welche Abgründe mich Gloria führen wird.

Als Gloria Bohn ihren Mann, einen Führer der Kommunistischen Partei in Castro, heiratete, war er 39 Jahre alt und sie 16. „Ich hatte wenig politische Erfahrung, oder, um ehrlich zu sein, gar keine." Von 1965 bis 1979 war das Paar als Handelsvertreter für ausländische Firmen tätig und arbeitete mit einer deutschen Rederei zusammen, die Güter von Hamburg aus nach Chiloé brachte. Die Produkte, die die beiden importierten, waren auf die Bedürfnisse der Bewohner der Inseln von Chiloé abgestimmt. „Wir sorgten dafür, dass die Ware zur richtigen Zeit bei den Händlern eintraf und überwachten den Ablauf. Das war ein recht blühendes Geschäft. Alle zwei Jahre sind wir nach Deutschland gereist, insbesondere nach Hamburg, um Angebote zu prüfen, die den lokalen Anforderungen entsprachen."

Ihr Mann wurde nach dem Putsch vier Mal verhaftet. „Im Gefängnis von Chin Chin in Puerto Montt traf er seinen Sohn aus erster Ehe wieder, der damals 16 Jahre alt war. Unsere Familie war in diesem Moment bereits total zerfallen, wir hatten zwei Kinder, ich hatte einen Sohn, der sechs Jahre alt war und eine Tochter im Alter von zwei. Ich lebte mit meiner Mutter und versuchte, so nah wie möglich an dem Ort zu wohnen, wo er gerade inhaftiert war, während sie sich um die Kinder kümmerte. Der jüngere Sohn aus erster Ehe war im Gefängnis und der ältere Sohn war auf der Flucht. Das war unsere Situation, und das bedeutete, dass alle paar Stunden eine bewaffnete Patrouille der Spezialkräfte ankam und unser Haus durchsuchte. Ich war 23 Jahre alt und nie in meinem Leben hatte ich etwas Ähnliches erlebt. Ich hatte keinerlei Vorstellung, was ein Staatsstreich war", erzählt Gloria Bohn ruhig und sachlich.

„Ich war ziemlich verzweifelt, als er gefangen genommen wurde, denn ich hatte ja überhaupt keine Erfahrung mit so etwas. Das war, wie in einen Strudel geschmissen zu werden, ohne dass du schwimmen kannst. Denn der Rechtsstaat hatte aufgehört zu existieren. Ich bin immer in der Nähe meines Mannes gewesen, denn ich hatte große Angst, dass sie ihn töten würden. Das hätten sie jederzeit tun können. Sie erzählten immer, dass die Gefangenen auf der Flucht erschossen wurden. Das ist zum Beispiel geschehen, als er bei den Ermittlern in Puerto Montt eingesperrt war. In der Zelle nebenan gab es einen ehemaligen Abgeordneten der Sozialistischen Partei, mit dem Nachnamen Espinoza, der eines Nachts aus der Zelle geholt wurde, weil er an einem anderen Ort aussagen sollte. Und auf dem Weg dorthin haben sie ihn umgebracht. Das war etwas, was wir jeden Tag vor Augen hatten. Wir wussten, dass das ein abgekartetes Spiel, dass es eine Lüge war. Ich wollte nicht, dass sie auch mir das eines Tages erzählten. Deshalb vernachlässigte ich meine Kinder. Denn, was ihnen auch fehlen mochte in jener Zeit, sie waren im Haus ihrer Großmutter zumindest sicher. Mir ging es nur darum, dass mein Mann nicht umgebracht wurde. Es war sehr beängstigend, dass es trotz der ganzen Menschenrechtsverstöße gegen uns keine Institution gab, an die wir uns wenden konnten. Es gab keinen Zufluchtsort und es gab keinen Rechtsanwalt, der sich unser annehmen wollte. Niemand wollte irgendetwas für uns unternehmen."

Auch von der Kommunistischen Partei fühlte sich die junge Mutter lange Zeit im Stich gelassen, erwartete, dass sich die zu einer Untergrundorganisation gewandelte Partei um sie und ihre Familie kümmern würde. Sie wäre bereit gewesen, das Land zu verlassen, aber die Partei, so stellt Gloria Bohn es dar, habe ihrem Mann nicht erlaubt, ins Exil zu gehen. „Viele gingen ins Exil und nahmen ihr Kindermädchen mit, und uns sagten sie, für uns gebe es keinen Platz."

Im Oktober 1974 kam der Ehemann endlich frei. Zu den Auflagen, die er zu erfüllen hatte, gehörte, dass er jeden Samstag zur Polizei musste, um dort zu unterschreiben. Schon bald wurde er wegen Betrugs angezeigt, was sich später als mieses Spiel herausstellte, das von einem Typen eingefädelt worden war, der für den Geheimdienst arbeitete. Gloria begegnet dem Intriganten manchmal in Castro: „Wenn ich den Typ, der heute ein angesehener Mann ist, auf der Straße sehe, habe ich Lust ihn anzuspucken. Ich sehe ja auch täglich die Carabineros, die mein Haus durchsuchten, die heute in Rente und krank sind. Wenn die alt werden, dann verwandeln sie sich in Personen, denen man nicht zutraut, dass sie jemandem etwas angetan haben. Wenn ich die jetzt auf der Straße beschimpfen würde, würde alle Welt denken: ‚Die Frau ist verrückt. Wie kann man so etwas einem armen Alten antun.' Aber sie waren sehr böse. Sehr, sehr böse. Die meisten, die an den Durchsuchungen teilgenommen haben, waren von hier, aus Castro oder zumindest aus Chiloé, und sie wussten, dass mein Mann keinerlei Gefahr darstellte. Mein Mann verteidigte die Idee, nur mit legalen Mitteln an die Macht zu gelangen. Die gesamte Kommunistische Partei verfolgte diesen Weg. Es gab keine Strategie, mittels Waffengewalt an die Macht zu gelangen. Es war sogar so, dass mein Mann in dem Moment die Kommunistische

Partei verließ, als diese im Untergrund propagierte, alle Formen des Widerstands anzuwenden." Der gesamte Briefverkehr von Firma und Familie wurde systematisch überwacht. „Vom Postamt wurden unsere ganzen Briefe zum Kommissariat gebracht, und von dort wurden wir angerufen, damit wir unsere Post abholten." Die Briefzensur verursachte Verspätungen, so dass bei den internationalen Geschäften Fristen nicht eingehalten werden konnten und der Firma Strafen auferlegt wurden. Wieder in Hamburg formulierte Gloria Bohn eine Klage im Konsulat. Als sie dann vier Monate später nach Castro zurückkam, wurde sie festgenommen. „Sie holten mich im Polizeiauto ab, und ich verbrachte den ganzen Tag auf der Wache, ohne dass ich wusste, um was es geht. Auch mein Mann, der gerade auf der Bank Überweisungen erledigte, wurde festgenommen. Der Grund für die Festnahme war, dass sie uns mitteilen wollten, dass nicht sie für die Verzögerungen bei der Post verantwortlich seien, sondern ein anderes Organ."

Die ökonomische Situation verschlechterte sich, Güter und Konten wurden beschlagnahmt. Damit die Familie überleben konnte, verkaufte sie all den Besitz, der auf den Namen der Frau lief. Gloria: „Das einzige Haus, das ich hatte, habe ich verloren. Das Haus ist acht Kilometer von Castro in Richtung Chonchi gelegen. Jeden Tag komme ich daran vorbei, was mich sehr schmerzt. Sie haben uns damals mit allem, was wir hatten, raus geworfen. Es hat ein Mann gekauft, der immer auftauchte, wenn mein Haus durchsucht wurde, und dann sagte, er wolle dieses Haus haben. Ich habe ihm gesagt, das Haus stehe nicht zum Verkauf. Er stand jeden Tag vor meiner Tür und klopfte und klopfte. Es kamen also nicht nur die Polizei, die Soldaten und die Marinesoldaten, sondern zu allem Überfluss auch noch dieser Mann. Ich erzählte das meinem Gatten, der im Gefängnis saß. Der riet mir, wenn mich dieser Mann belästige und ich Angst vor ihm hätte, solle ich ihm das Haus eben verkaufen. Wir würden dann später ein anderes erwerben. Mir kam der Mann vor, wie einer dieser Vögel, die auf ein Tier einhacken, das bereits verletzt ist. Ein Geier. Er sah, dass ich mich in einer sehr schlechten Verhandlungssituation befand, ich versuchte ja bloß, mein Leben und das meiner Kinder zu retten. Bis zum heutigen Tag habe ich kein eigenes Haus."

Wirtschaftliche Not, Verfolgung und Überwachung hinterlassen ihre Spuren bei der Familie. Gloria: „Bei meinem siebenjährigen Sohn führte das zu ständigen Bauchschmerzen, einer unerklärlichen, schrecklichen Kolik, er begann, Nägel zu kauen und ins Bett zu pinkeln. Er hatte nachts Albträume, er schrie. Das Mädchen bekam, weil sie noch so klein war, nicht all zu viel mit. Aber sie hat bis heute eine ‚soziale Behinderung‘, sie hat viel Angst vor Menschen. Das hat ihre Entwicklung als Erwachsene ziemlich gehemmt. Sie ist 35 Jahre alt, aber sie hat sehr große Schwierigkeiten, sich auf Beziehungen, egal auf welche, einzulassen. Das ist ganz eindeutig eine Konsequenz aus dem Erlebten. Mein Mann war eine öffentliche Person und auf einmal wurde er in seinem Haus eingesperrt. Sie haben die Stadt zu seinem Gefängnis gemacht, er durfte Castro nicht verlassen. Als er es doch einmal versuchte, wurde er von den carabineros verprügelt. Er durfte nicht viele Leute besuchen, und wenn er jemanden besuchte, wurde dessen Haus anschließend auf den Kopf gestellt. Unser Telefon wurde abgehört. Sie isolierten uns, sie zerstörten unsere sozialen Netze vollständig.

Das alles machte meinen Mann langsam krank im Kopf. 1980 entschloss ich mich, von ihm zu trennen, denn er hatte begonnen, mich zu schlagen. Das war ein Produkt seiner Verrücktheit, eine Folge der Situation, die er durchlebte. In jenem Moment begriff ich das nicht. Ich nahm meine beiden Kinder und zog zu einem Bruder nach Los Ángeles in der VIII. Region. Ich lebte fünf Jahre in Los Ángeles. Dort schloss ich mich den Mobilisierungen an. Ich wurde aktiver, als ich es zuvor gewesen war. Ich war kein Mitglied einer Partei, sondern lediglich Teil der Zivilgesellschaft, die sich gegen die Diktatur auflehnte. Immer, wenn es einen Aufruf zur Mobilisierung oder zum Protest gab, beteiligte ich mich, ging auf die Straße. Wir trafen uns zu einer bestimmten Zeit an einem bestimmten Ort, um mit dem Protest zu beginnen. Von 1980 bis 1985 habe ich getrauert, über alles, was mir geschehen war. Dann war ich in Frieden mit mir, und all meine Wut entlud sich bei den Protesten, bei denen ich denjenigen, die uns so sehr verletzt hatten, entgegenschreien konnte, was ich wollte. Mir hat die Scheidung viel ausgemacht, denn es waren viele Lebensprojekte, die auf dem Müll landeten. Wir hätten eine viel versprechende Zukunft gehabt, wenn alles weitergelaufen wäre. Wir waren wirtschaftlich sehr erfolgreich und es gab keinerlei Probleme an unserem Horizont. In diesen Jahren versuchte ich, das alles wieder auf die Reihe zu bekommen. Ich sagte mir: ,Okay, das ist mir widerfahren. Es ist wie bei einem Brand, wir haben nichts mehr, wir müssen von vorne anfangen.'"

Gloria Bohn behält bei dem Gespräch in ihrem Büro die Ruhe, während ich immer angespannter werde. Jetzt endlich traue ich mich durchzuatmen. Sie spricht von Aufbruch und Neuanfang. Es scheint, dass der Albtraum ein Ende gefunden hat. Der Schein trügt. Bei den regelmäßigen Besuchen ihres Mannes, der den Kontakt zu den Kindern halten wollte, überredete Gloria ihn trotz aller Widerstände, sich gemeinsam um eine Therapie zu bemühen, um die Ehe doch noch zu retten. Die beiden reisten nach Santiago zu einer Hilfsorganisation. „Wir unterhielten uns mit einer Sozialarbeiterin, und mein Mann erzählte ihr seine ganze Geschichte. Vieles hörte ich dort zum ersten Mal. Ich hatte nicht gewusst, wie sehr sie ihn gefoltert hatten. Bei dieser Gelegenheit weinte er wie ein Kind. Die Sozialarbeiterin zeichnete alles auf. Als das Gespräch beendet war, sagte sie uns, wir bräuchten eine Familientherapie. Aber da ihre Organisation nicht in der Provinz arbeite, könnte sie diese Therapie nur realisieren, wenn wir mindestens zwei Monate in Santiago blieben, auf unsere Kosten. Doch das konnten wir uns nicht leisten. Also waren wir genauso weit wie vorher. Nein, es war sogar noch schlimmer geworden. Mein Mann sagte zu mir: ,Du hast mich hier zum Gespött der Leute gemacht. Du siehst, dass hier nichts geschieht und dass uns niemand helfen wird.' So blieben wir für immer getrennt. Er ging nach Punto Arenas, wo er eine Beziehung hatte, und ich blieb bis 1987 alleine."

Glorias Situation war trotz aller Hoffnung auf einen Neuanfang nicht besser geworden. Jetzt galt es, die Weichen zu stellen, damit zumindest ihre Kinder eine bessere Zukunft hätten. 1985 beendete ihr Sohn die Schule. Da er Sohn eines kommunistischen Führers war und die Familie mittellos, bestand für ihn keinerlei Möglichkeit, auf eine chilenische Uni zu gehen. „Wir waren geächtet. Der Staat gab uns nichts von dem, was er einem Bürger hätte geben müssen. Wir haben uns daran gewöhnt. Wir wussten, dass wir auf eigene Faust nach Möglichkeiten Ausschau halten mussten." Also nahm der Sohn Kontakt zur Kommunistischen Jugend in Los Ángeles auf. Mit deren Hilfe gelang es ihm, in die Sowjetunion zu reisen und dort ein Studium aufzunehmen.

Heute sagt Gloria zu diesem Schritt: „Ich weiß nicht, ob die Arznei wirklich besser war als die Krankheit. Bis heute habe ich da meine Zweifel." Ein Jahr war ihr Sohn in der Ukraine, dann geriet der Reaktor von Tschernobyl außer Kontrolle, und auch der junge Chilene wurde verstrahlt. Vom sowjetischen Staat schlecht über die Folgen der Reaktorkatastrophe informiert, entschied sich der Sohn, für die Studentenschaft ein Informationsflugblatt mit Verhaltensweisen im Strahlungsfall herauszugeben. „Das nahm ihm der KGB sehr krumm. Sie beschuldigten ihn des Aufruhrs und bestraften ihn, indem sie ihn dazu zwangen, den Rest seiner Universitätskarriere – er studierte Journalismus – in Rostow zu verbringen. Das System begann, ihn zu verfolgen. Ihm ging es sehr schlecht. 1989 haute mein Sohn aus der Sowjetunion ab und ging nach Deutschland zu einem ehemaligen Geschäftspartner, der meinen Sohn von Kinderbeinen an kannte. Er wäre bereit gewesen, meinem Sohn sein Unternehmen zu vererben, aber mein Sohn hat keinen Geschäftssinn. Die Papiere für einen dauerhaften Aufenthalt in Deutschland waren schon fertig, als mich mein Sohn bat, in Chile bleiben zu dürfen. Er wolle nicht länger außerhalb Chiles leben. Ich hatte keine Kraft, ihm das auszureden. Ich wollte ja auch nicht, dass er sich entwurzelt fühlt und durch die Welt pilgert. Meinem Sohn ist wirklich sehr viel widerfahren."

Doch auch mit der Demokratisierung hören die Probleme nicht auf. „Mein Sohn hat in Concepción mit meiner Hilfe noch einmal Journalismus studiert, wozu er einen Kredit aufnehmen musste, den er noch nicht abbezahlen konnte. Deshalb hat er noch keinen offiziellen Titel. Den bekommt er erst, wenn er seine Schulden beglichen hat. Seine Schulden kann er nur dann begleichen, wenn er einen guten Job bekommt. Es ist ein Teufelskreis. Ich habe Angst davor, dass er als Folge der Verstrahlung an Krebs erkrankt. All das sind die Konsequenzen eines Militärputsches im Leben von Menschen, die nicht direkt verfolgt wurden. Das ist das Schicksal einer Familie eines politischen Gefangenen und Gefolterten."

Auf meine Frage, ob sie davon ausgehe, dass sich die Erinnerung einer Frau von der eines Mannes unterscheidet, antwortet Gloria: „Alles ist anders bei einer Frau als bei einem Mann. Wir erleben alles auf unterschiedliche Weise. Ich weiß zum Beispiel, dass ich den Putsch erlebt habe mit dem Gedanken, meine Familie am Leben zu erhalten.

Ich weiß, dass es meinem Mann vor allem darum ging, seine Partei, sein politisches Kollektiv und seine Ideen zu retten. Damit war er mehr beschäftigt. Er war sich nicht so bewusst und machte sich nicht so sehr davon abhängig, was mit uns geschah. Ich sage nicht, dass das eine besser oder schlechter ist als das andere. Ich sage nicht, dass die Art, wie wir Frauen leben, die bessere ist. Nein, sie ist anders. Männer und Frauen haben unterschiedliche soziale und natürliche Mandate. Deshalb sind sowohl unsere Tätigkeiten als auch unsere Sorgen andere. Uns betreffen die Dinge auf unterschiedliche Weise, je nach dem, ob wir Männer oder Frauen sind. Männer sind normalerweise keine Kriegsbeute, Frauen schon. Die, die kämpfen und die Waffen haben, sind die Männer. Aber Frauen, Kinder und die Alten zahlen den Preis. Es kann also gar nicht das Gleiche sein. Als ich bei der Kommission Valech[2] vorsprach, haben sie mir gesagt, dass ich keinerlei Anspruch auf Entschädigung habe, obwohl ich gesagt habe, ich erwarte keine finanzielle Entschädigung, ich will nur, dass anerkannt wird, was mir angetan wurde. Aber sie haben mich nicht beachtet."

Gravierend ist, dass die Erfahrungen des Widerstands und der Unterdrückung von einem großen Teil der Gesellschaft kollektiv verdrängt werden. Insbesondere die lokale Geschichte des Widerstands bleibe häufig völlig unerforscht, sagte mir der Dichter Renato Cárdenas aus Castro (siehe Kapitel *Kultur als Widerstand*). Die Erinnerungsarbeit, die Einzelpersonen, Gruppen und Angehörigenorganisationen leisten, wird von der Gesellschaft nur selten als etwas wahrgenommen, sie (noch) etwas angeht. Das bedeutet für den Einzelnen jedoch, insbesondere in kleineren Ortschaften, dass er bei der Verarbeitung seiner Erfahrungen und Gefühle häufig auf sich allein gestellt ist. Eine Situation, die beim Einzelnen Scham auslöst, obwohl sie für die gesamte Gesellschaft beschämend ist.

---

2   Vgl. Seite 216.

DER AUFSTAND DER PINGUINE

Stühle und Tische hängen im Zaun und Eingangstor. Das Liceo Indus-trial, eine Berufsschule in Concepción, ist besetzt, die Schüler haben sich verbarrikadiert. An einer versteckten Stelle gibt es ein Loch im Zaun. In dieser verregneten Nacht ist es der einzige Zugang zu dem Gelände, auf dem sich etwa ein Dutzend Schüler und ein Pförtner aufhalten. Der sitzt mit den Schülern, die Wache halten, unter einem Vordach an einem Feuerchen, das mehr qualmt als brennt. In dieser Sonntagnacht kursieren Gerüchte in der Universitätsstadt. Es heißt, es gebe den Be-fehl, die Berufsschule zu räumen. Doch das ist nicht das einzige Thema, das die Jungen beschäftigt. Aus dem ganzen Land werden Vorkomm-nisse mit Neonazis gemeldet, die sich in der Nähe von besetzten Schu-len treffen, um streikende Schüler und Schülerinnen zu bedrohen oder anzugreifen. Auch in Concepción, nahe der Berufsschule der Mädchen, seien Neonazis aufgetaucht, heißt es. Argwöhnisch schauen die beiden Schüler, die am Tor Wache halten, einem silbergrauen Pick-up-Gelän-dewagen hinterher. „Der Fahrer hupt oder schreit immer, wenn er hier vorbeikommt", erklären sie. Was er will, wer er ist, sie wissen es nicht. Einige der Nachbarn haben sich mit den Streikenden solidarisiert, brin-gen ihnen Lebensmittel vorbei. Unterstützung und Tipps gibt es für die Schüler auch von Studenten der nahe gelegenen Universität Bío-Bío. Einige Fakultäten haben sich dem landesweiten Streik der Schülerinnen und Schüler angeschlossen.

Die secundarios, Schüler des fünften bis zwölften Schuljahrs, wegen der Schuluniformen auch Pinguine genannt, hatten es satt, weiter unter einem Bildungssystem der Ungleichheit zu leiden. Ein System, zu dessen Symbol das LOCE[1], ein Gesetz mit Verfassungscharakter, geworden ist,

---

1 Das Ley Orgánica Constitucional de Enseñanza (LOCE) trat am 10. März 1990, dem letzten Tag der Militärregierung, in Kraft. In diesem Gesetz, für dessen Änderung eine Vier-Siebtel-Mehrheit bei den Abgeordneten und den Senatoren erforderlich ist, werden die Mindestvo-raussetzungen und die Ziele der Grundbildung (acht Jahre) sowie der mittleren Bildung (vier weitere Jahre) festgelegt. Spötter sagen, es sei in Chile schwieriger, die Konzession für eine Kneipe zu erhalten, als eine Schule zu eröffnen. Schüler (und Studenten) fordern eine aktivere Rolle des Staates bei der Finanzierung und der Qualitätssicherung der Bildung.

das Augusto Pinochet am letzten Tag seiner Amtszeit einführte, und das auch während der 16 Jahre der Demokratie nicht abgeschafft wurde.[2] Bildung, so die Hauptkritik der Pinguine, sei zu einer Ware verkommen.

Jugendliche aus armen Vierteln hätten keine Chance, in den Genuss einer guten Bildung zu kommen: „Wir können sagen, dass die große Mehrheit unserer Kinder und Jugendlichen Zugang zur Grund- und mittleren Bildung hat, aber nicht alle haben das Recht, auf eine gute Bildung. Die Qualität scheint denen vorbehalten zu sein, die dafür zahlen können", heißt es in einer Stellungnahme des Observatorio Chileno de Políticas Educativas (OPECH), einem Zusammenschluss kritischer Bildungsexperten in Chile. Weiter heißt es: „Die Vorschläge der Schüler sind wegweisend für das Land, denn sie weisen auf die Notwendigkeit hin, die chilenische Demokratie auszubauen. Ihre Forderungen treffen direkt ins Zentrum der gesetzlichen und politischen Strukturen, die aus der Diktatur übernommen wurden. Bis zum heutigen Datum haben die Regierungen der Concertación nicht den politischen Willen demonstriert, dies zu ändern." Als Beispiel dafür wird das LOCE angeführt: „Mehr als 15 Jahre sind verstrichen, in denen die politische Klasse nicht in der Lage war, ein Gesetz zu überarbeiten, das ein Modell der Verwaltung und der Finanzierung der Erziehung festschreibt, welches das Recht auf eine gute Bildung für alle jungen Chilenen und Chileninnen schwer verletzt."

Eine Generation, die nach der Diktatur geboren wurde, lehnte sich gegen die Generationen auf, die den Fortbestand dieses Bildungssystems zu verantworten haben. 600.000 Schüler waren in der Hochphase der Bewegung, Ende Mai, Anfang Juni 2006, mobilisiert, um für die Abschaffung des LOCE, für kostenlose Zugangsprüfungen an den Universitäten, für die Ausweitung der verbilligten Bustarife und gegen einen voll gepackten aber pädagogisch nicht ausgearbeiteten Stundenplan in den Ganztagsschulen (Jornada completa) zu protestieren. Sie fordern, dass der Staat die Qualität der Bildung garantieren soll. Die Schülerbewegung sei die erste soziale Bewegung, die in den vergangenen 16

---

2 Seit 1991 hat es laut der Tageszeitung *El Mercurio* vom 5. Juni 2006 zehn Modifikationen des LOCE gegeben, die seinen grundsätzlichen Charakter aber nie verändert haben. Seit Februar 2006 ist ein Dekret mit Gesetzescharakter in Kraft, das diese Änderungen zusammenfasst. 42 weitere Projekte wurden laut *Mercurio* in den vergangenen 16 Jahren rund um das LOCE gestartet, die meisten jedoch zu den Akten gelegt.

Jahren diesen Namen verdient habe, schreibt der Soziologe Eduardo Valenzuela Chadwick in einem Artikel der Tageszeitung *La Nación*.

Der Berufsschüler Tonio Gonzalez, 17 Jahre alt, guckt in die Flammen des Feuers, dann dreht er den CD-Player leiser, bevor er erklärt, warum er stolz ist. „Ich fühle, dass wir Teil der Geschichte sind. Das ist eine nationale Bewegung, und es ist das erste Mal, dass sich so viele Schüler daran beteiligen. Wenn wir durchsetzen, was wir fordern, wird das den nachfolgenden Generationen helfen. Ich werde meinen Kindern erzählen, dass ich da mitgemacht habe."

Es ist nicht das erste Mal in der chilenischen Geschichte, dass die secundarios Akteure ersten Ranges sind.[3] Auch Alejandro, 39, hat in Concepción erst als Schüler der Berufsschule und dann als Student gegen die Militärdiktatur gekämpft. Die politische Situation sei nun eine andere, doch im Bereich der Erziehung sieht er eine Konstante: die Bildungskrise. Diese habe Anfang der 80er Jahre begonnen und sei ein Ausdruck einer Kulturkrise der Militärdiktatur gewesen. Da es der Concertación bis heute nicht gelungen sei, das Erziehungssystem zu erneuern, setze sich die Krise fort. Alejandro: „Von 1980 bis 1984 studierte ich Elektromechanik im Liceo Industrial, das damals noch zur Technischen Universität gehörte, die heute Universität Bío-Bío heißt. Aber eine Perspektive hatte das in einem Land, in dem es mit der Industrie bergab ging, nicht. Denn das neue Wirtschaftsmodell sah vor, die Produktionsstätten zu schließen", beschreibt Alejandro die Situation. In jener Zeit, in den ersten Jahren der 80er, habe sich das Erziehungsministerium bereits der Schulen entledigt, indem sie den Stadtverwaltungen die Verantwortung für die Grund- und mittlere Bildung übertrug. Die Verwaltung der Liceos ging gleichzeitig in private Hände über, das Liceo Industrial wurde von nun an von der Handelskammer verwaltet.

ALEJANDRO : Bei den Jugendlichen aus unterschiedlichen gesellschaftlichen Bereichen war die Diktatur mit dem Ausnahmezustand und den Einschränkungen der individuellen Freiheiten das wichtigste Thema. Zu einer Zeit, in der sich langsam die sozialen Bewegungen

---

3 In dem Dokumentarfilm *Actores secundarios,* beschreiben Pachi Bastos und Jorge Leiva die Schülerbewegung unter der Diktatur und zeichnen die Biografien der einstigen Akteure bis in die Gegenwart nach.

wieder organisierten, machten sich auch die Jugendlichen Gedanken über ihre Situation, insbesondere die, die ein gewisses Maß an politischem Bewusstsein hatten. Mich zum Beispiel hat das Thema „Guerilla von Neltume"[4] sehr beschäftigt, als ich im Fernsehen sah, wie sie die compañeros von Neltume jagten. Viele Jugendliche litten unter der wirtschaftlichen Krise, weil ihre Alten arbeitslos waren und von den dürftigen Einkommen der Beschäftigungsprogramme leben mussten. In diesem Ambiente entstanden wieder kleine politische Gruppen. Nur wenige sprachen vom Sozialismus, die meisten wollten vor allen Dingen eins: Die Diktatur abzuschaffen. Wichtig war in jener Zeit, dass weder bei den Barrikaden noch bei Angriffen auf die repressiven Staatsorgane die politische Gewalt in Frage gestellt wurde. Heute werden Form und Ausdruck des Kampfes wesentlich stärker diskutiert. Damals hat man eher gehandelt. Wir vom Liceo waren auch an den gewalttätigen Protesten der Studenten beteiligt.

1984 wurde ein Jugendlicher an einer Barrikade von hinten erschossen. Ein Polizeifahrzeug kam herangefahren, die Carabineros stiegen aus und eröffneten das Feuer. Wir liefen alle weg und warfen uns auf den Boden. Die Polizisten stiegen wieder ein und verschwanden. Aber einen hatte es erwischt, er hatte eine Kugel im Rücken. Wir sind hingerannt und wollten ihm aufhelfen. Auch Medizinstudenten eilten heran und öffneten ihm sein Hemd. Alles war voller Blut. Der Junge starb auf dem Weg ins Krankenhaus. Die Freundin des Erschossenen flippte völlig aus, sie rannte los und schmiss Steine, ging auf die Polizisten los. Eine ganze Menge Leute war notwendig, um sie zu stoppen, damit nicht noch etwas passierte. Ich stand total unter Schock. Sie brachten mich in die Aula, wo ich zwei Stunden lang saß. Dann ging ich nach Hause, legte mich ins Bett und schlief den Rest des Tages. Meine Mutter fragte mich: „Junge, was ist los? Du bist so bleich." Zwei Tage hielt mein Zustand an. Ich war damals 16. Meine politische Bildung half mir, mit der Situation fertig zu werden. Ich war ja auch im Widerstand in meinem Stadtteil aktiv. Ich war Mitglied in einer Gruppe, die nachts loszog, um Wandbilder zu malen. Zu unserem Schutz nahmen wir abgesägte Schrotflinten mit. Die dienten der Verteidigung, zum Angriff taugten die nicht.

---

4 Vergleiche Abschnitt *Neltume – Das Scheitern in den Bergen*, Seite 37.

In Concepción kam es 1985 zu einen achtmonatigen Streik, um gegen den 1980 als Direktor eingesetzten Offizier im Ruhestand, Guillermo Cléricus, und die Einführung der Studiengebühren zu protestieren. 1985 verbrannten bei einer Demo 3000 Studenten ihre Immatrikulationsbescheinigungen. Ich war damals 17 und studierte Ingenieurwesen. Nach dem Verbrennen der Studienunterlagen wurde Alejandro exmatrikuliert. Sein Studium hat er erst vor kurzem wieder aufnehmen können. Das war der Preis, den viele seiner Generation zahlen mussten. Immerhin wurde 1987 Guillermo Cléricus durch einen Zivilisten, natürlich auch ein Rechter, ersetzt. Dass Cléricus seinen Hut nahm, war ein großer Erfolg auf lokaler Ebene. Dieses Jahr bedeutet jedoch auch, dass die Polizei den Campus stürmte. Dabei setzte sie Panzerfahrzeuge ein, Hubschrauber landeten auf dem Fußballplatz der Universität. Nicht nur die Polizei, die die Studierenden mit Hunden durch die Universität hetzten, war an den Gewaltexzessen beteiligt, auch Marinesoldaten prügelten Männer und Frauen krankenhausreif. Wen sie erwischt hatten, der musste sich auf den Rücken legen. Dann kamen die Spezialkräfte und traten den am Boden liegenden mit dem Stiefelabsatz ins Gesicht oder schlugen sie mit dem Gewehrkolben. Es ging ihnen darum, den Leuten die Zähne einzuschlagen.

Das massive Vorgehen der Carabineros bei den aktuellen Schülerprotesten weckt bei vielen Chilenen Erinnerungen an die Zeiten der Diktatur. Auch in der Demokratie setzt die Regierung auf Repression. Am 10. Mai 2006 werden 1287 Schülerinnen und Schüler landesweit verhaftet, 907 davon in Santiago, am 18. Mai sind es 702 Festnahmen, am 30. Mai gibt es 730 Festnahmen, 28 Verletzte werden registriert. Wegen der Übergriffe, auch auf Journalisten, müssen zwei Verantwortliche der Spezialkräfte in Santiago ihren Hut respektive ihren Helm nehmen.

Nach den Übergriffen der Polizei besetzen die Schüler ihre Liceos, Institutos und Colegios. Was in der Hauptstadt beginnt, wird zu einer Bewegung, der sich täglich neue Schulen anschließen und die das gesamte Land erfasst. Die Schülerinnen und Schüler stimmen sich in schulinternen sowie regionalen und nationalen Versammlungen ab. Handys erleichtern die Kommunikation ungemein und lassen so manchen Veteranen des Widerstands der 80er Jahre neidisch werden, denn damals mussten die Leute oftmals kilometerweit laufen, um Proteste vorzubereiten, so löchrig war das Telefonnetz. Zudem profitieren die Jugendlichen davon, dass sie in der Regel mehrere Geschwister haben, die auf verschiedene Schulen gehen, was weitere, informelle Kanäle der Kommunikation eröffnet und einen intensiven Informationsaustausch ermöglicht.

Die wachsende Streikbewegung – die Tendenz hält bis Anfang Juni 2006 an – erfasst sogar die Grundschulen. Kleine Kinder beschweren sich über die Dinge, die sie stören: „Dass die anderen Kekse und Milch bekommen, wir aber Erbsen mit Steinen essen müssen, das ist ungerecht." – Die Schüler, egal welchen Alters, wollen die Zustände in ihren Schulen nicht länger hinnehmen, wollen sich nicht weiter mit wenigen, schlecht funktionierenden Duschen, verstopften Toiletten und feuchten Räumen abfinden. Eine Klasse im Süden des Landes hat kurzerhand ihren Unterricht ins Freie verlegt. Trotz des Regens. Schließlich werde man auch im Klassenraum nass, so undicht sei das Dach.

Dass die Schülerbewegung für sich beanspruchen kann, weite Teile der Gesellschaft zu repräsentieren, habe – paradoxerweise – etwas mit dem Neoliberalismus und der Privatisierung der Schulen zu tun, erklärt Alejandra Bottinelli von der chilenischen Studentenorganisation Sur-DA[5]. Da Bildung zu einem lukrativen Geschäft geworden sei, gebe es ein großes Interesse daran, dass möglichst viele Jugendliche die mittlere Bildung absolvierten und anschließend studierten. Eltern finanzierten die fälligen Studiengebühren per Kredit – auch für die Banken ein gutes Geschäft. Die Proteste seien, so Bottinelli, eine Antwort auf die Erfahrungen vieler Jugendlicher früherer Jahrgänge: Da gebe es die Enttäuschung, dass einige auf Grund schlechter Schulbildung keine Universität besuchen können, und zum anderen die Enttäuschung anderer, trotz des Universitätsabschlusses keine adäquate Arbeitsstelle zu finden.

Hatte der Erziehungsminister anfangs noch darauf bestanden, nur mit solchen Schülern zu verhandeln, die sich nicht an Streiks beteiligen, und hatte die Regierung gedroht, die Verhandlungen abzubrechen, falls es weiter zu (gewalttätigen) Demonstrationen komme, setzten die Schüler durch, dass alle bei den Verhandlungen vertreten seien müssten.

---

5 SurDA ist eine Initiative von Studierenden der Universidad de Chile in Santiago. Die Initiative, die in den 90er Jahren ins Leben gerufen wurde, ist von der Concertación enttäuscht und sucht neue Wege, um unter den aktuellen Bedingungen für eine verbesserte Bildung und gerechtere Gesellschaft zu kämpfen.

Anfang Juni 2006 nannte die Präsidentin die Forderungen der Schüler „gerecht und legitim". Für die Diskussion um das künftige Bildungssystem wird ein Runder Tisch (Consejo Asesor Presidencial para la Calidad de Educación) einberufen. Knapp 80 Vertreter aus allen Bereichen des Erziehungssystems, darunter auch jene, die Profit aus der Bildung schlagen, waren in diesem Gremium vertreten, das die Themen Finanzierung, Qualität, Städtische Verwaltung und Reform des umstrittenen LOCE in verschiedenen Untergruppen diskutieren sollte. Die Überleitung des bisherigen Protests in solch geregelte Bahnen gestaltete sich für die Schülerinnen und Schüler schwierig. Der Elan der Straße und der Besetzungen ließ sich nicht einfach in eine solche Institution mitnehmen. „Wer darf an diesem Gremium teilnehmen? Wie kann eine repräsentative Vertretung der Schüler im Norden oder Süden des Landes sichergestellt werden? Wie demokratisch sind die Schülervertretungen überhaupt? Werden sie von Parteimitgliedern unterwandert, missbraucht? Sind die Schülervertreter selbstsüchtig, arrogant, karrierebewusst?" All diese Fragen wurden in dieser Phase öffentlich diskutiert.

Mit dem Nationalstreik am 5. Juni hatte die Bewegung 2006 zweifelsohne ihren Zenit überschritten. Ein Anwachsen der Bewegung war nicht mehr zu erwarten. Im Gegenteil: Unter dem Eindruck, mit der Einrichtung des Runden Tischs habe die Regierung eine wesentliche Forderung erfüllt, bröckelte die Streikfront. Außerdem standen die Ferien an, und die Öffentlichkeit verlangte nach anderen Bildern als die von Straßenschlachten und besetzten Schulen. Zu Beginn der Fußball-Weltmeisterschaft schnellte der Verkauf von Plasma-Fernsehern in die Höhe, obwohl Chile nicht einmal qualifiziert war.

Auch wenn die Schülerbewegung bis zum heutigen Tag nur wenige konkrete Erfolge verzeichnen kann, ist es den Schülern und Schülerinnen gelungen, ein ausgesprochen wichtiges Thema auf die Agenda der chilenischen Gesellschaft zu bringen. Sie haben die Politik unter Druck gesetzt und andere, etwa Studenten und Gewerkschafter, bewegt, Stellung zu beziehen. Zudem haben sie in weiten Teilen der frustrierten und sich enttäuscht von der Politik abgewandten Bevölkerung neue Hoffnungen geweckt. Das sind unbestreitbare Erfolge. Einigkeit bestand bei der Schülerschaft (und in weiten Teilen der Gesellschaft, auch bei der Rechten) in der Diagnose, dass die Qualität der Bildung in Chile schlecht ist. Schwieriger dürfte sein zu definieren, was gute Bildung ist und wozu sie dienen soll. In einem neoliberalen Wirtschafts-modell wird die Umformung des Bildungssystems, und sei sie noch so tief greifend, nicht dazu führen, dass sich die Klassenunterschiede in Luft auflösen. Aber auch innerhalb der herrschenden Ordnung gibt es viele Unbekannte, die die Richtung der Reform beeinflussen werden. Entscheidend dürfte dabei sein, welche Rolle Chile künftig innerhalb der globalen Wirtschaft anstrebt. Bislang beschränkt es sich im Wesent-lichen auf die Rolle des Lieferanten von Bodenschätzen (Kupfer) sowie des Exporteurs von Agrarprodukten (Obst, Wein). Es ist gut möglich, dass die herrschende Klasse die Notwendigkeit erkennen wird, ange-sichts endlicher Bodenschätze neue wirtschaftliche Aktivitäten zu ent-wickeln. Dann wäre eine bessere Bildung ein wichtiger Standortfaktor. Ob diese Reform zu den von Teilen der Schülerbewegung gewünschten Resultaten, nämlich einer Bildung, die dem (breiten) Volk dient, führt, darf bezweifelt werden. Daran, dass die Pinguine das nun begonnene politische Verfahren kritisch begleiten und wieder auf die Straße gehen werden, wenn sie sich von der Politik getäuscht werden, dürfte indessen kein Zweifel bestehen. Ihr Druck kann als Gegengewicht zu den Kräften gesehen werden, die sich gegen jegliche Reformansätze der Concerta-ción stellen. Sollte es Michelle Bachelet jemals erst gemeint haben mit ihren Wahlsprechen, eine volksnahe Präsidentin zu sein,[6] der die sozi-alen Themen am Herzen liegen, müsste sie das Mobilisierungspotenzial der Schüler zu schätzen wissen.

Samuel Diaz, den ich in Arica besuche, hat die 80er Jahre als Lehrer erlebt und wurde als Strafe für seine politische Gesinnung verbannt.

SAMUEL: Die Militärregierung setzte an den Universitäten Mili-tärs im Rang von Obersten und Generälen als Direktoren ein. In den Schulen waren die Unteroffiziere. Sie beobachteten, was in dieser Ein-richtung geschah. Es gab viel Angst und Verrat. Ich habe mitbekom-men, wie eine bewaffnete Patrouille zwei meiner Kollegen während des Unterrichts vor den Augen der Kinder verhaftete und abführte, weil man ihnen vorwarf, Linke zu sein.

---

6 Ihr Wahlkampfmotto „Estoy contigo" (Ich stehe auf deiner Seite) hatten die Schüler immer wieder aufgegriffen und gefragt: „Michelle, estás conmigo?" (Michelle, stehst du auf meiner Seite?)

Uns war es gelungen, die Lehrer aller Schulformen in einer einzigen Organisation zu vereinen. Auch die Arbeiter hatten es geschafft, mit dem Prozess der Reorganisation und des Widerstands zu beginnen. Allerdings wurden einige von ihnen eingesperrt oder erschossen. Es gab grauenhafte Morde wie den an Tucapel Francisco Jiménez Alfaro in Santiago, der Führer der *ANEF (*Asociación Nacional de Empleados Fiscales) war und den man enthauptete. Hier in Arica gab es Verhaftungen und Verbannungen[7]. Ich wurde in die Voranden verbannt. Dort war ich sechs Jahre. Zuerst kam ich nach Tignamar, dann nach Chapiquiña. Ich wurde zwar verbannt, aber ich hatte die Lehrbefugnis nicht verloren. Also unterrichtete ich in einer Gesellschaft, die ich nicht kannte. Ich lernte die Kultur der Aymara kennen und respektieren. Auch die Aymara hatten unter der Militärregierung zu leiden. Sie durften weder ihre traditionellen Instrumente spielen noch ihre typische Kleidung tragen. Die Leute erzählten mir, dass die Mädchen ihre Zöpfe abschneiden mussten. Die unwissenden Soldaten warfen den Aymara vor, Bolivianer zu sein. Das stimmt natürlich nicht. Es handelt sich um eine Andenkultur, die auf weiten Teilen des Kontinents vorherrschte und die als Konsequenz der Unabhängigkeit der lateinamerikanischen Staaten geteilt wurde: Ein Teil ging an Chile, ein anderer an Argentinien, wieder ein anderer an Peru beziehungsweise an Bolivien. Aber es bleibt eine Kultur mit einer eigenen Sprache und eigenen Bräuchen sowie eigener Kleidung. Im Norden Chiles nannten sie die Schulen „Schule der Chilenisierung", als ob man aus den Aymara Chilenen machen müsste.

Wir Lehrer begannen jedoch, die Kultur der Aymara zu verteidigen. Wir haben sogar einen Text aufgesetzt, mit dem wir den Jungen und Mädchen nach der psycho-sozialen Methode des Brasilianers Paolo Freire das Lesen beibringen wollten. Dieser Text hieß „Wir sind vom gleichen Volk" und wurde schließlich vom Bildungsministerium akzeptiert. Ich war, glaube ich, fast vier Jahre in Tignamar, wo ich bei dem von der Militärdiktatur eingeleiteten Aufbau so genannter Grenzschulen mitwirkte. Diese Schulen hatten Satellitenschulen, und auf diese Schulen brachten sie die Aymara-Kinder. Diese arbeiteten als Schafs-, Lama- oder Kuhhirten. Die Kinder wurden aus ihren Dörfern gerissen und in

---

7 Siehe dazu auch das Kapitel „*Sehr geehrter Herr Bürgermeister, sehr geehrter Herr Verbannter*".

diese Schulen gesteckt. Dafür wurden Internate geschaffen. Doch diese Schulen hatten keinen großen Erfolg.

Ich war sehr eingebunden in die Aktivitäten der Leute. Die Aymara haben mich zum Sekretär der Nachbarschaftsversammlung gewählt. Man muss sagen, dass diese Nachbarschaftsvereinigungen, die man obligatorisch in den ländlichen Gegenden eingerichtet hatte, nicht das waren, was man von ihnen erwartete. Denn die Aymara versammelten sich normalerweise nicht in dem Lokal, das dafür bestimmt war, um dann die Probleme als Nachbarschaft zu lösen. Sie gingen ins Landesinnere in Gegenden, die sie kannten, versammelten sich dort und sprachen auf Aymara. Dort haben sie dann ihre wirklichen Probleme erörtert. Als mich die Militärs dann später nach Chapiquiña schickten, vergingen fast zwei Jahre, bevor mich die Aymara zu einer ihrer Versammlungen einluden.

Nach sechs Jahren bin ich wieder nach Arica gekommen. Meine Kollegen sprachen nicht mit mir. Bei den Konferenzen redete einzig und allein der Rektor. Die Kollegen sagten kein Wort. Während der Schulpausen verließen sie ihre Klassenräume nicht, so groß war ihre Angst vor dem Spitzeltum. Ich wurde als Spitzel verdächtigt. Erst als ich eine Idee des Rektors in Frage stellte, um einen Kollegen zu verteidigen, fassten die Kollegen wieder Vertrauen zu mir. Später schlugen sie mich zum Kandidaten für das Colegio de Profesores[8] vor. Jetzt habe ich dort schon 19 Jahre lang eine leitende Funktion.

Am Rande des Universitätsviertels von Concepción liegt etwas versteckt eine einfache Kneipe, die den Namen Aula Cero (Hörsaal Null), trägt. Die Wirtin, Audita Salar, ist 78 Jahre alt und den meisten als Tia Tita, als Tante Tantchen, bekannt. In dieser Aula steht neben dem Feiern vor allem die Solidarität auf dem Stundenplan.

B. S.: Seit wann gibt es denn die Aula Cero?
Tia Tita: Die Aula Cero gibt es seit 1976, und sie war immer ein Treffpunkt für Studenten, denn ich habe in den Zeiten der Diktatur viele Leute hier versteckt.

---

8   Das Colegio de Profesores de Chile, die „Schule der Lehrer" also, ist 1974 gegründet worden. Es ist eine gewerkschaftliche Organisation, die nach eigenen Angaben zurzeit mehr als 100.000 Mitglieder zählt.

Denn das war ein Ladengeschäft mit einer Zwischentür und hier unten war der Unterschlupf.

Warum hast du das Risiko auf dich genommen? Haben dich die pacos nie behelligt?

Glücklicherweise ist mir nie etwas passiert, weil ich auf mich aufgepasst habe. Die pacos sind hier nie reingekommen. Sie haben zwar an der einen Kreuzung ihre Wachen und an der anderen Ecke ist das Haus des Obersts, ich war also genau in der Mitte. Aber ich war immer sehr freundlich zu ihnen. Das hat mir genutzt.

Sind denn nie Spitzel oder verdeckte Ermittler hier gewesen?

Doch, natürlich, und sie kommen noch immer. Viele. Mit den Jahren erkennt man sie. Und ich frage sie dann: „Was wollen Sie hier?" Es ist klar, dass sie von mir nichts erfahren.

Das war also ein Treffpunkt für Leute, die sich engagierten?

Ja, aber die kamen nur zu kurzen Treffen hierher, für eine Stunde, und nicht mehr als zwei oder drei. Keiner wusste vom anderen, wie er hieß oder wo er wohnte. Denn das war gefährlich. Vor kurzem gab es hier ein großes Treffen, zu dem viele von denen kamen, die hier als Studenten waren. Es kamen etwa 270 Leute. Da mussten wir ein anderes Lokal mieten. Dieser Ort ist sehr wichtig und hat seine Geschichte. Wir haben vielen Leuten geholfen und das macht mich sehr stolz. Es ist mir egal, dass ich kein Geld habe, denn ich habe ein gutes Gewissen.

Wie war denn die Situation hier nach dem Putsch?

Die war sehr hart. Ich habe die compañeros im Gefängnis besucht. Ich bin immer in einer groben Jacke dahin gegangen und sie haben mir Zettelchen gegeben, die ich dann in den Saum gesteckt habe. Es gab einen compañero aus Lota, Sebastian Acevedo, der sich bei lebendigem Leib auf der Plaza de Armas verbrannt hat, weil sie seine beiden Kinder festgenommen hatten, und er nicht wusste, wo sie waren.

Bist du Mitglied einer Partei?

Ich bin Kommunistin und werde nie meine Partei verlassen. Wenn du in einer Partei bist, musst du bis zum Ende Mitglied bleiben, bis Gott sagt: „Basta!"

WIR HABEN BEGRIFFEN, DAS WIR DAS RICHTIGE TUN

Rocío Guerrero Salinas ist 16 Jahre alt, Schülerin und Mitglied der Kommunistischen Jugend.

B. S.: Wie hast du die Mobilisierung der Pinguine erlebt? Manche halten diese massiven Proteste für historisch, wie siehst du das?

Rocío: Wir haben auf die Ungerechtigkeiten aufmerksam gemacht und aufgezeigt, dass uns Armen eine gute Bildung vorenthalten wird. Für mich war das eine wunderschöne Erfahrung, gemeinsam mit den compañeros die Schule zu besetzen und gemeinsam für das gleiche Anliegen zu kämpfen. Wir haben alle in irgendeinem Moment begriffen, dass das, was wir tun, richtig war.

Wie war denn das Verhältnis zwischen den Jugendlichen der unterschiedlichen Parteien, denn es gab bei den Anführern unter anderem ja auch Mitglieder der UDI[9]?

Die Beziehungen zwischen den Leuten unterschiedlicher Parteien und politischer Richtungen waren mitunter schwierig, aber trotzdem herrschte zwischen uns das demokratische Prinzip vor. Es galt, den anderen nicht zu übergehen, bloß weil man glaubte, im Recht zu sein. Das war uns allen klar. Dennoch habe ich mich natürlich mit meinen Leuten oder zumindest mit Linken besser verstanden als mit Rechten. Denn schließlich ist für mich die Rechte vor allem verantwortlich für die Probleme, die wir heute haben. Wenn sich rechte Jugendliche der Revolution der Pinguine anschließen, finde ich das gut, auch wenn es mir verdächtig vorkommt. Aber wenn es um das gemeinsame Handeln ging, haben wir uns gut verstanden.

Du bist im April 2006 bei einer Demonstration festgenommen worden und am nächsten ist dein Bild ist in der Zeitung erschienen. Wie war das für dich? Hat dir die Festnahme Angst gemacht?

Das war das erste Mal in meinem Leben, dass ich festgenommen wurde. Schon von klein auf, bin ich auf Demonstrationen und Kundgebungen gegangen, aber

---

9   UDI, Unión Demócrata Independiente, Unabhängige Demokratische Union, rechte Partei mit einem Flügel, der noch immer zur Politik von Pinochet steht.

bei diesem Protestmarsch war ich ohne meine Mutter und meine Schwester unterwegs. Ich war ganz alleine, wie irgendein anderer unzufriedener Pinguin auch. Als ich festgenommen wurde, habe ich erst begriffen, was das mit den Carabineros wirklich bedeutet. Vorher hatte ich ja sogar über sie gelacht und kam mir sehr stark vor. Doch dann begriff ich, dass ich ein schutzloses Küken war, denn sie sind sehr gewalttätig und gehen ruppig mit den Leuten um, die demonstrieren. Das war eine unschöne Erfahrung, einfach blöd.

Wie geht es jetzt deiner Meinung nach weiter?

Wir hoffen, dass unseren Forderungen Rechnung getragen wird und dass sie Reformen einleiten. Dass es eine Revolution wird, glauben wir nicht, auch wenn wir es uns noch so sehr wünschen. Für eine Revolution braucht man mehr Leute als bloß die Schüler. Letztendlich sind unsere Forderungen sehr weit gehend, denn die Verfassung zu ändern, ist ein schwieriges Unterfangen. Gut möglich, dass wir mehr Menschen mobilisieren müssen, aber immerhin erkennen immer mehr, dass die Bildung in diesem Land schlecht ist und auf die eine oder andere Weise geändert werden muss. Bislang haben wir noch nichts erreicht. Es werden wohl noch einige Märsche und Demonstrationen nötig sein, damit etwas geschieht.

ZWISCHEN WÜSTE UND FREIHAFEN – LEBEN UND ÜBERLEBEN IM NORDEN

Pisagua: In der Bucht liegen Fischerboote friedlich im Meer. Mit seinem Friedhof, der mehr Tote beherbergt, als der Ort Lebende, mit seinem Theater, in dem während der Diktatur Gefangene untergebracht wurden, seinem großen Gefängnis, das in Zeiten der Demokratie zu einem Hotel umfunktioniert wurde, seinem riesigen hölzernen Krankenhaus, dessen Hülle noch steht, von dem es aber heißt, die Termiten hätten die Holzkonstruktion zerfressen, haftet Pisagua wie allen Orten im Norden Chiles etwas Surreales an. Surreal etwa sind die Salpeterorte, die sich in Geisterstädte verwandelt haben, verwandeln oder verwandeln werden. In der Pampa haben sich die geschmolzenen Dali-Uhren längst in Staub aufgelöst. In Maria Elena, einer Noch-Salpeter-Stadt, würde eine brennende Giraffe weniger unwirklich wirken wie das Theater mit den Bildnissen zweier Arbeiter auf der Fassade oder die Straße mit den mit weißen Sternen am Ende der Fahnenstangen. Wer in den Wüsten der I. und II. Region unterwegs ist, der fragt sich, ob Sisyphos seinen Stein tatsächlich den Berg hinaufrollen musste, denn hier in der Ebene scheint das bloße Vorwärtsrollen ein aussichtsloses Unterfangen. Hingegen scheint in Iquique und in Pisagua, diesen Orten, die am Ufer des Pazifik haften und hinter denen sich die Wände der Küstenkordilleren nahezu senkrecht erheben, jeder ein Sisyphos zu sein – selbst ohne Stein.

Pisagua mit seiner Tradition als Strafgefangenenlager hatte für die Menschen im Norden schon immer etwas Bedrohliches.[1] Als es sich nach dem Militärputsch von 1973 in ein Konzentrationslager verwandelte und in den ersten Tagen nach dem Putsch ein Hubschrauber gen Norden flog, um Oppositionelle zu beseitigen, wurde aus dem schwebenden Damoklesschwert ein Dolch, den jeder einzelne an seiner Kehle spürte. Menschen wurden des Landes verwiesen, weil sie kritische Zeitungen lasen, Schülerinnen bedroht, wenn sie in Schuluniform auf der

---

1 Umso erstaunlicher, dass in Deutschland die Fahrradfirma Contoura eines ihrer Modelle „Pisagua" nennt.

Straße rauchten, männliche Jugendliche mit langen Haaren zwangsfrisiert. Die Angst lässt viele bis heute nicht los.

Nach einem Fernsehbericht von DDR-Journalisten, denen es gelungen war, im Sommer 1974 im Lager von Pisagua zu filmen, weil sie sich als Westdeutsche ausgegeben hatten, wurde dieses geschlossen. Ende der 80er Jahre, mit Zunahme der sozialen Proteste und neuen Wellen von Verhaftungen wurde es kurzzeitig wieder in Betrieb genommen. Die Geschehnisse in Pisagua sollten erst in den frühen 90er Jahren gänzlich erhellt werden, als am Ende des Friedhofs ein Grab mit 22 Erschossenen gefunden wurde. Als diese im Jahre 1990 beigesetzt werden, beteiligen sich große Teile der Bevölkerung an den Trauerfeiern in Iquique. Die Beisetzung war ein Schritt, die Vergangenheit zu bewältigen, ein Schritt, den Schrecken von Pisagua zu überwinden, Wunden zu schließen, zumindest für diejenigen, die ihre Toten zu Grabe tragen konnten. Noch immer sind die Überreste einiger Verschwundener nicht gefunden worden.

Das Leben und somit auch die Bedingungen des Widerstands im Norden unterschieden sich von denen in Santiago. Doch selbst der Große Norden, also die I. und II. Region, ist nicht einheitlich. In Arica etwa gab es in den poblaciones heftigen Widerstand gegen die Militärs, während in Iquique der Protest vor allem kulturellr Art war. Allerdings gab es in Iquique 1983 eine Massendemonstration in der Innenstadt, was im politisierteren Arica nicht vorkam.

Maria Robles ist eine 45 Jahre alte, eher zierliche Frau. Seit einigen Jahren lebt Maria in Calama, einer Stadt, in der die Situation für Frauen aufgrund der Bevölkerungsstruktur eine ganz besondere ist.[2] Als Präsidentin des Frauennetzwerks von El Loa sucht sie sich auch bei den etablierten Parteien Verbündete, doch sie bleibt gegenüber der offiziellen Politik kritisch. Ihre Enttäuschung über die unvollkommene Demokratisierung ist bei ihr indessen nicht, wie bei vielen anderen ihrer Generation, in Resignation umgeschlagen. Maria lebte während der 80er Jahre in Arica. Auf die Frage, was ihrer Meinung nach die größten Unterschiede zwischen dem Norden und dem Süden, vor allem im

---

2 Calama, die Kupferstadt, wird in erster Linie von den Bedürfnissen der Männer bestimmt, die in der Kupfermine Chuquicamata, fernab ihrer Familien, arbeiten.

Vergleich zu Santiago, in Bezug auf den Widerstand gegen die Diktatur sind, beginnt Marie mit einem historischen Exkurs.

MARIA : Ich werde vor allem von den Mobilisierungen im Großen Norden erzählen, die eine Geschichte haben, die bis zu den Zeiten der Salpeterminen zurückreicht. Am Ende des 19., Anfang des 20. Jahrhunderts begannen die Arbeiter und Arbeiterinnen in der Pampa des Salpeters, in der II. Region, mit der Mobilisierung, um ihre Arbeitsbedingungen zu verbessern. Ich wage zu sagen, dass die Linke hier im Norden viel stoßkräftiger als im Süden des Landes ist, eben wegen dieser Geschichte, die es hier gibt und wegen der Personen, die zwischen der I. und der IV. Region leben. Wir sind Kinder, Enkel und Urenkel derer, die die Bewegung in den Salpeterminen angestoßen haben. Historisch gesehen sind die Leute hier mehrheitlich links, wenn wir die Frage der Mobilisierungen im Rahmen der Parteipolitik betrachten. Eine Tendenz, die sich auch in den jüngsten Wahlstatistiken niedergeschlagen hat.

Ich war von 1982 an bei den Protesten dabei. Ich hatte Angst und gleichzeitig die Hoffnung, dass wir für etwas sehr Bedeutsames demonstrierten. Wir waren ganz unten angekommen, tiefer konnten wir nicht mehr sinken. Dies betraf sowohl die Repression als auch die wirtschaftliche Lage und die Möglichkeit, Arbeit zu finden. Ich lebte in einer población in Arica, die vier Blocks von der Avenida Tucapel entfernt war. Diese Avenida war die Bühne für die Straßensperren, wo sich die Leute trafen, um Autoreifen und alte Matratzen zu verbrennen. Man sorgte für einen Stromausfall, und nur die brennenden Barrikaden erhellten die Nacht. Wenn dann die Soldaten und die Carabineros mit ihren Lastern oder Panzerfahrzeugen kamen, war es schwer für sie, uns zu finden, denn es war alles dunkel auf der Straße und in den Gassen. Die Soldaten waren angemalt wie im Krieg und trugen Maschinenpistolen. Wenn wir bei größeren Demonstrationen bis zum Columbus-Platz zogen, warfen die Militärs Tränengasbomben. Die Leute, die sie verhafteten, verbannten sie an andere Orte des Landes. Sie schickten die Leute in den Süden, an ungastliche Orte, in denen es sehr kalt war.[3]

---

3 Siehe auch das Kapitel „*Sehr geehrter Bürgermeister, sehr geehrter Herr Verbannter*".

Von 1984 an machte ich bei der Partido Humanista de Chile (Humanistischen Partei Chiles) mit. Ich bin über die Bewegung des aktiven, gewaltfreien Widerstands, der Ideologie der Humanisten, zur Partei gestoßen.

Einmal, als wir sonntags um zwölf Uhr aus der Gemeinde kamen, fuhr ein weißes Auto mit verspiegelten Scheiben vorbei, aus dem sie uns mit Pistolen beschossen. Das war 1985 oder 1986. Eine Freundin von mir wurde am Bein verletzt. Ein anderes Mal, 1987 oder 1988, waren wir im Büro der Humanistischen Partei im Zentrum der Stadt. Es hatte zuvor eine sehr große Protestdemonstration im Parque Brasil gegeben, und wir wollten danach die Bilanz unserer Beteiligung ziehen. Zwei Lastwagen der Militärs fuhren vorbei, aus denen wir beschossen wurden. Wir haben uns dann alle unter die Tische geworfen. Bei der Kampagne des „No" 1988 gab es zwar viele Leute auf der Straße, aber es stimmten immerhin 43 Prozent mit „Sí". Fast die Hälfte des Landes war auf der Seite des Diktators.

Damals war es für uns sehr schwierig, Informationen weiterzugeben, denn wir hatten nicht die Mittel, die es heute gibt. Heute gibt es Computer und Internet. In Santiago war es leichter, Zugang zu Informationen zu bekommen. Ich bin einmal von der Humanistischen Partei aus nach Santiago gereist und sah, dass sie dort über viel mehr Material verfügten. Das Land ist nun einmal zentralisiert, auch wenn es einen anders lautenden Diskurs gibt. Alles ist dort konzentriert. Es heißt, Santiago sei Chile. In die Regionen gelangt sehr wenig. Aber der Beitrag, den die Menschen aus dem Großen Norden geleistet haben, um die Diktatur zu stürzen, war bedeutend.

Als Partei hatten wir für den Tag des Plebiszits ein Netz aus Wahlbeobachtern zusammengestellt. Für jedes Wahllokal hatten wir Beobachter instruiert. Die Tage vor dem Plebiszit waren durch Schlaflosigkeit gekennzeichnet, weil wir viele Leute für diese Aufgabe qualifizieren mussten. Am Tag der Abstimmung waren wir im Lokal der Partei, aber hinter verschlossenen Türen, denn da der Parteisitz in der Nähe eines Wahllokals lag, durften wir nicht öffnen. Morgens gegen vier Uhr, als wir das Parteilokal verließen, um nach Hause zu gehen, Kaffee zu trinken und die Kleidung zu wechseln, weil wir gegen halb sieben wieder am Lokal sein mussten, haben uns die Soldaten angehalten. Wir hatten die ganzen

Unterlagen für die Wahlbeobachter bei uns. Sie durchsuchten uns und wir befürchteten, dass sie das Material beschlagnahmen würden. Aber wir durften weiterziehen. Das war ein Tag! Wir hatten die ganze Nacht nicht geschlafen. Ich ging nach der Arbeit gegen sieben Uhr am Abend nach Hause, das war mein Geburtstag, der 5. Oktober. Daheim schlief ich sofort ein. Ich wachte erst am nächsten Tag gegen ein Uhr mittags wieder auf. Ich habe unseren Sieg verschlafen. Ich kaufte mir die Tageszeitungen, um mich zu überzeugen, dass Pinochet verloren hatte. Am Nachmittag bin ich dann zu den Feiern hinzugestoßen. Wir feierten drei Tage lang.

Bernardo Guerrero, 52, der Leiter von CREAR[4], dem Zentrum zur Erforschung der Wirklichkeit des Nordens, empfängt mich abends in seiner Wohnung. Bernardo hat in den 80er Jahren das Institut in Iquique aufgebaut. Er ist, das ist zu spüren, mit dem Erreichten einigermaßen zufrieden. Das unterscheidet ihn von vielen meiner Gesprächspartner, insbesondere im Norden. Sein Institut hat ein Buch über das Lager in Pisagua herausgegeben, Bernardo war an der Suche nach dem Massengrab beteiligt.[5]

BERNARDO : Von einem Tag auf den anderen wurde unter Pinochet aus Iquique, der kleinen Stadt in der Krise, mit der Schaffung des Freihafens eine Stadt, in der es plötzlich alles gab, und vor allem viel, viel Geld. Menschen, die bislang nur im Fernsehen oder im Kino gesehen haben, wie jemand Whiskey trank, tranken ihn nun selbst wie Wasser. Der Konsum boomte und das veränderte die Lebensweise. Auf der einen Seite gab es den Freihafen, auf der anderen Seite Pisagua. Das sind zwei sehr starke Gegensätze. Und das in einer Zone, die eine sehr lange Tradition einer kämpferischen Arbeiterschaft hat. Wegen des Freihafens gab es eine starke interne Migration: Viele Leute, die von außen kamen, haben auch die politische Landschaft verändert. Die alten

4 CREAR, Centro de Investigación de la Realidad del Norte, Zentrum zur Erforschung der Wirklichkeit des Nordens, www.crear.cl.
5 Bernardo Guerrero Jiménez (Editor), *Vida, Pasión y Muerte en Pisagua*, CREAR Centro de Investigación de la Realidad del Norte, Iquique 1990. Um das Lager in Pisagua und die Suche nach dem Grab dreht sich auch der Roman von Nelson Muñoz Morales, *Caballo Bermejo – Lejos ya, les sacarán las vendas y verán nuevamente el mar*, LOM, Santiago 2000.

Iquiqeños sind Kommunisten, aber die jungen Leute, die hier herge-
zogen sind, hatten dieses politische Bewusstsein nicht, das viel mit der
Salpeterproduktion in der Pampa zu tun hatte. Heute gibt es hier keine
Arbeiterschaft, kein Proletariat mehr.

Eine der ersten Formen des Protests, die es in Iquique gab, war ein Konzert, das ein paar Freunde 1979/80 im Gemeindesaal Espiritú Santo mit
Sängern aus Santiago wie Osvaldo Torre und Isabel Aldunate organisierten. Sie sangen Lieder für die Verschwundenen. Aus der Distanz betrachtet, war das eine sehr mutige Sache, aber wir haben es einfach gemacht. Ferner wurden Kassetten mit Protestmusik von Hand zu Hand
weitergereicht, es gab einen kleinen Kreis, in dem diese schlecht auf-
genommenen Kassetten kursierten. Musik von Silvio Rodriguez, oder
Quilapayún, all diese Musik, die auf ihre Weise gegen das Regime und
gegen die Diktatur war und die man nicht im Radio hörte.

1980 war Iquique eine sehr kleine Stadt, in der jeder jeden kannte.
Dennoch haben wir Aktivisten uns Tarnnamen gegeben. Das war fast
ein bisschen lächerlich, denn man kannte ja auch den richtigen Namen
des anderen. Wir machten einige Aktionen, die jetzt aus der Distanz
sehr unschuldig wirken: hier oder da einen Freund treffen oder Flugblätter drucken. In einem so überschaubaren Ort wie Iquique war das
etwas sehr Kompliziertes. Später übernahmen die politischen Parteien
diese kleinen Aktionen. Zu mehr waren sie hier nicht in der Lage. Auf
der anderen Seite begannen wir als Nichtregierungsorganisationen, gemeinsam mit einigen linken Priestern Veranstaltungen auf die Beine zu
stellen, damit die Leute aus ihren vier Wänden herauskamen. Es ging
darum, den Teufelskreis der Angst zu durchbrechen. Wir zeigten im
Gemeindesaal der Kathedrale Videos, die uns aus Santiago erreicht hatten, und es kamen zwanzig oder dreißig Personen, um sie zu sehen. Es
war so, als ob wir sagen wollten: „Wir halten zusammen." Ich erinnere
mich daran, wie mich eine Freundin fragte: „Kannst du mir die Filme
nicht ausleihen, damit ich sie mir in Ruhe zu Hause anschauen kann?"
„Nein", habe ich ihr gesagt, „die sind nicht dafür da, dass du sie dir in
Ruhe zu Hause anschaust, sondern dafür, dass wir sie gemeinsam in
Ruhe anschauen." Das war doch gerade die Idee, dass wir zusammen
waren und der Vereinzelung entflohen. Einmal zeigten wir den argentinischen Film *La historia oficial*. Wir hatten eine Kopie mit furchtbar

schlechter Tonqualität. Wir wollten den Film an einem Abend zeigen, aber es kamen so viele Menschen, dass wir ihn drei Wochen lang vorführten, trotz der schlechten Qualität. Die Leute waren begierig, diese Art der Dinge zu sehen.

Nach und nach erreichten wir eine gewisse Routine, wir machten Seminare oder trafen uns zum Diskutieren. Wir trafen uns zum Beispiel immer montags, sechs, sieben Leute und diskutierten über das ökonomische Modell auf Grundlage der Zeitschrift *Mensaje*, einer Publikation der Priester. Wir trafen uns mit etwas Angst, denn in jedem Augenblick konnte alles Mögliche geschehen. So war das bis 1983/84, als man hier in Iquique die ersten Proteste auf die Beine stellte. Wir sind mit fünfzig, sechzig Leuten auf die Straße gegangen, und wir hatten sehr viel Angst. In Iquique war gerade die Hochzeit des Freihafens und alle Leute hatten hier Autos, tranken Whiskey, und Elektroartikel waren total billig. Aber wir gingen auf die Straße und skandierten: „Brot, Arbeit, Gerechtigkeit und Freiheit." Das wirkte natürlich einigermaßen blöde, „Brot und Arbeit" zu fordern, in einer Stadt, die mit all dem Elektrokram und dem ganzen Whiskey überschwemmt wurde. Aber dennoch gingen wir auf die Straße, drehten eine Runde, sozusagen als Übung, um die Angst zu überwinden. Das war im August und September 1983.

Später gab es ein kleines Lokal, El Wagón, in das wir jede Nacht gingen, um Sandwiches mit frittiertem Fisch zu essen, Gitarre zu spielen und zu singen. Es gab eine Art von Boheme, die Nacht des Widerstands, wo man zum Wein die Musiker Lieder singen hörte, die nicht im Radio gespielt wurden. Als Nichtregierungsorganisationen arbeiteten wir in den Vierteln und mit den Aymaras. Wir nahmen Hörspiele fürs Radio auf, die samstags ausgestrahlt wurden. Wir kommentierten in einigen alternativen Radiosendungen und veröffentlichten jeden Sonntag Artikel, was uns erlaubt wurde, obwohl es sich um rechte Zeitungen handelte. Wir haben den Leuten in den Vierteln beigebracht, wie man Artikel verfasst und sie zu „Volkskorrespondenten" ausgebildet. Etwa zwanzig Bulletins haben wir herausgebracht. Wir dachten – sehr romantisch –, wir könnten auf diese Weise das Informationsmonopol durchbrechen.

Militärischer Widerstand war hier nicht möglich, es war also eher kultureller, später dann politischer Widerstand. Für mich war das Kulturelle immer wie Zement, der die Leute zusammenhielt, wenn sie gemeinsam Filme schauten, Texte lasen, Seminare besuchten und über verschiedene Themen diskutierten. Die Parteien kamen später. Alles spitzte sich 1988 beim Plebiszit zu. Hier hat damals das „No" gewonnen. Dabei hatte Pinochet so große Hoffnung, dass nach all dem, was er für Iquique getan hatte, das „Sí" gewinnen würde. So dass Pinochet, als sie ihm mitteilten, dass er verloren hatte, fragte: „Auch in Iquique?" „Ja", sagten sie ihm, „auch in Iquique!" Pinochet mochte Iquique sehr, er war hier stellvertretender Verwaltungsoffizier gewesen, eine seiner Töchter heiratete hier, all solche Dinge."

Ein wichtiges Ereignis mit massenhafter Beteiligung war die Beerdigung der compañeros von Pisagua 1990. Das war ein großer politisch-kultureller, politisch-psychologischer Akt, bei dem ganz Iquique auf die Straße ging. Dank des Freihafens schien man Pisagua zu vergessen, doch dieses große Begräbnis war wie der Abschluss eines sehr schmerzhaften Prozesses. Es war ein Zeichen der Befreiung. Ich war an der Aushebung des Massengrabes beteiligt. Ich war dort, denn ich begleitete den Richter, um ihm zu helfen. Ich stand dort neben einem Jungen und fragte ihn: „Wen suchst du denn hier?" Und er gab zurück: „Frag nicht. Einer dieser Toten ist mein Vater." Wir mussten mit den Händen graben, um die Knochen nicht zu zerstören. Man strich mit der Hand über die Knochen von Leuten, die man gekannt hatte. Ich kannte alle, die da lagen. Es war sehr heftig, dieses Grab zu entdecken. Danach fing man an, öffentlich über Pisagua zu reden. Viele Leute begannen zu erzählen, was ihnen widerfahren ist. Es wurden Bücher veröffentlicht und es kamen Videos heraus. So wie alles zum Vorschein kam, was versteckt war, so teilte sich auch der Schmerz mit. Und wenn sich der Schmerz mitteilt, wird er vielleicht ein kleines bisschen weniger schmerzhaft. Dieser Prozess endete mit dem Begräbnis der Toten von Pisagua. Allerdings nicht vollständig, denn sechs oder sieben compañeros hat man noch immer nicht gefunden.

Guillermo Arnoldo Ross-Murray Lay-Kim, 63, arbeitet im Zeitungsarchiv des Museums von Iquique. Er ist Schriftsteller und Dichter, engagiert sich in der Menschenrechtskommission und ist Mitglied der Angehörigengruppe von politischen Gefangenen und Verschwundenen von Iquique.

GUILLERMO: Schau dich um, wohin willst du hier abhauen? Ich sage immer: Von zehn Bewohnern Iquiques sind neun beim Militär und einer bei der Heilsarmee. Hier kannte jeder jeden. Wir kannten ja auch die Geheimdienstler. Wenn nun Pinochet oder irgendein anderer hochrangiger Militär aus Santiago kam, verkleideten sich hier die Geheimdienstler zum Beispiel als Betrunkene auf der Straße. Wir sprachen sie dann an und fragten: „Na, machst du dich wieder lächerlich?" Iquique war so etwas wie die Primadonna der Militärdiktatur, denn Pinochet hat aus dem Freihafen, der ursprünglich die Industrie nach Iquique bringen sollte, einen großen Markt gemacht. Von der Industrie ist praktisch nichts mehr geblieben. Auf der anderen Seite ist in Iquique die Militärpräsenz sehr stark. Iquique gehört zu den wenigen Orten, an denen es jeden Sonntag eine Parade gibt und auf der Plaza Prat die Fahne gehisst wird.

Es schlug wie eine Bombe ein, als sie am 2. Juni 1990 das Grab in Pisagua entdeckten. Denn den Leuten wurde klar, was die Militärs getan haben. Warum? Weil unter den Toten auch eine Reihe unpolitischer Personen war und die Zeitungen in den 70er Jahren gemeldet hatten, dass diese in Freiheit entlassen wurden. Auch der Witwe, der Ehefrau, der Tochter hatten sie gesagt, zu welchem Datum er entlassen wurde, obwohl er in Pisagua umgekommen war.

Neben der Solidarität, die es zwischen den Menschen gab – als hier ein Bischof Probleme bekam, waren es die Kommunisten, die sich als erstes mit ihm solidarisierten –, gibt es noch etwas anderes Positives, nämlich, dass die Menschen eine Reihe von Fähigkeiten und Talenten bei sich entdeckt haben. Als Schriftsteller und Dichter hatte ich meine Zukunft immer in der Universität gesehen, doch dann habe ich mich engagiert und bin zufrieden damit. Denn die Beziehungen, die sich in jener Zeit ergeben haben, bestehen noch immer. Das ist ein großer Reichtum. Manchmal war ich davon überrascht, welche Fähigkeiten jemand entwickeln kann. Man hat immer Angst, aber das Interessante ist, diese Angst zu überwinden und zu handeln. Die Mütter zum Beispiel, die hatten mit Politik zuvor nie etwas am Hut gehabt. Und dennoch wurden sie so etwa wie Pioniere. Nicht nur in Iquique, sondern im ganzen Land. Die Mütter und die Schwestern verließen ihr traditionelles Umfeld. Ich möchte Baldramina Flores de Lizardi hervorheben, die Mutter von Humberto[6]. Sie war Pionierin. Die war eine der Ersten und sie ist immer noch dabei.

Vivian Gavilán Vega ist Anthropologin und arbeitet im Centro de Investigaciones del Hombre en el Desierto, dem Zentrum der Erforschung über den Menschen in der Wüste in Iquique. Sie leidet besonders stark unter den gesellschaftlichen Veränderungen, die die Militärdiktatur mit sich gebracht hatte. Teilweise wirkt sie trotzig-kämpferisch, meist klingt sie jedoch eher deprimiert.

VIVIAN : Der erste Massenprotest hier in Iquique war Anfang September des Jahres 1983. Es war sehr bewegend, denn es gab Leute, die wir seit 1973 nicht mehr gesehen hatten. Es war der absolute Frühling. Aus Furcht hielten wir uns zurück und begrüßten selbst jene Leute nicht, die wir zehn Jahre lang nicht gesehen hatten, aber wir stellten fest: „Ihn gibt es noch. Er lebt." Wir demonstrierten mit viel, sehr viel Angst. Die Angehörigen der Verschwundenen und einige Studenten gingen auf die Straße, aber es waren vor allem die alten Leute, die bereits eine politische Geschichte hatten, die an der Demonstration teilnahmen. Wir trafen uns an der Plaza Condel und liefen los in Richtung Zentrum. Es war das erste und einzige Mal, dass wir die Straßen eroberten.

Heute geht hier kaum mehr jemand auf die Straße. Bei den Protesten gegen das Freihandelsabkommen APEC 2004 habe ich Verrückte mit vier Studenten demonstriert. Das war lächerlich, fünf Durchgeknallte mit Pappschildern. Diese Stadt ist verloren, ein Teil ihrer Geschichte ist ausradiert. Die Gesellschaft hat sich gewandelt, die Diktatur hat die Menschen verändert. Ich glaube, es herrscht noch immer Angst. Meine Töchter werden nie vergessen, wie ich 1989, damals in Arica, ein Transparent aus dem Fenster unserer Wohnung hing, auf dem stand: „Pinochet ist eine nationale Schande." Für die ältere Tochter, sie war neun Jahre alt, war das eine heftige Erfahrung: „Wie kann meine Mama so etwas tun?" Meine Töchter, die jüngere ist 1984 geboren, haben Angst vor meinem Engagement. In anderen Ländern sind die Töchter meiner Freundinnen stolz darauf, wenn ihre Mütter demonstrieren. Hier nicht, meine Töchter schämen sich für mich."

---

6 Humberto Lizardi Flores gehörte zu den fünf Erschossenen des ersten Kriegsrats von Pisagua, der am 11. Oktober 1973 die Exekution vollstrecken ließ. Humberto war Mitglied der MIR und arbeitete als Englischlehrer. Er war am 11. September 1973 verhaftet worden. Bei seiner Hinrichtung war er 26 Jahre alt. (Vgl. *Informe Rettig*)

Vivian beschreibt die Situation in Iquique als hoffnungslos. Doch es gibt auch andere Beispiele aus dieser Stadt und im Norden: Im Kapitel über den Arbeiterwiderstand habe ich von den Hafenarbeitern berichtet, die sich in den 90er Jahren an die Spitze der unabhängigen Gewerkschaftsbewegungen gesetzt haben. Auch für sie sah die Situation anfangs sehr schwierig aus, befanden sich die Häfen doch lange Zeit unter direkter militärischer Kontrolle. Möglicherweise käme Vivian zu einer weniger pessimistischen Einschätzung der Lage Iquiques, wenn es den verschiedene Akteuren gelänge, miteinander ins Gespräch zu kommen, gemeinsam den reichen Schatz an Widerstandserfahrungen zu bergen und daraus Lehren für die Gegenwart zu ziehen. 2007 jährte sich zum hundertsten Mal das Massaker in der Schule Santa Maria. Wer das Andenken der Männern und Frauen bewahren möchte, die damals in eine Falle gelockt und erschossen wurden, weil sie aus der Pampa nach Iquique kamen, um für ein würdiges Leben zu demonstrieren, der sollte seinen Blick nicht nur in die Vergangenheit richten. Dass es im gesamten Land Menschen gibt, die sich mit diesem traurigen Jubiläum befassen, ist ein Indiz dafür, dass sich die Menschen mit dem Schicksal der Unterdrückten verbunden fühlen, ja, sich bis zum heutigen Tag in einer Tradition mit ihnen sehen – aller zeitlichen und räumlichen Entfernungen zum Trotz. In Calama, Arica und Iquique gibt es unterschiedliche Initiativen, Gruppen und Projekte, die versuchen eine Politik zu entwickeln, die den heutigen Bedingungen entspricht. In den vergleichsweise überschaubaren Städten des Nordens können sich diejenigen, die etwas verändern wollen, den Luxus des Sektierertums noch weniger leisten als in Santiago.

„SEHR GEEHRTER HERR BÜRGER-MEISTER, SEHR GEEHRTER HERR VERBANNTER"

Zu den repressiven Maßnahmen, zu denen die Diktatur in den 80er Jahren griff, um gegen den Widerstand vorzugehen, gehörte die Verbannung innerhalb des Landes. Menschen wurden bestraft, indem sie für mehrere Monate aus ihrer Nachbarschaft und ihrer Familie herausgerissen und an einen entlegenen Ort, oft im Norden oder im Süden des Landes, gebracht wurden. Doch die Rechnung der Militärs ging nicht auf. Dank der Solidarität vieler Menschen fanden die Verbannten Unterstützung. Auch hier spielte die Kirche, in der in dieser Zeit eine starke Strömung der Befreiungstheologie existierte, eine wichtige Rolle. Einwohner der Orte unterstützten die relegados (Verbannten) mit Lebensmitteln. Die Verbannten brachten ihrerseits neue Informationen über das Militärregime in die entlegenen Orte, erzählten von den Protesten in Santiago … Schnell wurden sie zu wichtigen Personen innerhalb der Gesellschaft an ihrem unfreiwilligen Aufenthaltsort. Guillermo Arnoldo Ross-Murras Lay-Kim aus Iquique erinnert sich an einen Witz des Karikaturisten Lukas alias Renzo Lukas Pecchenino in der Zeitung *Mercurio*. Bei einem offiziellen Anlass begrüßt der Redner die Gäste mit den Worten: „Sehr geehrter Herr Bürgermeister, sehr geehrter Herr Verbannter …"

Die relegados sollten möglichst keinen Kontakt zur Außenwelt aufnehmen können. Deshalb wurde Julieta Campusano in ein Dörfchen in der Nähe von Antofagasta verbannt, erzählt Guillermo, denn dort gab es kein Telefon. Als auch dieser Ort ans Telefonnetz angeschlossen wurde, brachte man die einstige Senatorin der Kommunistischen Partei nach Camiña. Sie kam in der Nacht an, doch am nächsten Tag wurde auch dort das Telefonnetz installiert. Die technische Modernisierung des Landes schritt voran und machte es für die Machthaber schwierig, die neuen Möglichkeiten der Kommunikation vollständig zu kontrollieren. So erzählt Renato Cárdenas aus Castro von Paty Torres, einer studentischen Aktivistin, für die in ihrem Ort der Verbannung eines

Tages ein Anruf einging: „Hier spricht José Miguel Barras von Radio Moskau." Renato Cárdenas: „Sie machten ein Interview mit Paty, und in der Nacht wurde das Gespräch im Radio Moskau gesendet, dem meistgehörten Radio in Chile in dieser Zeit. Eine solche Verbindung hätte es aus der Sicht der Staatsmacht natürlich nie geben dürfen, und der Telefonvermittler wurde vermutlich gefeuert."

Doch auch andere Dinge liefen nicht so, wie sich das Pinochet und sein Stab vorgestellt hatten: „Ich kann mich an den Fall eines jungen Mannes erinnern, der nach Iquique verbannt wurde, weil er in Concepción festgenommen wurde, als er seine Freundin besuchen wollte", erzählt Guillermo. „Die hatte in der Nähe eines Platzes gewohnt, auf dem eine Demonstration stattfand. Sie nahmen den Jungen fest und schickten ihn hierher. In Concepción hatte er sich nicht auf Politik eingelassen, doch dann sagte er sich: ,Jetzt, nachdem sie mich festgenommen haben, ohne dass ich was gemacht habe, werde ich anfangen zu kämpfen.' Die Verbannungen bewirkten also das Gegenteil dessen, was beabsichtigt war. Es gab eine Menge solcher Fälle."

Dennoch, auch wenn die beabsichtigte Wirkung mitunter ausblieb, war die Verbannung ein heftiger und illegitimer Eingriff in das Leben der Oppositionellen. Wie drastisch dieser Angriff der Militärdiktatur auf die Menschen wirkte, hing nicht zuletzt davon ab, wie die Einwohner die Verbannten aufnahmen.

In der großen Küche von Rosa Peréz Pinto bekommen Gäste erst mal einen selbst gemachten Schnaps eingeschenkt. Gastfreundschaft schreibt die heute 78-Jährige schon seit langem groß. Davon profitierten während der Diktatur jene, die zur Strafe nach Chonchi gebracht wurden. Chonchi ist ein ruhiger Ort etwa zwanzig Kilometer südlich von Castro, der Hauptstadt der Insel Chiloé. „Es gab einen Lehrer, einen Vater von fünf Kindern, den sie ohne irgendetwas hierher geschickt hatten. Ich musste dann nachts raus, um mich mit Freunden zu treffen und um Geld zu sammeln. Damit konnte er hier seine Unterkunft bezahlen, und ihm blieb etwas, das er an seine Familie schicken konnte. Chiloé galt als Strafe, aber die Leute verbrachten die Zeit hier sehr gut. Denn die Chiloten sind gastfreundlich. Als die Militärs mitbekamen, dass es den Verbannten gut erging, wurden sie an andere Orte gebracht. Es war nicht ungefährlich, den relegados zu helfen, doch man nahm das in Kauf, weil es Menschen und compañeros waren. Ich bin Sozialistin, aber es war mir egal, welcher Partei die Verbannten angehörten, denn es waren Linke. Ich bin glücklich, ihnen geholfen zu haben. Ich habe meine Mission erfüllt. Noch immer kommen im Sommer ehemalige Verbannte hierher, um ihre Ferien zu verbringen."

Auch Renato Cárdenas, der Dichter aus Castro im Süden Chiles, wurde verbannt – in den Norden versteht sich: „Sie verbannten mich Ende 1984. An den Tag kann ich mich gut erinnern, denn ich kam am 31. Dezember an meinem Verbannungsort an. Ich war in Quillagua, in der Wüste. Wir waren dort vier Verbannte. Die Reise dorthin nahm viel Zeit in Anspruch, du wurdest von einem Gefängnis zum nächsten gebracht, bis du endlich ankamst. Alles auf dem Landweg. Von hier nach Santiago sind es ja schon 1200 Kilometer, und von Santiago nach Quillagua ist es mindestens noch einmal so weit. Das war ein sehr langer Weg. Als wir am Verbannungsort ankamen, sollten wir fotografiert werden. Der Kerl mit der Kamera war ein ziemlicher Hippie mit einer kleinen Brille. Ich sagte ihm, er solle nicht so nervös sein, wir seien schließlich keine Terroristen. Erst später erfuhren wir, warum er so aufgeregt war. Er stammte aus einem kleinen Dorf in der Nähe und er war der einzige Fotograf weit und breit. Also schnappte sich ihn die Polizei und brachte ihn nach Quillagua, damit er dort die Bilder für das Register anfertigte, aber der junge Mann war im örtlichen Widerstand aktiv. Jetzt musste ausgerechnet er uns registrieren, das war schlimm für ihn. Die 90 Tage Verbannung waren politisch gesehen eine sehr gute Sache für die Dörfer, in die wir kamen. Denn so konnten wir verbreiten, was andernorts im Land geschah. Es waren ja Dörfer, in die sonst wenig Informationen aus dem Rest des Landes gelangten. Das war strategisch das Schlechteste, was Pinochet machen konnte: soziale und gewerkschaftliche Anführer an jene Orte zu schicken, an denen es bis dahin keine politischen Aktivitäten gab. Die Verbannung war wirklich das Absurdeste, das sich die Regierung Pinochet hat einfallen lassen."

Die Auflagen für die Verbannten waren streng, ihre wirtschaftliche Situation mehr als prekär. Doch viele der Verbannten ließen sich nicht einschüchtern, sondern versuchten, ihr Leben so würdevoll wie möglich zu leben. Renato: „An unserem Verbannungsort mussten wir vier Mal am Tag bei der Polizeistation unterschreiben. Bei meinem ersten Besuch, sagten mir die Polizisten: ‚Sie müssen hier um 3, 5, 14 und 23 Uhr erscheinen.' Ich sagte: ‚Nein, das werde ich nicht tun. Ich unterzeichne lediglich zu den Uhrzeiten, an denen ich wach bin. Wenn Sie wollen, dass ich zu den angegebenen Zeiten unterschreibe, müssen Sie mich zu Hause abholen und herschleppen. Ich werde das nicht freiwillig mitmachen. Sie werden dann den ganzen Ärger haben, mich zu diesen Zeiten aufzusuchen. Außerdem wissen Sie, dass momentan die ganze Welt nach Chile blickt.' Ich habe in jener Zeit Solidaritätsanrufe aus Deutschland, Italien und den Vereinigten Staaten erhalten. Das war für die Sicherheitsorgane sehr beeindruckend, weil sonst niemand in diesem Ort internationale Anrufe bekam. Danach unterschrieben wir zu normalen Uhrzeiten, um 8 Uhr morgens das erste Mal und das letzte Mal um 23 Uhr. Die Leute in Quillagua, mitten in der Wüste, waren sehr solidarisch mit uns. Das, was sie betrieben, kann man kaum Landwirtschaft nennen. Es war der Kampf ums nackte Überleben, aber sie teilten mit uns das Wenige, was sie hatten. Sie gaben uns Maiskolben. Mais war das einzige, was dort wuchs, aber er war sehr lecker. Sie brachten uns die Maiskolben nachts, damit die Polizei es nicht mitbekam. Ein Jahr nach der Verbannung schickte mir eine einfache Frau, Doña Texia Hoyos, eine Postkarte, auf der stand: ‚Wir vermissen euch, jetzt gibt es hier keine Verbannten mehr.' In der Wüste gibt es eigentlich kein Holz, aber du benötigst es, um den Herd zu betreiben. Diese Frau kam an Holz ran und versorgte uns damit. Ich habe immer wieder solche positiven Erfahrungen gemacht. Manche unternehmen selbst unter den widrigsten Umständen Dinge, die dich wieder an die Menschheit glauben lassen."

KULTUR ALS WIDERSTAND

Kultur als Widerstands umfasst alle künstlerischen Ausdrucksformen, mit denen mehr oder weniger explizit die herrschende Politik oder die Auswirkungen dieser Politik auf Individuum oder Gesellschaft kritisiert werden, sei es in Bildern, Theaterstücken, Liedern oder Gedichten. Die Bedingungen für alternative Kulturschaffende haben sich unter der Concertación teils deutlich verbessert, teils sind sie schlechter geworden. Formal gibt es in der chilenischen Gesellschaft von heute gewiss mehr Räume, sich und seine Ideen zu entwickeln. Doch die Hegemonie der oberflächlichen Unterhaltung, die Kommerzialisierung, die Abhängigkeit von staatlichen Zuschüssen und privaten Sponsoren stellen Herausforderungen dar, denen sich die Kulturschaffenden tagtäglich stellen müssen. Zwar gibt es, insbesondere in Santiago, eine große Zahl von neuen Ausstellungsorten, Bibliotheken und Bühnen, doch selbstbestimmte Nischen wie besetzte Häuser oder Kulturzentren sind permanent in ihrer Existenz bedroht. Noch gibt es neben professionellen Künstlern eine Vielzahl von Menschen, von einfachen Arbeitern oder jungen Studenten, die Gedichte schreiben, singen oder Gitarre spielen. Sie halten ein kulturelles Erbe am Leben. So wie es die vielen Straßenmusiker tun, indem sie Lieder von Victor Jara oder Violeta Parra vortragen. In den ersten Jahren der transición sind neue Subkulturen (Punk, Hip-Hop) entstanden, die bis heute bestehen und sich weiterentwickelt haben. Es gibt (noch immer) eine Kultur der Straße, doch der Trend geht zum Boulevard: Die einen flanieren, die anderen sind zum zuschauen verbannt.

DER KAMPF DER DICHTER

Die Kommunisten auf der Insel Chiloé wollten die Kultur anfangs nur als Fassade nutzen: Workshops sollten nicht mehr sein, als ein Vorwand, unter dem sich die Menschen trafen, um sich zu organisieren.

Möglichkeiten, sich politisch oder gar militärisch gegen die Diktatur zu stellen, gab es auf Chiloé nicht. Doch die Entwicklung der Kultur, oder, um präzise zu sein: der Poesie, nahm einen unerwarteten Lauf. Sie verselbstständigte sich. Chiloé brachte eine ganze Reihe talentierter Dichter hervor.

RENATO CÁRDENAS : Castro ist ein sehr spezieller Fall, denn in anderen Orten ergänzten die kulturellen Aktivitäten und die Literatur die Bewegung der Opposition. Im Gegensatz dazu war in Castro die Literatur die zentrale Achse des Widerstands. Wir gründeten 1975 eine Literaturgruppe, die sich *Aumen* (Echo des Berges) nannte. Wir waren drei Lehrer: Elba Andrade, Carlos Alberto Trujillo – beide leben heute in den USA – und ich. Ich bin der einzige, der hier geblieben ist. Wir drei waren aus drei unterschiedlichen Parteien: aus der MIR, der Revolutionären Kommunistischen Partei und der Kommunistischen Partei, in der ich Mitglied war. Wir bildeten ein gemeinsames Komitee, um zu sehen, wie wir uns dem Problemchen, das wir hatten, entgegenstellen konnten. Wir entschieden uns, eine kulturelle Gruppe zu gründen, um uns zu reorganisieren. Anfangs war es nicht mehr als ein Werkzeug, aber dann tauchten gute Dichter auf. Mit der Literatur beschäftigten wir uns nur pro forma, allerdings auf einem hohen Niveau. Wir haben uns fünf Jahre lang zwei Mal pro Woche für zwei Stunden getroffen. Kein einziges dieser Treffen haben wir ausfallen lassen. Die Leute begannen, sich dafür zu interessierten, und langfristig führte unsere Arbeit dazu, dass die Literatur, insbesondere die Poesie, einen hohen Stellenwert bekam. In Chiloé ist ein Dichter angesehen. Das ist nicht in allen Teilen des Landes so. Hier sind die Eltern stolz, wenn ihre Kinder Dichter werden. Andernorts sind sie eher misstrauisch, denn dort gilt Poesie als Beschäftigung, der nur Frauen nachgehen.

Nach 1982 spielten unsere Werkstätten und die Musiker eine fundamentale Rolle. Die Sänger und Dichter traten bei den Treffen auf, und es war jetzt eine klare, gegen die Diktatur gerichtete Aktion. Für mich war der kulturelle Prozess fundamental für die Reorganisation der politischen Bewegungen gegen die Diktatur. Es gab sehr interessante Theaterprojekte mit Leuten aus den Armenvierteln, die nie zuvor Theater gesehen hatten und nun selbst Theater machten. Manche der heutigen Politiker und Gewerkschaftsführer, trat damals nicht als politische Akteure in Erscheinung, sondern als gute Sprecher in den Theatergruppen.

Ein compañero, der nun in Puerto Montt lebt, und ich, waren die Sprecher der Bewegung und wir verheimlichten unsere Identität nicht. Natürlich waren wir dann auch die ersten, die festgenommen und verbannt wurden. Ohnehin konnten die Menschen hier nur in sehr begrenztem Umfang ihre Identität verbergen. Dennoch funktionierten die klandestinen Strukturen der Kommunistischen Partei, die Zellen. Wir hatten unsere Leute auch innerhalb der Verwaltung. Zum einen genossen wir, die uns engagierten, ein gewisses Prestige und zum anderen waren in den staatlichen Institutionen nicht alle einverstanden mit dem, was im Land geschah. So warnte mich eines Tages ein carabinero, dass mein Haus am nächsten Morgen durchsucht werden sollte.

Solche Erfahrungen machten wir auch rund um unserer Widerstandszeitung La Matraca[1]. Die war natürlich verboten, und für Hinweise auf die Macher waren Prämien ausgesetzt. Aber es gab massive Aktionen, die die Polizei auf den Plan riefen, und bei denen die Beamten dann feststellten: „Ihr seid doch die von Matraca." Dann ließen sie uns einfach gehen, ohne uns festzunehmen. Das war wie ein komplizenhaftes Zwinkern.

Wir stellten die tausend Exemplare der Matraca anfangs mit einem manuellen Mimeografen her. Das ist ein Rahmen mit einem durchsichtigen Stoff, der ermöglicht, dass die Tinte durchdringt. Wir mussten jedes Blatt einzeln bedrucken, es herausnehmen und es zum Trocknen aufhängen. Erst später bekamen wir einen elektrischen Mimeografen. Das war schon gegen Ende der Diktatur. Mir ging es damals sehr schlecht, denn ich war auf Grund der Misshandlungen, die ich in Pisagua in den ersten Monaten nach dem Putsch erlitt, an Hodenkrebs erkrankt. Als mich ein paar compañeros aufsuchten und mich baten, sie nach Achao zu begleiten, weil es dort einen Mimeografen im Angebot gab, hatte ich kaum noch Kraft. Wir machten uns dennoch am nächsten Tag mit einem alten Auto auf den Weg, das den hiesigen Prostituierten gehörte und das sie uns für diese Aktion liehen. Später dankte der erste Abgeordnetenkandidat dem Bordell El Farolito (das Laternchen) für diese Unterstützung. Wir fuhren also mit diesem Auto nach Achao zur

---

1 *Matraca* ist sowohl ein Lärminstrument (Ratsche oder Klapper) als auch eine Bezeichnung für ein Maschinengewehr.

Stadtverwaltung, wo die Auktion stattfinden sollte. Auf dem Weg hatten wir drei Pannen. Es gab zwei weitere Interessenten, aber wir sprachen mit ihnen, und sie sagen uns: „Wenn es für die *Matraca* ist, dann lassen wir euch den Vortritt." Da kein anderer mitbot, mussten wir nur den Mindestpreis bezahlen. Dem Bürgermeister, einem Faschisten, blieb nicht anderes übrig, als zu akzeptieren, dass wir den Mimeografen fast umsonst bekamen. Auf dem Rückweg mit unserem neuen Mimeografen, der wirklich gut war und aus Deutschland stammte, blieb unser Wagen liegen, weil wir keinen Sprit mehr hatten. Kurze Zeit später hielt ein Auto an und der Fahrer spendierte uns das Benzin: „Für die *Matraca* ist das gratis."

Nelson Torres, ebenfalls Dichter aus Chiloé, hat seine Unbeugsamkeit teuer bezahlt: Er verlor seinen Job als Lehrer. Arbeits- und perspektivlos geworden, griff er zur Flasche. Widerstand, auch literarischer, hat seinen Preis. Dabei sei es ihm, so Torres, keineswegs darum gegangen, eine Lyrik der geballten Faust zu verfassen, sondern wirklich literarische Texte zu schaffen, die, das ja, eine politische Aussage hatten oder eine Haltung widerspiegelten.

NELSON: Poesie war für mich in bestimmten Momenten, als Jugendlicher zum Beispiel, bevor das Thema Politik ins Spiel kam, ein Zufluchtsort. Ich weiß nicht, ob das für alle Dichter zutrifft, für mich war sie Trost. Ich war ein wenig schüchtern und introvertiert, und was mir in der Welt verdreht vorkam, das schrieb ich in mein Heft. Das änderte sich dann ein wenig mit der Politik, obwohl auch dort die Poesie so etwas wie eine Stützmauer war. Sie war wie ein Ort, in dem ich jene Ruhe fand, die ich in meiner Umgebung vermisste. Dass es noch andere wie mich gab, gab mir das Gefühl von Sicherheit.

Ich habe in einer Schule auf der Insel Quinchao gearbeitet und der dortige Bürgermeister, der Sohn eines *carabineros*, regierte dort recht selbstherrlich. Das erste was ich tat, als ich dort arbeitete, war, nach den Verbannten zu schauen. Schon das war eine Sünde. Der Direktor erteilte mir eine ganze Menge Ratschläge. Doch als 20-Jähriger mit all meinen Idealen machte ich mir nicht viel daraus. Vielleicht wäre es als Familienvater etwas anderes gewesen, da hätte ich das wohl eher abgewogen und den Verbannten die Unterstützung heimlich zukommen lassen. Das andere war, dass ich für die Theatergruppe, die wir in Castro hatten, Theaterstücke schrieb, die immer eine Allegorie enthielten, um der Zensur zu entgehen. Gegen Ende des Jahres bat mich die Schulleitung dann zu kündigen. Das war 1984, und ich musste bis zur Rückkehr der Demokratie warten, bis ich wieder Arbeit fand. Von 1985 bis 1989, als ich ohne Arbeit war, habe ich getrunken. Damit habe ich erst 1991 wieder aufgehört; bis dahin lief ich hier völlig verloren umher. Du fragst nach Arbeit, aber wenn sie dich so sehen, geben sie dir natürlich keine. Auch deine Freunde nicht, die sich vielleicht schon ein wenig etabliert haben. Die Posten haben andere bekommen. Die, die du nie hast Wandbilder malen oder Flugblätter verteilen sehen.

Pinochet war ein unkultivierter Kerl, der die Dichter hasste. Aber in der ganzen Zeit war die Bewegung existent. Dichter zu sein, bedeutete mitunter, den Job zu verlieren, verfolgt und misstrauisch angeschaut zu werden. Zu Hause war die Situation manchmal noch schlimmer als die Unterdrückung durch die Polizei, denn die Mutter machte dir die Hölle heiß: „Na, gehst du wieder zu diesen Kommunisten?" Kommentare dieser Art. Aber es gab zumindest ein Publikum. Es gab Leute, die kamen zu den Veranstaltungen, auch wenn sie wussten, dass sie ein gewisses Risiko eingingen. Es gab immer eine Gruppe von jungen Leuten, die Interesse hatten, Theater zu spielen, Gedichte zu schreiben oder zumindest an den Treffen teilzunehmen. Fast jede Schule hatte ihre eigene Literaturwerkstatt. Es gab Wettbewerbe, erst auf kommunaler, dann auf Provinz- und am Schluss auf regionaler Ebene. Beim Finale, an dem dann die besten Schüler aus der gesamten X. Region teilnahmen, hatten sie die Möglichkeit, Gonzalo Rojas oder Nicanor Parra zu treffen. Es kamen all die großen Schriftsteller. Mit dem Auftauchen der Demokratie verschwanden die Werkstätten. Auch diesen Wettbewerb gibt es nicht mehr. Ich frage häufig nach dem Grund, aber ich habe bislang noch keine Antwort gefunden. Wenn ich heute einen Workshop oder eine Bibliothek oder sonst irgendein Projekt auf die Beine stellen möchte, erhalte ich spätestens beim dritten Anlauf Unterstützung, denn es existieren Fonds. Solche Unterstützung gab es früher nicht. Das ist schon sehr merkwürdig. Es ist ein bisschen so, als ob die Leute, die im Bereich der Kultur gearbeitet haben, sagen würden: „Wir haben unseren Job erledigt. Wir haben geschafft, dass der Herr der Folter und des Verschwindenlassens seinen Hut nehmen musste. Wir sind am Ziel angelangt."

1995 begann ich, ein Buch über die Verschwundenen zu schreiben. Das habe ich zusammengestellt, wieder auseinander genommen, Gedichte herausgeschmissen, und ich arbeite noch immer daran. Der letzte Teil meines jüngsten Buches heißt *Verse für den verschwundenen Heiligen von Caguach*. Es handelt von diesem religiösen Fest in Chiloé. Der Heilige ist verschwunden, wird Mensch und zieht mit den Leuten auf der Straße umher. Er raucht mit ihnen, ihm gefallen die Frauen ... Doch es gibt ein paar, die scheinen zu begreifen, dass er etwas Heiliges an sich hat. Es ist ein sehr merkwürdiger Christus, denn mal benutzt er eine vulgäre Sprache und mal Wörter, wie sie der Gekreuzigte benutzt haben soll. Wenn jemand das Gedicht analysieren würde, würde er merken, dass dort vieles durchwoben ist mit Dingen, die hier während der Diktatur passiert sind. Er habe mit Politik nichts zu tun, sagt dieser Christus, aber er müsse vor der Folter und vor den Schlägen mit den Gewehrkolben fliehen.

Ich habe ein Theaterstück über einen Aushilfslehrer geschrieben, der der falschen Partei angehört und dessen Schicksal 1998 davon abhängt, ob Pinochet England verlassen darf oder nicht. Ich schreibe Gedichte über die Fischerei oder die Brücke von Chacao[2], das heißt, ich befasse mich auch mit dem, was heute passiert. Chile verfügt über eine einmalige Diversität in seiner Poesie: Hier gibt es eine große Vielfalt unterschiedlicher Stimmen und Linien. In Chiloé versucht man immer, sehr aktuell zu sein. Es gibt eine weitere Besonderheit der Chiloten: Wer eine Reise nach Concepción oder Santiago unternimmt, liest dort auch Gedichte anderer Kollegen vor. Das hat die Leute in Santiago sehr verwundert. Denn normalerweise liest ein Poet nur seine Gedicht vor, und gestattet nicht, dass über irgendetwas anderes als über ihn gesprochen wird.

1995 feierte die Dichtergruppe *Aumen* ihr 20-jähriges Bestehen, 2005 zum 30-jährigen gab es kein Fest mehr. Das Interesse für die lokale Geschichte, insbesondere die politische und soziokulturelle, lasse nach, hat Renato Cárdenas beobachtet. Dabei gibt es in Castro in einem ehemaligen Kino ein Archiv, in dem sich auch ein großer Fundus an Do-

---

2 Diese umstrittene Brücke soll die Hauptinsel Chiloés mit dem Festland verbinden. Befürworter argumentieren mit den Vorteilen für die Bevölkerung, Gegner befürchten um den Verlust der kulturellen Identität der Chiloten und die Zerstörung der Landschaft.

kumenten aus der Zeit des Widerstands findet. Die Möglichkeiten, die sich innerhalb der Demokratie bieten, um sich Wissen anzueignen, das möglicherweise helfen könnte, eine lebenswertere Zukunft aufzubauen, werden nicht genutzt. Eine bittere Erkenntnis in einem Ort wie Castro, wo damals so viel Energie und Kreativität von Nöten war, um selbst kleinste Freiräume zu schaffen.

VOM VERBRECHEN, MUSIK ZU MACHEN

Neben der Dichtung und dem (Tanz-)Theater spielte die Musik eine zentrale Rolle im Widerstand. *Quilapayún* und *Inti Illimani* gehören zu den Gruppen, die auch außerhalb Chiles bekannt geworden sind. In vielen Orten des ganzen Landes gab es Musiker, die zur Gitarre griffen und gegen die Diktatur sangen. Einer von ihnen ist Aliro Morales Riquelme, 45. Er kommt aus einem Dorf in der Nähe von Temuco, war aber bereits während der 80er Jahre in Concepción aktiv, wo er noch heute lebt.

ALIRO :   Ich habe es mir nicht ausgesucht, Musiker zu werden. Ich komme aus einer musikalischen Familie, mein Vater und meine Oma sangen. Ich begann mit 13 Jahren, Gitarre zu spielen. Als ich zwölf Jahre alt war, fand der Putsch statt, doch die Geschichte ging weiter. Wir waren da, um zu singen. Bis zum heutigen Tag habe ich nicht damit aufgehört. Anfang der 80er Jahre gab es in Concepción eine Reihe von Künstlern, die bei den so genannten Peñas auftraten und sangen. Die Mutter aller Peñas war Violeta Parra, die die erste und berühmte Peña in Santiago initiiert hatte.[3] Auf der einen Seite gab es das Bedürfnis, sich zu treffen, auf der anderen Seite die Bestrebung der Diktatur, die Musik und die Kunst zu unterdrücken. Genehm war lediglich Unterhaltungsmusik fürs Fernsehen. Die ersten Veranstaltungen während der Diktatur hießen noch nicht Peña. Das wurde alles getarnt und ganz geheim organisiert. Sie luden mich mit einem kleinen Stück Papier ein:

---

3 *La Peña de los Parra* (Der Zirkel oder der Stammtisch der Familie Parra) entstand Mitte der 60er Jahre und etablierte sich im Haus des Künstlers Juan Carpa im Haus 340 der Straße Carmen im alten Zentrum Santiagos. Die erste und wichtigste Peña in Chile wurde zum Zentrum der Musikbewegung *Nueva Canción Chilena* (Neues Chilenisches Lied).

„An dem und dem Ort. Komm!" Wir kamen in einem Keller zusammen und blieben bis zum Morgengrauen. Manchmal trafen wir uns auch auf dem Land in einem Haus, wo es dann sehr eng wurde. Als die Peñas, dann Anfang der 80er Jahre öffentlicher beworben wurden, kamen alle möglichen Leute zusammen: Ärzte, Arbeiter, Fachkräfte. Auf der einen Seite stand der Feind, auf der anderen Seite waren wir alle vereint. Diese Gemeinsamkeit ist heute verloren gegangen, alles ist fragmentiert. Natürlich war immer mindestens ein Spitzel anwesend. Und ich erinnere mich, dass mir 1982 Freunde rieten, ich sollte mich zurückziehen, denn ich sei ins Visier der Ermittler geraten. Ich habe mir da aber nicht viel daraus gemacht. Meine Einstellung war: „Voilà, hier bin ich." Ich sagte mir: „Sie haben Victor Jara wegen des Singens umgebracht, aber ist singen ein Verbrechen?" Heute ist mir die Gefahr dieses Handelns bewusst. Denn während der Diktatur waren Sänger so etwas wie Terroristen. Einmal stürmten sie um 4 Uhr morgens eine Peña. Ich floh mit einem anderen durchs Fenster, wir erreichten unseren Jeep und fuhren los. Aber meine Gitarre blieb zurück. Später fand ich sie wieder, sie war zerbrochen. 1984/85 sang ich in Concepción auch bei Protesten auf der Straße und wurde das ein oder andere Mal festgenommen und verprügelt. Wenn der Wasserwerfer kam, schützten immer ein paar compañeros meine Gitarre.

Lieder von Victor Jara dürfen auch heute in keinem Repertoire eines linken Straßenmusikers fehlen. Er ist immer noch populär, und selbst junge Punker tragen Victor-Jara-T-Shirts, auch wenn seine Musik so ganz anders ist. Jara, von den Militärs in den ersten Tagen nach dem Putsch gefoltert und erschossen, ist eine Ikone. Doch, welche Art von Musik würde Victor Jara heute machen? Und wo stünde er politisch?

ALIRO : Das ist eine gute Frage. Ich habe darüber auch schon mit einem Freund diskutiert, der ebenfalls ein großer Bewunderer von Victor Jara ist. Jara wäre ja knapp 70 Jahre alt. Ich habe gesagt: „Wenn Victor Jara noch leben würde, wäre er womöglich in der Concertación." Denn viele seiner Mitstreiter, die früher mit ihm in der Kommunistischen Partei waren, sind heute in der Regierung. Aber es gibt Leute, die sagen, Victor Jara sei ein Beispiel an Konsequenz gewesen, und wären alle wie er, dann wäre die chilenische Gesellschaft heute eine andere.

ZWISCHEN VIELFALT UND ZERSPLITTERUNG

Es wäre anmaßend, in einem Kapitel eine Bestandsaufnahme der kulturellen Lage eines ganzen Landes zu wagen. Die Kultur der Aymara ist anders als die der Mapuche, die Regionen unterscheiden sich, und die Situation in Städten ist eine andere als die in den Dörfern. In Santiago gibt es eine Boheme, nicht vergleichbar mit dem kulturellen Leben in Argentiniens Hauptstadt Buenos Aires, aber es lässt sich immerhin eine zunehmende Wertschätzung kulturellen Schaffens feststellen: Neue Theater, Museen, Bibliotheken und Galerien entstehen, eine Entwicklung, die von der Concertación gefördert wird.[4] Die offiziellen Kulturprojekte kommen bei einem Teil der Linken nicht gut an: Das sei lediglich das alte „Brot und Spiele". Doch in den neuen Hallen der Kunst und Kultur geschehen auch Dinge, die gelegentlich Zuspruch selbst bei kritischen Gruppen finden: So wurde im August 2006 der jüngst geschaffene „Rodrigo Rojas Denegri"-Preis für junge chilenische Fotografen im neuen Kulturzentrum unter dem Moneda-Palast der Öffentlichkeit vorgestellt. Denegri war bei Protesten am 2. Juli 1986 von Militärs mit Benzin übergossen und angezündet worden. Der junge Fotograf erlag seinen Verletzungen. In der modernen Bibliothek von Santiago wurde ebenfalls im August 2006 ein Buch über die soziale Bewegungen und die politische Grafik in Chile präsentiert. Der frenetische Applaus am Ende der Veranstaltung zeigte, dass Eduardo Castillo Espinoza mit seinem Buch *Puño y Letra* (Faust und Buchstabe)[5] ein Thema von enormer Bedeutung aufgegriffen hatte. Der Beifall drückte die Dankbarkeit dafür aus, dass jemand einen Schatz geborgen hatte, der sonst Zeit auf dem Grund des trüben Stroms des Vergessens geblieben wäre. Doch selbst an solchen Veranstaltungen, die sehr viel mit ihrer Realität und Erfahrung zu tun haben, nehmen kaum Bewohner der poblaciones teil.

Meiner Einschätzung nach lassen sich dafür folgende Gründe ausmachen: Es gibt in den poblaciones ein generelles Misstrauen gegenüber offizieller Kulturpolitik, das nur punktuell überwunden wird. Und: Für

---

4 Siehe zur Situation von Galerien der zeitgenössischen Kunst in Santiago Guillermo Cifuentes: *Eine Aura der Irrealität – Kunst und Existenz in Santiago*, S. 81–88, in Andreas Fanizadeh, Eva-Christina Meier (Hg.) *Chile international – Kunst, Existenz, Multitude*, ID-Verlag, Berlin 2005.

5 Eduardo Castillo, *Puño y Letra*, Ocho Libros Ediciones, Santiago 2006.

Menschen aus den poblaciones kann selbst eine zusätzliche Busfahrt Luxus bedeuten. Auch freier Eintritt hilft da nicht weiter. Der wichtigste Punkt: Die Menschen in den poblaciones wurden während der transición eigener Ausdrucksformen beraubt. Heute nehmen sie das Kulturangebot entsprechend als etwas Äußeres war, was an sie herangetragen wird, aber nicht als etwas, das etwas mit ihnen zu tun hat.

In den Gesprächen mit den Schriftstellern des Nordens und denen von Chiloé im Süden des Landes wurde bereits geschildert, dass früher etliche Menschen zu Lesungen kamen, wo es heute vielleicht noch ein bis zwei Dutzend sind. Kultur, verstanden als eine bewusste Lebensgestaltung und nicht als Event-Besuch, hat sich angesichts der herrschenden Doktrin des Konsumismus verändert, zumal mit Ende der Diktatur der große Gegenpol, die Kultur des Widerstands, weggefallen ist. Eine Entwicklung übrigens, die der Concertación sehr zu pass kam, war ihr oberstes Ziel in den ersten Jahren doch, das Land ruhig zu halten. Politische und soziale Mobilisierungen waren unerwünscht. Warum sollte widerspenstige Kultur geschützt oder gefördert werden?

Auch die Linke außerhalb der Concertación muss ihr Verhältnis zur Kultur neu austarieren. Lange Zeit war der Blick auf die Kultur der eines Handwerkers auf ein Werkzeug: Nützt uns dieses Theaterstück oder jenes Gedicht, um Sympathie für unsere Politik zu gewinnen? Ein solch eingeschränktes Kulturverständnis würde auf Dauer jeder Kreativität und Weiterentwicklung die Luft abschnüren. Kunst und Kultur sind in Chile – auch innerhalb der Linken – in Bezug auf Inhalt, Form und Funktion großen Veränderungen unterworfen. Schließlich befindet sich das Land 17 Jahre nach Ende der Diktatur in einem Selbstfindungsprozess, der viele gesellschaftliche Bereiche betrifft. Die Kunst benötigt einerseits Autonomie von politischen Bewegungen und Organisationen, um sich entwickeln zu können, zum anderen braucht sie gesellschaftliche Rückbindung, wenn sie nicht selbstgefällig und isoliert sein will.

KÖNNEN TAUSEND TROMMELN GEFÄNGNISMAUERN ERZITTERN LASSEN?

Zu welchen Spannungen die neue Unübersichtlichkeit in der Kulturlandschaft führt, lässt sich gut am Beispiel der Hafenstadt Valparaíso aufzeigen. Sie wurde 2003 zum Weltkulturerbe der Unesco erklärt und sollte so etwas wie die Kulturhauptstadt Chiles werden. An einem Ort scheinen sich viele der Konfliktlinien zu kreuzen: im Kulturzentrum Ex Carcel, dem ehemaligen Gefängnis. Dieses ist am ersten Oktoberwochenende 2006 das Zentrum des Festivals *Mil Tambores* (Tausend Trommeln).

Eine bunte, laute und lebendige Invasion ist der Karneval, der am ersten Tag des Festivals durch die Straßen Valparaísos zieht. Junge Menschen, in der Mehrzahl Frauen, haben sich auf der Plaza Echaurren ausgezogen und ihre Körper bemalen lassen. Miss Piggy in Strapsen, freizügige Nonnen, schreiende Männer mit wirbelnden Pimmeln – obwohl Valpo eine Stadt der Kultur und der Kleinkunst ist, geht manchem dieses Spektakel wohl doch ein bisschen zu weit. „Das ist das Ende der Welt", empört sich eine ältere Dame am Straßenrand. Die Reaktionen der Menschen, die sonst den Platz Echaurren bevölkern sind unterschiedlich. Manche der Trinker flüchten, andere tanzen mit, einige schlafen weiter. Der eine oder andere Alte schleicht neugierig um die Gruppen der jungen Frauen herum, um sich die Brüste anzuschauen. Trommelnd, jonglierend und tanzend bewegt sich der Zug weiter, bald haben sich die Akteure in eine Art Trance versetzt. An der Plaza Hanibal Pinto steht ein Wasserwerfer, Carabineros der Spezialkräfte sind bereit loszustürmen. Der Grund ist eine Gruppe Anarchos, die versucht, sich an die Spitze des Zuges zu setzen. So wollen die Anarchisten für die Freilassung von sechs Hausbesetzern demonstrieren, die vor wenigen Tagen in Santiago bei einer Razzia festgenommen wurden.[6] Die Anarchisten in Valparaíso werfen den Veranstaltern von *Mil Tambores* vor, mit den Bullen zu paktieren. Es kursieren Flyer auf denen das Festival der *Mil Tambores* als Festival der *Mil horrores,* also als Fest der Tausend Schrecken, bezeichnet wird. Die Veranstalter des Karnevals wollen nicht, dass die Anarchos den Zug dominieren. „Anstatt sich einzureihen und die Regeln des Umzugs zu berücksichtigen, wollen sie vorneweg laufen. Warum suchen sie die Konfrontation mit uns?", fragen sich die Organisatoren des Festivals. Nicola (24) einer von ihnen, schildert seine

---

6   Die Polizei legt ihnen die Vorbereitung von Brandanschlägen zur Last. Kritische Beobachter sehen in dem Vorgehen eher eine Inszenierung, die sie an Zeiten der Diktatur erinnert. Seit dem Brandanschlag auf den Regierungspalast Moneda wenige Wochen zuvor steht die Polizei unter Druck, die Täter dingfest zu machen.

Sicht des Konflikts: „Da ist etwas sehr Interessantes geschehen, denn an dem Zug hat auch eine Gruppe Mapuche teilgenommen, die ein großes Transparent mit sich führte, auf dem sie die Freiheit der Mapuche-Gefangenen forderten. Wenn sich die Anarchisten mit ihrem Transparent, ihrer Musik und ihren Ausdrucksformen in den Karneval eingebracht hätten, wäre das Ganze doch viel effektiver gewesen. Fotos des Transparents wären dann in den Medien erschienen, ohne dass es den Stress mit den pacos gegeben hätte. Letzten Endes wollen sie doch das Gleiche wie wir. Wir sind Brüder, die für das selbe Ziel kämpfen, allerdings in unterschiedlichen Formen."

Nicola sieht in dem Karneval eine kollektive Befreiung, die eine gewaltige subversive Energie freisetze: „Es ist das Gefühl, diese ganze Scheiß-Welt, in der wir leben, für einen Tag zu vergessen, sich zu verkleiden, zu tanzen, ein anderer zu sein. Ich zum Beispiel tanze normalerweise nicht. Es kostet mich viel Überwindung. Auch während des Karnevals tanze ich nicht viel, aber es gibt Momente, in denen ich es tue, in denen ich mich befreie und mich mit all den anderen verbinde. Wir sind ein einziger Körper. Wir sind viele. Wir sind alle. Vielen jungen Linken, die voller Wut sind, fällt es mitunter schwer, die Bedeutung dieser Katharsis zu begreifen."

Kritisch sieht Nicola allerdings, dass die kulturellen, unabhängigen Gruppen, die einen Teil des Kulturzentrums *Ex Carcel* für sich beanspruchen, kaum in der Lage sind, sich gegenüber der Stadtverwaltung zu behaupten. „Hier in Valparaíso gibt es eine sehr starke Bewegung von mystisch inspirierten Personen, Verrückte, die den Mond antanzen. Das Gefängnis wurde besetzt, weil man eine gesetzliche Grauzone nutzte und weil sich verschiedene staatliche Institutionen nicht einig waren. Aber jetzt sind die Besetzer nicht in der Lage, diesen gewonnen Raum zu verteidigen oder gar auszubauen. Zurzeit existiert eine Ko-Verwaltung zwischen Stadt und Besetzern, doch die Regierung plant dort ein riesiges Projekt mit Wohnbebauung und einer Kultur-Mall. Um das zu verhindern, müssten sich die Leute aus politischen und die aus kulturellen Organisationen zusammenschließen."

Marcelo[7], der als junger Mensch elf Jahre im Hochsicherheitsgefängnis in Santiago zubrachte und jetzt in Valparaíso lebt, hat einen kri-

---

7 Siehe auch das Kapitel *Kugel im Knie,* Seite 71.

tischen Blick auf das kulturelle Treiben im ehemaligen Gefängnis: „Für mich ist der Knast ein Ort des Schmerzens und des Elends. Die Struktur konserviert das Leiden der Leute, die darin leben mussten. Wenn ich Leute sage, meine ich Proletarier, Arme, denn die Gefängnisse dieser Welt sind gefüllt mit Armen. Es gibt keine künstlerische oder kulturelle Ausdrucksform, die in der Lage wäre, diesen Schmerz zu lindern, der dort in jedem Winkel und jeder Wand steckt. Wir, die in den Zellen eingeschlossen waren und die wissen, was das Gefängnis bedeutet, spüren, dass sich an diesem Ort die negative Energie konzentriert und erhält. Eine Energie, die sich weder mit Trommeln, Theaterstücken, Konzerten oder Fotoausstellungen[8] ausradieren lässt. Bei kulturellen Events wird die Struktur des Gefängnisses Teil der Szenerie. Das bedeutet, dass der Schmerz Teil des Spektakels wird. Die einzige Chance, diese Energie zu beseitigen, ist die Zerstörung der Struktur. Danach kann man dort etwas anderes errichten, einen Fußballplatz zum Beispiel.“

HUMOR UND ERINNERUNG STATT BROT UND SPIELE

Kulturelle Arbeit und politisch-soziales Engagement wollen die Mitglieder des 2004 gegründeten Kollektivs *Urgente Delirio* verbinden. Dem Kollektiv ist es wichtig, den Bewohnern der Armenvierteln Kultur zugänglich zu machen. „Das Anliegen unseres Kollektivs ist es, eine soziale, eine wichtige Aussage zu vermitteln, und nicht nur Theater der Unterhaltung wegen zu machen. Mit dem Konzept ‚Brot und Spiele‘ sind wir nicht einverstanden. Eines unserer Stücke hieß *Eine alte Geschichte,* in der es darum ging, die Erinnerung wach zu halten. Es handelte von Menschen, die hier in der Stadt, dem Weltkulturerbe, ihr gesamtes Leben verbringen, aber von deren Erfahrungen keiner etwas weiß“, erklärt Gonzalo, einer der Gründungsmitglieder. Miguel ergänzt: „Man kann gutes Theater machen, ein großartiges Spektakel mit Live-Musik und dennoch etwas zu sagen haben.“

---

8 Das war eine Spitze gegen den Autor, denn der hatte am 5. Oktober 2006 im Centro Cultural Ex-Carcel eine Fotoausstellung mit dem Titel *Frankfurt da la cara* (Frankfurt zeigt sein Gesicht) eröffnet. Die Fotos zeigen Gesichter, Hände und Füße von unterschiedlichen Menschen, die im Sommer 2003 in Frankfurt aufgenommen worden waren.

Das Stück, das die Gruppe im Oktober 2006 aufführte, handelte von den ersten Hingerichteten der Diktatur. In einem anderen Stück geht es um die Erfahrungen der Menschen, die unter schwersten Bedingungen in den Salpeterminen im Norden schuften mussten. „Wir sind dennoch kein schweres Theater. Es gibt viel Humor in unseren Stücken, denn schließlich ist die Realität häufig lächerlich. Wir nutzen viele Techniken der Komödie, so dass die Leute auch bei uns die Möglichkeit haben zu lachen", sagt Soledad. Für ihre Arbeiten über Menschenrechtsverletzungen bekomme das Theater mitunter Geld vom Staat, denn es sei ein Anliegen der Regierung, die Schäden der Diktatur zu reparieren. „Das ist ein Geschäft, das auf Gegenseitigkeit beruht: Die Regierung gibt uns zu essen, wir bringen dafür ihr Projekt voran."

GEWEHR ODER GITARRE?

Die Menschenrechtsverletzungen und die Unterdrückung während der Diktatur sowie Kontinuitäten unter der demokratischen Regierung der Concertación sind auch Themen in Chiles Subkultur, die noch immer für einen großen Teil der Jugendlichen identitätsstiftend sind. Neben den *Fiskales Ad Hok* (etwa: Standgericht), einer der bekanntesten Punkbands Chiles, die 2006 ihr zwanzigjähriges Bestehen feierte, nimmt auch die Band *Curasbun* mit ihrem Namen direkten Bezug auf die Diktatur. Fernando, 25, ist Sänger der Band *Curasbun,* die ihrem Selbstverständnis nach eine antifaschistische Skinhead-Band ist

FERNANDO : Die Band entstand 1995. Die Idee war, dass Jungs im Alter von 13, 14 eine Gruppe mit sozialer Kritik auf die Beine stellen, mit politischem Inhalt und ein bisschen Party. Bei der Namenssuche wählten wir diesen Namen, der eine Satire auf Cura Hasbún darstellt. Cura Raúl Hasbún ist ein katholischer Priester vom Opus Deí. Es war der Priester, der allen Militärs die Vergebung erteilt hat, die während der Diktatur Menschen umgebracht hatten. Der Priester arbeitete für den katholischen Radiosender *Canal 13.* Später warfen sie ihn raus, weil sie es sich mit den Sozialisten nicht verderben wollten. Raúl Hasbún wechselte zum Sender *Mega* von Ricardo Claro. Er spielt in der Geschichte eine Rolle, aber es ist auch ein Priester der Gegenwart, der noch immer in den Medien erscheint, und das nicht nur in Chile. Er ist mittlerweile auch in Argentinien, im *Canal Infinito*, aktiv. Noch immer erreichen seine Gedanken viele Konservative sowie arme Leute, denen es an Bildung fehlt und die an seine Worte glauben. Ich kann nicht vergessen, was geschehen ist. Mein Vater und meine Mutter wurden gefoltert und sie wurden aus politischen Gründen aus ihren Jobs entlassen. Meine Schwester ist in Schweden im Exil geboren. Das sind Sachen, die bleiben für immer haften. Für viele bedeutet *nunca más* (nie wieder) vergeben und vergessen. Ich kann aber einer Person nicht verzeihen, die in all das involviert war.

Nach persönlichen Enttäuschungen hat sich Fernando aus der Politszene zurückgezogen. Unpolitisch ist *Curasbun* dennoch nicht. Sie spielen nach wie vor zugunsten antifaschistischer Initiativen und traten etwa im Juni 2006 gemeinsam mit den *Fiskales Ad Hok* bei einem Solidaritätskonzert in einer besetzten Mädchenschule auf. Fernando: „Wir werden nicht aufhören, Leute zu unterstützen. Meine Art, mich immer direkt zu artikulieren, immer frontal anzugreifen, hat mir viele Probleme eingebracht, aber ich glaube, das ist die einzige Art zu erreichen, dass sie dir zuhören. Wenn dich ein Polizist schlägt, kannst du ihm nicht die andere Wange hinhalten, wenn sie auf dich schießen, kannst du keine Blumen verteilen. Deshalb habe ich hier viele Probleme. Denn die Leute halten mich für einen Durchgeknallten, weil ich immer das Äußerste suche. Aber ich lebe mein Leben ebenso."

Rund um die Musik, die Konzerte, die T-Shirts und die CDs hat sich eine Geschäftswelt etabliert. Ob das für Fernando nicht ein Widerspruch sei, will ich wissen. Denn als Konzertveranstalter, Band-Manager und Besitzer eines CD- und Klamottenladens fungiere er in dieser subkulturellen Welt als Unternehmer. „Ein Geschäft ist zwar ein Geschäft, aber es geht auch darum, innerhalb welcher Parameter diese Geschäfte vonstatten gehen. Denn wenn wir den Eintrittspreis für unsere Konzerte und die Preise für unsere Scheiben sehen, dann ist das kein Geschäft. Eine CD von uns kostet 3500 Pesos, eine CD einer anderen Gruppe der gleichen Stilrichtung kostet 6900 Pesos, also das Doppelte. Wir verdienen genau so viel, um unseren Proberaum und unsere Reisen zu bezahlen. Jeder von uns arbeitet, um seinen Lebensunterhalt zu bestreiten. Das trifft auch für mich als Geschäftsmann zu. Ich arbeite, und ich muss die anderen bezahlen. Das sehe ich wie jede andere Arbeit auch. Da kommt es darauf an, wie du als Unternehmer mit deinen Mitarbeitern umgehst."

Roly, 39, Bassist der *Fiskales Ad Hok,* sieht in der selbst geschaffenen Struktur rund um die Band eine Möglichkeit, das zu tun, was er will: „Wenn ich nicht begonnen hätte, Gitarre zu spielen, wäre ich wahrscheinlich straffällig geworden. Irgendwann habe ich die Schule geschmissen und nur noch das studiert, was mich interessiert hat. Das war in erster Linie Musik in Verbindung mit sozialen Themen. Ohne es geplant zu haben, ist etwas aus dieser verrückten Idee geworden. Es gab viele Dinge, die ich nicht machen wollte, und es gibt eine Menge Dinge, die ich nicht machen will. Ich möchte zum Beispiel mein Haus mit meinen eigenen Händen bauen, ich möchte all das, was ich in meinem Leben gelernt habe, beim Gestalten eines kleines Fleckchens Erde einbringen, wo ich dann meine Kinder groß ziehe. Das heißt, mir passiert genau das Gleiche wie allen anderen auch, nur dass ich sage, ich will nicht in einem Büro arbeiten. Ich würde doch in irgendeinem anderen Job gerade einmal den Mindestlohn verdienen, weil ich keine Ausbildung habe. Jetzt arbeite ich zwar sehr viel, aber zum einen sind es Dinge, die mir Spaß machen, und zum anderen verdiene ich das Vierfache des Mindestlohns. Die *Fiskales,* unser Label, das Studio, der Laden und unsere künftigen Projekte sind Ausdruck persönlicher Selbstbestimmung, die uns zudem erlauben, in unserer politischen Richtung zu arbeiten. Mich interessieren die Musik und die sozialen Angelegenheiten."

Am 9. Oktober 2006 feierten die *Fiskales Ad Hok* im Stadion *Victor Jara* ihr Jubiläumskonzert. Während drinnen nach dem Soundcheck die ersten Vorbands spielten, flogen draußen Flaschen und Steine gegen die carabineros, die unter anderem mit zwei Wasserwerfern an Ort und Stelle waren. Diese Konfrontation gehört offensichtlich zur Geschichte und der Gegenwart der Gruppe, die sich 1986 gründete. Während Gleichaltrige gegen die Diktatur zu den Waffen griffen, griffen die Fiskales zu den Gitarren?

ROLY : In dieser Zeit hatten viele Jugendliche die Angst vor der Diktatur verloren. Obwohl viele umgekommen, obwohl viele verschwunden waren und obwohl das Informationssystem der Geheimdienste hervorragend funktionierte, begannen die Leute, in unterschiedlicher Weise zu agieren. Es gab Leute, die waren sehr militant, etwa die Frente Patriótico Manuel Rodríguez. Es entstand auch Mapu Lautaro, das waren ganz gewöhnliche Leute, Schüler, Studenten, die sich in kleinen Zellen organisierten. Innerhalb der bewaffneten Organisationen gab es viele Dinge, die mir nicht zusagten. Mehr als alles andere war es die Form, die mich auf Distanz hielt. Mich bezeichneten die Kommunisten als Imperialisten, weil ich Musik mit englischen Texten hörte. Es ging nicht mehr nur um die Frage für oder gegen Pinochet. Natürlich waren wir gegen Pinochet, aber wir fingen auch mit einer Kritik an der Kommunistischen Partei an. Es war ein sehr heftiger Generationsstreit. Denn seit Anfang der 80er Jahre begann langsam die kulturelle Isolation Chiles aufzubrechen. Nun kam Punk zu uns herein, Clash etwa mit ihren Texten und ihrer Einstellung. Die Leute begannen also, diese anderen Dinge zu sehen. Also sagtest du, verdammte Scheiße, das ist mein Ding, mir gefällt diese Art zu denken und die Musik gefällt mir auch. Wir sahen, dass die Musik eine sehr schöne Form war, an dieser Veränderung teilzuhaben, die unabhängig von dem war, was die Linke zu dieser Zeit vor Augen hatte.

Hier gab es etwas, das als *lana* (Wolle) bezeichnet wurde: eine Mischung aus Hippie-Musik und Kultur der Aymara. Du zogst dich so an, du dachtest so, du trugst die gleichen Klamotten, hattest den gleichen Freundeskreis, sprachst fast das selbe, und benutztest das selbe Parfüm, Patschuli. Würg! Es gab also viele Sachen, die eigentlich gar nichts mit dir zu tun hatten. Ich glaube, die Rebellion entstand einfach deswegen. Zuerst organisiertest du dich mit den Lanas, weil sie die Kraft gegen Pinochet waren, aber es gab eben auch Unterschiede: Weil du Musik mit englischen Texten gehört hast, warst du für sie ein Imperialist, das heißt sie behandelten dich nicht sehr gut, oder sie behandelten dich wie ein kleines Kind, das nicht weiß, was es tut. Auf der Straße konntest du aber mittlerweile auch andere Leute treffen, die so drauf waren, wie du. Weil wir so wenige waren, begannen wir, uns zu grüßen und zu verabreden, wir freundeten uns an. In der Zeit von 80 bis 86 sprechen wir hier von einer Größenordnung bei einem Konzert von 500 Leuten in Santiago."

2005 ist ein sehenswerter Dokumentarfilm über die *Fiskales Ad Hok* herausgekommen, den auch Roly für gut erachtet.[9] Allerdings: „Es fehlt das Schönste in unserem Leben, und das war nicht, dass wir zusammen mit den *Ramones* aufgetreten sind. Was uns als *Fiskales* geprägt hat, das sind die Konzerte, die wir im Hochsicherheitsgefängnis (CAS) gegeben haben. Das CAS ist geschaffen worden, um menschliche Wesen zu isolieren, den Kopf, die Gedanken, den Atem zu isolieren, auszulöschen, und das mitten in der Hauptstadt. Wir hatten regen Austausch mit Leuten, die im Knast waren. Das lief alles geheim, über kleine Zettelchen, oder mit getarnten Kassettenaufnahmen. Man tauschte sich aus, wir schickten ihnen Musik. Es gab eine intensive Beziehung, vor allen zu den Lautaros, die alle jünger waren als wir. Es gab viele Gemeinsamkeiten, bloß dass sie während der Demokratie geschnappt worden waren, weil sie an ihrem Kampf festgehalten hatten.

Die Gefangenen leisteten so lange Überzeugungsarbeit, bis sie erreichten, dass wir dort endlich spielen konnten. Das Gefängnis hat eine ziemlich inhumane Struktur, denn wegen der Trakte und der Form des Umschlusses sahst du nicht mehr als vier Personen pro Tag. An diesem Tag vereinten wir alle, es kamen die Leute aus allen Trakten zusammen. Sie wussten zum Teil gar nicht, wer da alles eingesperrt war. Es gab Leute, die hatten sich seit fünf Jahren nicht mehr gesehen, denn seit fünf Jahren waren sie dort eingesperrt. Auch ich habe dort einen Freund getroffen, von dem ich annahm, er sei in Europa. Es waren auch viele von denen da, die uns einmal als Imperialisten bezeichnet hatten, weil wir Musik mit englischen Texten hörten. Aber sie hatten sich verändert und verstanden, dass Englisch nur eine Sprache unter vielen in der Welt war, und dass es Leute gab, die viel zu sagen hatten – auf Englisch. Es gab Leute, die hatten noch nie in ihrem Leben ein Rockkonzert gesehen, denn als sie jung waren, waren sie *lanas*. Als die Musik anfing, haben sie alles zerstört, alles. Nichts blieb ganz. Es gab einen derartigen Krawall, dass die Gendarmerie nicht einmal rein wollte. Sie schlossen einfach die Türen von draußen ab, und drinnen wurde alles kurz und klein geschlagen. Unsere Verstärker nicht, aber es flogen Tische, Stühle und Kameras. Die Gefangenen zahlten es dem Ort heim, der sie so disziplinierte. Wir

---

9   *Malditos. La Historia de Fiskales Ad-Hok*, Pablo Insunza, 2005.

spielten unser Programm zwei Mal. Es waren hundert, hundertzwanzig Leute, das war heftig, beeindruckend. Es war unglaublich schwer, dort wegzugehen. Dieses Konzert werde ich nie vergessen.

EIN STREITBARER FUCHS IN DER WÜSTE

Auch wenn mitunter die Szenen hermetisch wirken, oder sich gar mit geballten Fäusten gegenüber stehen, gibt es personelle Überschneidungen und Kontakte. Die Vielfalt als Chance zu begreifen, Diskussionen auszutragen und den Austausch von Erfahrungen im Land voranzutreiben, könnte einen langwierigen aber wirksamen Prozess in Gang setzen, die ideologische Dominanz des Konsumismus zu zersetzen. Dabei kommt alternativen Medien eine wichtige Funktion zu. Dies gilt umso mehr als den dominierenden Medien, dank wirtschaftlicher Konzentrationsprozesse und inhaltlicher Verflachung, in der chilenischen Gesellschaft keine kontrollierende Funktion als vierte Macht im Staate zukommt. Während manch Altlinker an den Staat appelliert, er solle sich für die Medienvielfalt stark machen, haben die Macher alternativer Medien das Heft selbst in die Hand genommen. Sie haben erkannt, dass die Linke nur dann etwas erreichen kann, wenn sie ihre internen Gegensätze hinten anstellt. Im Norden Chiles haben sehr junge Leute die Initiative ergriffen und geben seit 2006 die alternative Zeitung *Zorro polémico* (Streitbarer Fuchs), heraus. Miguel Ballesteros Candia (21) ist so etwas wie der Chefredakteur das *Zorro polémico* in Calama.

MIGUEL: Die Idee entstand ursprünglich in Tocopilla. Es ging darum zu zeigen, dass es Leute gibt, denen die heutige Situation nicht gefällt, und dass wir immer noch nicht in einer wirklichen Demokratie leben. Obwohl sich die Zeitung am Anfang nur an die Schüler eines Colegios richtete, begannen Leute aller Schichten, sie zu kaufen. Das zeigte, dass die Leute ebenfalls nicht mit der aktuellen Situation einverstanden waren. In Calama ist die Lage noch schlimmer als in Tocopilla und in vielen anderen Städten Chiles, denn hier ist die Verteilung der Einkommen noch ungerechter. Obwohl wir die Stadt sind, die wegen der Kupferförderung wirtschaftlich am meisten an das Land und den Staat liefert, gehört die arme Bevölkerung hier zu der ärmsten in Chile. Dass es immer die gleichen Leute sind, die durch die Stadt- und Regionalverwaltung rotieren, hat man hier auch leid. Es gibt Leute, die einen Wechsel wollen, weil sie glauben, die Dinge könnten besser laufen. Wir Calameños hatten über Jahre eigentlich nur eine einzige Informationsquelle, wenn es um Nachrichten in Zeitungsform ging, das war der *Mercurio de Calama.* Es gibt zwar noch *La Estrella de Loa,* doch in der Praxis schreiben die Journalisten das Gleiche, wenn auch mit anderen Worten. Dieses Informationsmonopol hat uns die Realität in einer verfälschenden Weise gezeichnet. Diese entspricht der Sichtweise der herrschenden ökonomischen Gruppe. Unsere Idee ist nun, Parteien und ökonomische Gruppen zu überprüfen und ihr schlechtes Management zu kontrollieren. Denn hier sagt sonst niemand etwas gegen das staatliche Kupferunternehmen Codelco oder die Politiker.

Am Anfang hat uns die Neugierde unserer Leser beim Verkauf der Zeitung geholfen. Sie wollten wissen, um was für ein Projekt es sich handelt und wer diese Menschen waren, denen der Respekt vor der Autorität fehlt. Denn gleich in der ersten Nummer hatten wir uns mit einer lokalen Autorität angelegt. Nach der Neugierde entstand eine Akzeptanz, wie wir sie nicht erwartet hatten. Als sie erfahren haben, wer wir sind, dass wir keinen Lohn erhalten, dass wir junge Leute sind, die wegen ökonomischer Zwänge das Journalismusstudium nicht beenden konnten, gab es viel Solidarität und Kooperation. Es gibt selbstverständlich auch Leute, die gegen uns sind. Doch die Ablehnung fiel nicht so heftig aus, wie wir erwartet hatten. Es ist offensichtlich, dass so ein Medium hier in Calama gefehlt hat. In allen Teilen Chiles fehlen solche Medien. Wir haben die Zeitungen, die auf nationaler Ebene vertrieben werden, etwa *The Clinic* oder andere, die etwas formaler sind, wie *El Siglo, El Periodista* oder *El Diario Siete* (wurde 2006 eingestellt, B.S.), aber alternative lokale Zeitungen gibt es praktisch nicht. Der *Zorro polémico* will in Calama diese Lücke schließen, und wir denken, dass wir mit der gleichen Idee bald auch in anderen Orten starten werden.

EIN VIRUS SOLL GEGEN LÜGEN HELFEN

Die erdrückende Dominanz der staatstragenden und kommerziellen Medien zu durchbrechen, den Unterdrückten eine Stimme zu verleihen, dies sehen die Aktivisten des alternativen Stadtteilfernsehens *Señal 3 La Victoria* als ihre Aufgabe an. Damit setzen sie ein Bemühen fort, das bereits während des der Militärdiktatur in unterschiedlichen Formen verfolgt wurde: Damals besetzten (bewaffnete) Kommandos Radiostationen, um zu erzwingen, dass ihre Kommuniqués und Forderungen verlesen wurden. In der población La Victoria in Santiago wurde an den Wochenenden eine Leinwand aufgestellt, auf die Videos projiziert wurden, die Aktivisten im Viertel aufgenommen hatten. Heute sendet das *Señal 3 La Victoria* an den Wochenenden, und die Anwohner können dem Programm bequem von zu Hause aus folgen. (Der Erlös aus dem Verkauf der Antennen war lange Zeit eine wichtige Finanzierungsquelle für das Medienprojekt.) Chronischer Geldmangel und die Angewohnheit wohlwollender Unterstützer aus Europa, ausgedientes und defektes Arbeitsgerät zu spenden, fördern Improvisationstalent und Tüftlergeist der Gruppe. Sich Wissen anzueignen und es in Workshops weiterzugeben, ist ein Charakteristikum des alternativen Senders. Nicht zuletzt das macht das Medienprojekt für Jugendliche aus dem armen Stadtteil attraktiv.

Ob ein Hungerstreik von Fischern, die nach Santiago marschiert sind, um auf ihre schlimmen Lebensbedingungen hinzuweisen, die Demonstrationen der Mapuche oder eine funa gegen einen Zahnarzt, der früher als Folterer tätig war, – immer dokumentiert mindestens ein Team von *Señal 3* die Geschehnisse. Filmen, schneiden, vertonen, die Beiträge für die Sendung zusammenstellen, sie anmoderieren und schließlich ausstrahlen, ist eine Kräfte raubende, zeitintensive Herausforderung für die ehrenamtlichen Medienaktivisten, die neben her auch für ihren Unterhalt und den ihrer Familien sorgen müssen.

Die Nachbarschaft ist den Machern dankbar, dass sie unmittelbar aus dem Leben im Viertel berichten und nicht nur auf Drogen, Gewalt und Kriminalität fokussieren. Umfragen zur Verkehrssituation und Sauberkeit im Viertel gehören wie die Ausrichtung eines Literaturwettbewerbs und Angebote für Kinder zu den Dienstleistungen der Señalistas. Sie drehen Werbespots für den Videoverleih an der Ecke und den Tante-

Emma-Laden in der nächsten Straße. Das Programm ist vielfältig: Hat eben noch der Priester an die Fernsehgemeinde appelliert, Solidarität und Nächstenliebe zu praktizieren, legt kurze Zeit später der „Hexer" mit seiner Heavy-Metal-Sendung los. Ein spezieller Service: Als Medienpiraten lieferten die Aktivisten von *Señal 3* kostenlos Fußballspiele und Kinofilme aus dem Bezahlfernsehen frei Haus. Die Sendetage Freitag, Samstag und Sonntag im Studio des *Señal 3* sind eine Mischung aus konzentrierter Arbeit und ausgelassener Feier. Die Frauen und Männer, die das Programm gestalten, sind neugierig auf das, was anderenorts geschieht. Journalisten, die aus anderen Ländern kommen, um den Stadtteilsender kennen zu lernen, werden freundlich aufgenommen und über ihre Sicht der Dinge befragt. Mittels Internet will *Señal 3* den internationalen Austausch ausbauen: Dabei sollen die Chilenen einbezogen werden, die nach Europa immigriert sind.

Vom Verhalten ehemaliger Linker in Chile zeigen sich vor allem die älteren Aktivisten sehr enttäuscht. Weder Leute der KP, der Frente oder der MIR, zu denen es früher in den sozialen Bewegungen gegen die Diktatur enge Kontakte gab, würden heute das *Señal* unterstützen. Mitunter erscheint die Hoffnung der Señalistas, mit ihren Programmen die Übermacht der offiziellen Medien durchbrechen zu können, sehr idealistisch. Dennoch halten die Medienaktivisten aus Santiago daran fest, dass ihre Arbeit wie ein „Virus der Wahrheit" funktioniert, der die Welt der Lüge befallen wird, und gegen den bislang noch kein Gegenmittel gefunden wurde. Und tatsächlich ist ihr Know-how als Stadtteilfernsehen mittlerweile in ganz Chile sowie in den Nachbarländern gefragt.

FUNA – DIE GERECHTIGKEIT
DER STRASSE

Die Dezembersonne steht fast senkrecht über der Kreuzung irgendwo in Santiago. Es ist heiß. Am Treffpunkt gibt es kaum Schatten, keinen Ort, um sich vor den Sonnenstrahlen oder den Blicken der Vorbeifahrenden zu schützen. Nach und nach gesellen sich weitere Menschen zu dem kleinen Grüppchen. Als die ersten vierzig, fünfzig beisammen sind, überqueren sie die Kreuzung, besteigen zwei Linienbusse. Die Anspannung wächst. Aussteigen. Bis jetzt hat die Polizei noch nichts mitbekommen. Auf einem staubigen Platz zwischen Schnellstraße und Wohnviertel heißt es noch einmal warten. Doch dann, als die Gruppe der Nachzügler eintrifft, geht es los, geht es endlich los. Spruchbänder werden aus Rucksäcken geholt, Flugblätter verteilt. „Seine Träume verwirklicht man mit den Händen und ohne um Erlaubnis zu bitten" steht in roten und gelben Lettern auf einem Stück Stoff. Das ist das Transparent der *Comisión Funa*. „Funar" steht für öffentliches Anklagen. Der Demonstrationszug setzt sich in Bewegung – fällt laut und bunt in diesen Stadtteil ein.

Nach diesem Nachmittag im Dezember 2005 wird nichts mehr so sein, wie es vorher war. Wird für Victor Molina Astete nichts mehr so sein, wie es bislang war. Denn dem ehemaligen Mitglied einer Brigade des Geheimdiensts CNI wird vorgeworfen, unter dem Pseudonym Juan Pablo Aguilera Espinoza an Entführungen, Folterungen und Morden beteiligt gewesen zu sein. So steht es auf den Flugblättern, die hundertfach in der Nachbarschaft verteilt werden. „Das habe ich nicht gewusst", sagt ein Jugendlicher, der dem ehemaligen Agenten schräg gegenüber wohnt. Dessen Haus ist das Ziel der Demonstranten. Die umliegenden Wände werden mit Flugblättern versehen. „Mörder" wird an das Mäuerchen unterhalb des Gartenzaunes gesprüht. Dann beginnen die etwa achtzig bis einhundert Versammelten, darunter auch etliche Menschen aus der Nachbarschaft, laut die Anklage zu verlesen. Es klingt, als ob eine Kirchengemeinde das Plädoyer des Staatsanwaltes vorträgt. „Victor Molina Astete estás funado", du bist geoutet, ruft der Chor, bevor es zurück zur Bushaltestelle geht. Die Hand voll Polizisten, die mittlerweile eingetroffen ist, wahrt Abstand.

„Bei einer funa durchlebst du alle möglichen Gefühle, zu denen ein menschliches Wesen fähig ist", erklärt Nina Salinas, 45, auf die Frage, wie sie sich denn fühle, wenn sie einem der Folterer aus Zeiten der Diktatur gegenübersteht. „In meinem Fall ist es so, dass ich eine Art Fröhlichkeit empfinde. Ich denke vor allen an die Gefolterten, daran wie viel diese leiden mussten. Ich fühle mich, als ob ich jemanden ohrfeigen würde, als ob ich jemanden schlagen würde, von dem ich genau weiß, der hat Leute gefoltert. Also dieses Gefühl der Gerechtigkeit ist ein sehr, sehr spezielles Gefühl."

„Eine funa ist pures Adrenalin", beschreibt Álvaro Muñoz Marín, 42, vor allem die Anspannung vor der Demonstration. Wenn sich die Aktion dann erst einmal entwickelt, nach den ersten Rufen, beginnt er sich langsam zu entspannen. Dass Leute das Bedürfnis verspüren, die Peiniger von einst zu schlagen, kann Álvaro nachvollziehen, und dennoch lehnt er diese Form der Gewalt bei einer funa ab. „Wir versuchen zu unterbinden, dass dies passiert." Das heiße aber nicht, dass er die funa für pazifistisch hält. „Ich glaube, unsere Aktion ist in gewisser Weise gewalttätig, denn wenn du bei denen zu Hause oder am Arbeitsplatz auftauchst und sagst: ‚Du bist ein Folterer, du bist ein Mörder', und die Familie erfährt dies auf diese Weise, dann ist ihr Leben am Arsch." Denn nicht selten legen die Nachbarn nach, sammeln Unterschriften, der Bäcker weigert sich, dem Folterer Brot zu verkaufen. Mitunter sehen sich die Geouteten genötigt wegzuziehen. Zwei haben sich nach einer funa das Leben genommen.

Auch für Edwin Dimter Bianchi[1] brach eine Welt zusammen, als am 25. Mai 2006, einem Donnerstag, plötzlich eine Gruppe von Aktivisten in seinem Büro der Aufsichtsbehörde für die Rentenkassen auftauchte und dem Beamten des Arbeitsministeriums vorwarf: „Du bist El Príncipe. Du hast Victor Jara umgebracht." Während unten auf der Straße fast tausend Menschen trommeln, schreien, die Anklageschrift verlesen, liegt

---

1 Edwin Armando Rodger Dimter Bianchi, genannt El Príncipe (der Prinz), war laut Comisión Funa als Leutnant am Putschversuch am 29. Juni 1973 beteiligt gewesen. Als dieser Staatsstreich misslang, wurde er mit anderen Mittätern verhaftet. Direkt nach dem Putsch vom 11. September des gleichen Jahres wurde er ins Chile-Stadion geschickt, wo er sich laut Augenzeugenberichten aktiv an der Folter des Musikers Victor Jara beteiligt haben soll. Dieser wird nach fürchterlichen Prügelexzessen und der Folter mit 44 Kugeln erschossen. (Vgl. u. a. Flugblatt der Comisión Funa sowie Artikel der Tageszeitung La Nación vom 26. Mai 2006)

der einstige Militär rücklings auf seinem Schreibtisch und strampelt wie ein Käfer. „Ich habe doch gar nichts gemacht", beteuert er in einem Augenblick. Im nächsten versucht er, der Lage wieder Herr zu werden, geht auf die Eindringlinge los, entreißt ihnen ein Plakat, das ein Porträt Victor Jaras zeigt. „Der Mörder versteckt sich hinter seinem Opfer", so werden später die Fotos im Internet kommentiert. Längst nicht alle funas erlangen ein so großes öffentliches Interesse. Die meisten werden in den nationalen Zeitungen nicht oder kaum erwähnt. Dennoch gibt es immer wieder Anfragen von Journalisten aus dem Ausland, die über die Comisión Funa und ihre Aktivitäten berichten wollen.

In den Tagen nach der Aktion starten Gewerkschaftsmitglieder der öffentlichen Verwaltung eine Unterschriftenaktion, sie wollen nicht mit dem „Prinzen" zusammenarbeiten, finden es unerträglich, dass dieser im Staatsdienst angestellt ist. Dimter wird gefeuert. Später wird er juristisch gegen die Comisión Funa vorgehen. Ein Mitglied muss sich wegen des Vorwurfs, bei der Funa handele es sich um eine illegale Organisation, vor Gericht verantworten.

„Wir machen keine Aktion, die nicht gerechtfertigt wäre", sagt Álvaro. „Die Comisión weiß, das ist kein Spiel, wir tragen eine große Verantwortung. Wir versichern uns zu hundert Prozent, dass das, was auf den Flugblättern steht, auch stimmt. Wir sind uns bewusst, dass wir, wenn wir uns einmal irren sollten, für immer verloren hätten. Dann wäre alles dahin, was wir in den letzten Jahren erreicht haben, und die Menschenrechtsbewegung in Chile würde eine Aktionsform verlieren."

Die sorgfältige Recherche steht also am Anfang einer jeden funa. Die Informationen speisen sich aus Prozessen, aus den Archiven der Vicaría de la Solidaridad und aus Aussagen von Überlebenden, erklärt Julio Oliva García, 40. Im Falle von Dimter Biachi, El Príncipe, hatten Mitglieder der Comisión Funa gemeinsam mit Überlebenden aus dem Chile-Stadion am Ausgang des Arbeitsministeriums im Zentrum Santiagos gewartet, um el Príncipe zu identifizieren, als dieser nichts ahnend seinen Heimweg antrat. „Damit hatten wir endlich den Beweis." Die Phase jahrelanger nahezu kriminalistischer Recherche hatte ein Ende gefunden. Jetzt konnte der praktische Teil der funa vorbereitet werden.

Ausschlaggebend für die Gründung der Comisión Funa waren nicht zuletzt die Erfahrungen mit der chilenischen Justiz und der Politik der Concertación nach der Festnahme des Ex-Diktators in London im Jahr 1998. Pinochet durfte aus Großbritannien ausreisen, weil zugesichert worden war, dass er sich vor chilenischen Gerichten für seine Verbrechen gegen die Menschlichkeit verantworten müsse. Dies geschah jedoch nicht. „Wenn die Gerichte so handeln würden, wie es in einer demokratischen Gesellschaft sein sollte, dann gäbe es die funa gar nicht", ist sich Julio sicher. „Si no hay justicia, hay funa" (Wenn es keine Gerechtigkeit gibt, gibt es funa), ist die Auffassung, die von den Aktivisten geteilt wird, und die sie bei den Demonstrationen skandieren. Die Aktionsform, die aus Argentinien stammt, wurde an die chilenischen Bedürfnisse und Realitäten angepasst.

Und so organisiert die *Comisión* nicht nur Aktionen, um bislang unbekannte Täter ans Licht der Öffentlichkeit zu zerren, sondern unterstützt auch Angehörige wie Manuel und Luisa, die Eltern der 1985 im Viertel Villa Francia exekutierten Brüder Vergara Toledo. Ihre Mörder, vier Polizisten, müssen sich vor Gericht verantworten. Bei einer Demonstration forderten die Eltern, weitere Angehörige, Freunde der Familie und Unterstützer die lebenslängliche Haftstrafe für die Täter. „Diese Art der funa ist ebenfalls berechtigt, damit die Gerichte Strafen verhängen, die der Schwere der Straftat entsprechen", erläutert Julio.

Das Gefühl, dass die formale, die bürgerliche Justiz in Chile niemals Gerechtigkeit walten lassen werde, war auch für Nina ein wichtiger Faktor, sich in der *Comisión* zu engagieren. „Die Gerechtigkeit der funa ist eine sehr frische und kreative Form von Gerechtigkeit, die auf dem beruht, was die Menschen fühlen. Zudem können wir bei einer funa tanzen, malen, einfach alles ... " Für Nina ist es beeindruckend, wie viele junge Leute im Alter von 14, 15 oder 16 Jahren sich beispielsweise an der Aktion beteiligten, bei der Ricardo Claro[2] an den Pranger gestellt wurde: „Da wurde uns klar, dass wir mit unserem Handeln einen Beitrag leisten, bei Leuten Bewusstsein zu schaffen."

---

2 Der Unternehmer Ricardo Claro Valdés war unter Pinochet als Berater tätig und hatte die Aufgabe, internationale Kredite für das Militärregime zu besorgen. Zwei Schiffe eines seiner Unternehmen sollen als Gefangenentransporter von Valparaiso nach Pisagua bzw. als Folterzentren gedient haben. Zudem soll der Unternehmer darin verwickelt sein, dass Arbeiter eines seiner anderen Unternehmen verschleppt wurden. Claro streitet diese Vorwürfe ab. Im Oktober gab es eine funa vor dem Fernsehsender Megavision, der ebenfalls zu Claros Firmenimperium gehört. [Vgl. *La Nación*, 15. Oktober 2000, Websites von *Radio cooperativa* und von *Centro de Medios Independientes Valparaíso*" („Diez civiles clave del régimen que torturó al menos 28 mil chilenos") und Ascanio Cavallo, Manuel Salazar und Óscar Sepúlveda, *La Historia Oculta del Régimen Militar*, Memoria de una Época 1973–1988, Debosillo (Taschenbuchausgabe), 2. Aufl. September 2004, S. 100, 102, 103, 198, 200, 206, 392.] Siehe auch das Kapitel *Nunca mas solo – Nie wieder allein!*

Für Álvaro ist es wichtig, dass die funa eine direkte Aktionsform auf der Straße ist, die die Themen Vergangenheitsbewältigung, Menschenrechtsverletzungen und Gerechtigkeit auf eine andere Art aufgreift. Auf eine Art und Weise, die nicht unmittelbar mit den Schmerzen verknüpft ist. „Es ist schwer, mit den Schmerzen umzugehen. Natürlich ist es legitim, dass die Angehörigengruppen nach den Resten der Verschwundenen suchen. Aber die funa als neue Aktionsform ist dynamischer, aktiver und sie ist fröhlich. Hier kann jemand für Gerechtigkeit kämpfen, aber mit Fröhlichkeit. Mit viel Fröhlichkeit, die man auch zeigen kann." Diese Fröhlichkeit schmälert die Ernsthaftigkeit des Anliegen, „kein Vergeben, kein Vergessen" nicht. Und dass einzelne Mitglieder der *Comisión Funa* gezielt von Agenten mit Kameras verfolgt werden, die ihre Beteiligung dokumentieren, zeigt, dass auch die Gegenseite die Aktionen ernst nimmt.

DAS LIED DER FUNA

„Olé, olé
olé, olá
como a los nazis
les va a pasar
a donde vayan
los iremos a funar."

„Olé, olé
olé, olá
Wie gegen die Nazis
soll es gescheh'n,
wir prangern sie an,
wohin sie auch geh'n."

Wenn dieses Lied in irgendeiner Straße in Santiago ertönt, meist begleitet von kräftigen Trommelschlägen, steht wohl so manchem Folterer der Diktatur der Angstschweiß auf der Stirn. „Haben sie mich jetzt entdeckt?" Vermutlich atmen sie dann tief durch, wenn die Demonstranten nicht vor ihrem Wohnhaus oder Arbeitsplatz halt machen, sondern zu einer anderen Adresse ziehen. Verwunderlich ist für Menschen aus Deutschland der vermeintlich positive Bezug auf die Naziverfolgung in dem Liedchen, erfreute sich doch die übergroße Mehrheit der Täter auch nach dem Zweiten Weltkrieg absoluter Straffreiheit, machten viele stramme Nazis von einst sogar Karriere im Staatsdienst der Bundesrepublik. Álvaro erklärt: „Das Lied, das wir aus Argentinien übernommen haben, bezieht sich auf Simon Wiesenthal, den Nazi-Jäger. Darum dreht es sich dabei. Es geht nicht darum festzustellen, dass die Nazis im Allgemeinen in Deutschland verfolgt wurden. Wir wissen, dass dies nicht konsequent geschah. So kann man ja auch nicht singen, „wie gegen die Franquisten soll es gescheh'n", weil auch in Spanien den Franquisten nie etwas passiert ist."

VIEL WAHRHEIT, WENIG GERECHTIGKEIT

Mit weißer Farbe wurden die Plakate und die Wachstropfen überpinselt. Hastig und lieblos. Spurenbeseitigung. Jeden Freitagmorgen geschieht das, denn donnerstagabends treffen sich in der Calle Londres vor dem Haus Nummer 38 Menschen, die daran erinnern, dass sich dort in den ersten Jahren der Militärdiktatur ein Folterzentrum befand.

Jeden Donnerstag greifen die Aktivisten ein anderes Schicksal eines Verfolgten, Gefolterten oder Verschwundenen auf, lesen Zeugenberichte vor, wann diese oder jener verschleppt oder das letzte Mal in einem anderen Folterort, etwa der Villa Grimaldi, gesehen wurde. Musiker, viele von ihnen in der Gewerkschaft der Straßenmusiker organisiert, spielen auf ihren Flöten und Gitarren Lieder, die aus den 60er oder 70er Jahren stammen. Währenddessen klettern Teilnehmerinnen auf die Gitter vor den Fenstern des Hauses, das mittlerweile als Club ehemaliger Soldaten genutzt wird, und kleben Plakate mit den Gesichter der Ermordeten an die weißen Wände. Wer möchte, kann eine Kerze aufstellen. Das Wachs tropft auf die Wandvorsprünge, wie sie hier an den Häusern in dem bei Touristen beliebten Innenstadtviertel neben der Kirche San Francisco so typisch sind. Noch lange nachdem die letzten Akkorde verhallt und die Parolen, aus dem Haus ein „Haus der Erinnerung" zu machen, verstummt sind, flackern die Flammen und hinterlassen an der Fassade schwarze Flecken. Auch sie werden am nächsten Morgen übertüncht.[1]

Ich spreche mit Roberto D'Orival, 45, vom *Collectivo 119*, das die wöchentliche Mahnwache in der Calle Londres organisiert. Roberto ist der Bruder des Verschwundenen Jorge D'Orival. Das Gespräch findet im Außenbereich des Café Central statt, das schräg gegenüber dem Haus 38 in der Calle Londres liegt.

---

1 Im August 2007 wurde bekannt, dass die Regierung in dem ehemaligen Folterzentrum das noch zu gründende Institut für Menschenrechte unterbringen möchte. Gewiss auch ein Erfolg der Aktivisten, die sich jede Woche vor der berüchtigten Adresse treffen. Allerdings kritisieren sie, dass die Calle Londres 38 nun zu einem „Zentrum der Regierungsbürokratie" statt zu einem „Haus der lebendigen Erinnerung und Hommage an die gefallenen compañeros" werde.

B.S.: Es hat bereits zwei Kommissionen² gegeben, die sich mit Fragen der Aufarbeitung der Geschichte befasst haben. Viele sind der Meinung, es sei langsam an der Zeit, die Vergangenheit zu begraben und nach vorne zu schauen. Wie siehst du das, und wie bewertest du die Politik der Concertación in Bezug auf den Umgang mit der Vergangenheit?

Roberto: Die Vergangenheit kann man nicht begraben. Personen, die überlebt haben, verlieren diese Narben nicht einfach per Regierungsdekret. Auch das Land verliert diese Narben nicht durch den Wunsch nach einem Schlussstrich und einem Neuanfang.

Chile gibt es nicht erst seit 1973, Chile ist wesentlich älter, und immer haben sich ähnliche Situationen wiederholt. Ich kann die schrecklichen Erfahrungen der Menschen, die hier während der Diktatur gestorben sind, nicht höher bewerten als jene, die die indígenas während der Eroberung machen mussten, als viele von ihnen unterdrückt und ausgelöscht wurden. Ich glaube, dieses „Schwamm drüber, wir fangen noch einmal ganz von vorne an" taugt nichts.

Wenn eine Kommission Rettig, also die Kommission der Wahrheit und der Versöhnung, eingerichtet wurde, dann deshalb, weil es eine Mobilisierung in den 80er Jahren gab, die in das Plebiszit mündete. Eine der zentralen Forderungen war „Wahrheit und Gerechtigkeit". Hätte es diese Forderungen nicht gegeben und sich die Diskussion lediglich auf die politischen Aspekte und die Machtübergabe konzentriert, dann wäre diese Kommission nie eingesetzt worden. 16 Jahre später gab es eine Kommission Valech, weil das Thema der Folter zu bedeutend in diesem Land war. Es war nicht in der Kommission Rettig behandelt worden, weil es die Concertación draußen halten wollte. Aber die Betroffenen hörten nicht auf, dies in Frage zu stellen, so dass ein neuer Ausweg gesucht werden musste. Die Einrichtung einer Kommission, die sich mit der Folter beschäftigte, war also kein Geschenk der Mächtigen, sondern wurde durch den Willen und die Mobilisierung der Gefolterten selbst erreicht.

---

2   Die Kommission Rettig wurde 1991 von Präsident Patricio Aylwin eingesetzt. Sie stellte fest, dass 2950 Chilenen ermordet wurden beziehungsweise während der Diktatur „verschwunden" waren. Mit den Opfern, die die Diktatur überlebt hatten, befasste sich der Bericht nicht. Präsident Ricardo Lagos stellte 2004 den Bericht der Kommission Valech vor. Der wichtigste Punkt war die Feststellung, dass in Chile systematisch gefoltert wurde. 28.000 Personen werden namentlich als Opfer erwähnt und haben Anspruch auf Entschädigungszahlungen. Der Bericht hat keine juristischen Konsequenzen, die Namen der Täter werden nicht veröffentlicht. Opfergruppen kritisieren, einmal mehr habe die Concertación nur den halben Weg zurückgelegt.

Aber es scheint, als ob nicht nur bei der politischen Klasse, sondern auch bei der Mehrheit der Bevölkerung die Themen Vergangenheit und Menschenrechte keinen zentralen Platz einnehmen.

Ja, das stimmt. Es gibt keine Priorität der Menschenrechtsthemen, zumal die Leute bei diesem Thema immer an die gewalttätigen Verletzungen der Menschenrechte denken, ohne zu bemerken, dass auch die Arbeitszeiten, wie sie das Gesetz vorsieht und unter denen die familiären Beziehungen leiden, oder die unwürdige Form, wie sie sich in dieser Stadt bewegen müssen, oder die verschmutzte Luft, die sie einatmen müssen, Anschläge auf ihre Menschenrechte sind. Die meisten Chilenen merken nicht, dass sie Objekte von Menschenrechtsverletzungen sind. Deshalb stehen sie dem Thema distanziert gegenüber.

Waren die Menschen, die verfolgt wurden und zum Beispiel hier in der Calle Londres 38 gefoltert wurden, deiner Meinung nach Opfer, Widerständler oder Kämpfer?

Ich denke, das Wort Opfer wird einer Person nicht gerecht, die Ziele und Projekte verfolgt, und die im Rahmen dieser Projekte Konsequenzen tragen muss. Mir gefällt das Wort resistentes (Widerständler) besser. Und noch besser als der Begriff Widerständler gefällt mir der Ausdruck „sensible Wesen", Männer und Frauen also, die in der Lage sind, mehr wahrzunehmen als ihre eigene Lage, nämlich das, was anderen passiert, und die sich deshalb engagieren. Der Begriff „Opfer" wurde während der transición geprägt, und hat eine ideologische Komponente, denn niemand will ein Opfer sein. Der Begriff „Opfer" verleiht jedem alternativen Projekt den Geschmack einer Niederlage.

Und er raubt den Personen sehr viel ihrer Identität?

Das kommt hinzu. Er reduziert sie auf diese eine Rolle.

Ausgangspunkt und zentrales Anliegen dieses Buches war die Frage nach der Erinnerung oder dem Gedächtnis (im Spanischen gibt es für beide Konzepte das Wort *memoria*) des Widerstands. Den ersten Impuls für diese Idee bekam ich, als ich eher zufällig Zeuge einer Diskussion von ehemaligen Widerständlern, in diesem Fall Miristas, wurde, die sich im Jahr 2003 bei einer privaten Geburtstagsfeier zum ersten Mal gemeinsam über ihre Erfahrungen unter der Diktatur austauschten. Wenn schon Menschen, die beim Protest gegen die Militärdiktatur aktiv beteiligt waren, nicht dazu kamen, sich über ihre Erfahrungen auszutauschen, so meine Überlegung, wie muss es dann erst beim Rest der chilenischen Gesellschaft um die Erinnerung an den Widerstand bestellt sein? Diese Begegnung fand im Dezember 2003, während meines zweiten Chilebesuchs, statt. Ich war bereits im März und April des selben Jahres in Chile unterwegs gewesen, um mir ein Bild über das Land dreißig Jahre nach dem Militärputsch zu machen. Anlässlich dieses Jahrestags begannen viele Medien, sich mit den historischen Ereignissen zu beschäftigten, und es erschien eine ganze Reihe neuer Publikationen zu diesem Thema. Auch in Fernsehreportagen und Zeitungsartikeln wurde es aufgegriffen. Fast täglich wird heute direkt oder indirekt über Menschenrechtsverletzungen während der Diktatur in den Zeitungen berichtet. Trotz allem wurden viele Aspekte bislang noch nicht gründlich beleuchtet. Insbesondere eine Aufarbeitung der Geschichte in kleineren Orten des Landes steht noch aus.

Anekdoten vor dem Vergessen retten, über Erfahrungen berichten und sie mit der Gegenwart in Verbindung bringen, das führt zwangsläufig zu der Frage: „Wie und was kann man aus der Vergangenheit lernen?" Schließlich ist die Geschichte kein Werkzeugkasten, aus dem man einen „73er-Schlüssel" oder einen „86er-Bohrer" herausnehmen kann. Fast allen meiner Interviewpartner und -partnerinnen stellte ich die Frage: Wozu dient die Erinnerung? Die überwiegende Mehrheit antwortete, die Erinnerung diene dazu, die gleichen Fehler nicht noch einmal zu begehen. Gemeinsam ist diesen Antworten das Eingeständnis, es seien Fehler begangen worden. Doch schon darüber, welches die Fehler waren, dürften die Ansichten weit auseinander gehen. So ist Leonardo Tapia von der FPMR der Ansicht, dass viele der Chilenen, die heute „Nie wieder" sagen, bereits der Zuspitzung des Konfliktes zwischen Arm und Reich oder Arbeit und Kapital aus dem Weg gehen wollen. Darin sieht er das Infragestellen eines Prozesses, der die Organisierung der Arbeiter anstrebt. Seine Position zielt entsprechend darauf ab, besser vorbereitet in diesen Konflikt zu ziehen. Die Unidad Popular unter Allende sei nicht in der Lage gewesen, sich gegen die faschistische Aggression zu verteidigen. Andere sehen es als Fehler an, Allende nicht genügend unterstützt zu haben. Die Unidad Popular sei zu stark unter Druck gesetzt worden, die Reformen schnell umzusetzen. Dies habe das politische System erschüttert.

Die Lehren, die aus der Geschichte gezogen werden, sind also innerhalb der Linken vielfältig und mitunter sogar gegenläufig. Die Geschichte sei das Fundament der Gegenwart, stellen viele der Interviewten fest. Doch wie kann so ein Fundament aussehen, wenn es dermaßen fragmentiert ist? Dabei geht es nicht darum, Widersprüche zu glätten. Im Gegenteil: Eine Auseinandersetzung mit der Geschichte muss auch (selbst-)kritisch erfolgen. Wer Fehler der Allende-Regierung benennt, rechtfertigt nicht den Militärputsch. Wer auf das Scheitern der Guerilla von Neltume hinweist, übt keinen Verrat an den Gefallenen. Pietätvolle Verklärung würde die nachfolgenden Generationen jeder Chance berauben, aus der Geschichte zu lernen.

Geschichte ist kein Selbstzweck: Bleibt die Lektion aus der Geschichte, egal wie sie aussehen könnte, ohne Relevanz für das Hier und Jetzt, dann bedarf es einer solchen Lehre nicht – und schließlich nicht einmal der Geschichte selbst. Eine emanzipatorische Politik muss der Diversität der in der aktuellen chilenischen Gesellschaft existierenden Lebensentwürfe Rechnung tragen. Vor allem muss sie den Lebenden verpflichtet sein, nicht den Toten.

Wie lässt sich eine politische Praxis finden, die die Erfahrungen der Vergangenheit reflektiert, sich jedoch nicht auf ein bloßes Gedenken reduziert, sondern Alternativen für die bedrückende Realität anbietet? Im Kapitel über die funa haben wir gesehen, dass es solche Ansätze gibt, wenngleich der Sprung in die Gegenwart mit erheblichen Schwierigkeiten verbunden ist. So war die Beteiligung an einer funa gegen den aktuellen Innenminister der Concertación 2007 anlässlich fragwürdiger Verfolgungsaktionen im Rahmen des *Día del Joven Combatiente* recht gering, während bei der *funa* gegen den Mörder von Victor Jara im Jahre 2006 der Zulauf enorm war. Auch das gehört zur Vergangenheitsbewältigung: Bei den Protesten der „Pinguine" demonstriert eine Generation, die die Militärdiktatur nicht miterlebt hat, gegen Gesetze, die aus jener Zeit stammen. Die Jungen und Mädchen haben der chilenischen Gesellschaft deutlich vor Augen geführt, auf welcher politischen und juristischen Grundlage sie steht.

Die Feministin Antonieta Vera bewertet die Aufarbeitung der jüngsten Vergangenheit Chiles seitens der Concertación mit: „Mucha verdad, poca justicia" (Viel Wahrheit, wenig Gerechtigkeit). Während der Regierungszeiten der Concertación ist es zwar gelungen, für einen großen Teil der chilenischen Bevölkerung eine Geschichtsschreibung zu vermitteln, wonach die Militärdiktatur verbrecherisch war. Diese Geschichtsversion geht mit einer finanziellen Entschädigung für die (anerkannten) Opfer einher. Angehörige kritisieren jedoch, dass bei der Aufarbeitung der Verbrechen der Schutz der Täter höher bewertet werde als das Recht auf Aufklärung. Der Oberste Gerichtshof (Corte suprema) bestätigte im Juni 2006, dass die Akten, aus denen die Namen der Folterer hervorgehen, erst in 50 Jahren freigegeben werden. Linke, *Concertación* und Angehörige stimmen also darin überein, dass die Militärdiktatur verbrecherisch war, sie haben jedoch andere Prioritäten, was die juristische und politische Aufbereitung der Vergangenheit anbelangt. Unter Michelle Bachelet gibt es einige nennenswerte Initiativen zum Thema Vergangenheit: die Einführung eines Tages der politischen Verschwundenen etwa oder die Ankündigung, ein Museum der Erinnerung einzurichten. Aber ist das auf der anderen Seite nicht besonders bitter, dass gerade die, die um die Verbrechen der Militärdiktatur wissen (und diese Verbrechen auch öffentlich anerkennen), das aus der Militärdiktatur stammende Verfassungswerk nicht grundsätzlich in Frage stellen und das neoliberale Wirtschaftsmodell weiterführen? Mittlerweile haben sich auch linke Gruppen und Gewerkschaften den Slogan des Militärs *por la razón o la fuerza* (Aus Vernunft oder aus Stärke) angeeignet. Sie haben begriffen: Auch noch so gute Argumente nützen nichts, wenn der Gegner sie nicht hören will und die Macht hat, sich über sie hinwegzusetzen. Doch was bedeutet es für die Basis einer Gesellschaft, wenn das Recht des Stärkeren, dieses asymmetrische Gewaltverhältnis als Grundlage des gesellschaftlichen Miteinanders akzeptiert und manifestiert wird?

Die Vergangenheit Chiles ist gewalttätig, seine Gegenwart ist es auch.

ZUM SCHLUSS

Die Kämpfe in Chile gehen weiter: Das Ringen um die Aufarbeitung der Geschichte, das Streiten um mehr soziale Gerechtigkeit sind noch lange nicht zu Ende. Der Kontakt zu meinen chilenischen Freundinnen und Freuden und das halbe Jahr, das ich an ihrer Seite erlebte, sowie die vielen Interviews, die ich mit alten und jungen Streitern führte, ermöglichten mir eine Innenansicht der aktuellen chilenischen Gesellschaft. Das Bild einer funktionierenden Demokratie und einer stabilen Wirtschaft, das nach außen vermittelt wird, hat Risse, wie sich aus der Nähe feststellen lässt. Risse und Brüche, die ich lange Zeit nicht wahrgenommen habe. Denn wie viele Menschen, die sich in der Vergangenheit für Chile engagiert haben, hatte auch ich das südamerikanische Land ein wenig aus den Augen verloren. Vielleicht wollte ich auch glauben, dass dort alles in Ordnung ist, schließlich gibt es Regionen in der Welt, in denen die Konflikte augenfälliger sind. Die Kämpfe gegen die Straflosigkeit, für mehr soziale Gerechtigkeit und für eine lebenswerte Zukunft sind für viele der Betroffenen existenziell. Das heißt, sie können es sich nicht aussuchen, ob sie diese Kämpfe führen oder nicht. Wer Freunde, Partner oder Angehörige verloren hat, muss mit dieser Tatsache fertig werden. Die Frage ist nur, wie er es tut. Ob das unter Pinochet eingeführte und von der Concertación perfektionierte neoliberale System nun gut oder schlecht ist, ist kein akademischer Streit, denn es verdammt viele Menschen zu einem unwürdigem Leben, zerstört Lebensräume und Kultur. Solange das Gefühl der Enttäuschung bei denjenigen, die viele Jahre ihres Lebens dem Kampf gegen die Militärdiktatur und für eine demokratische und gerechte Gesellschaft widmeten, zu Resignation führte, konnten die politischen und wirtschaftlichen Eliten in Chile weitgehend ungestört ihren Geschäften nachgehen. Doch seit einiger Zeit mündet die Enttäuschung verstärkt in Protest, schlägt die Resignation in Wut um. Die Herrschenden in Chile reagieren, wie eh und je, mit Repression. Demonstrationen werden nicht genehmigt, gegen die Teilnehmer wird mit Tränengas, Kavallerie und Greiftrupps vorgegangen, die auf ihren gepanzerten Fahrzeugen wie auf römischen Schlachtwagen durch die Straßen Santiagos fahren. Doch die Unzufriedenheit auch der jüngeren Generationen wird sich auf diese Art und Weise nicht in Zustimmung für eine Politik umwandeln lassen, die es nur selten schafft, wohlklingende Rhetorik so umzusetzen, dass sich die Lebensbedingungen der Menschen in den poblaciones, den Armenvierteln, spürbar verbessern. Einer Regierung, der es nur mit Ach und Krach gelingt, den öffentlichen Personennahverkehr in Santiago aufrechtzuerhalten, traut man kaum zu, die immer drängenderen Probleme des Landes, allen voran die wachsende Kluft zwischen Arm und Reich, anzupacken, geschweige denn in den Griff zu bekommen. Der Blick nach Chile lohnt sich, auch wenn in Deutschland schon längst der letzte Solidaritätsrotwein ausgetrunken ist und die letzte Solidaritätsempanada kalt geworden sind.

BIBLIOGRAFIE

Eduardo Castillo Espinoza, *Puño y Letra, Movimiento social y comunicación gráfica en Chile,* Santiago 2006.

Ascanio Cavallo, Manuel Salazar und Óscar Sepúlveda, *La Historia Oculta del Régimen Militar, Memoria de una Época 1973–1988,* Debosillo (Taschenbuchausgabe), 2. Aufl. September 2004.

Comité Memoria Neltume, *Guerilla en Neltume – Una historia de lucha y resistencia en el sur chileno,* Santiago 2003.

Ernesto Ekaizer, *Yo, Augusto,* Buenos Aires, 2003.

Andreas Fanizadeh, Eva-Christina Meier (Hrsg.), *Chile international – Kunst, Existenz, Multitude,* Berlin 2005.

Hugo Fazio (u.a.): *Gobierno de Lagos: Balance crítico,* Santiago 2006.

Bernardo Guerrero Jiménez (Editor), *Vida, Pasion y Muerte en Pisagua, CREAR (Centro de Investigación de la Realidad del Norte,* Iquique 1990.

Pedro Lemebel: Träume aus Plüsch, Frankfurt a. M., 2004

Dirk Messner, Detlef Nolte (Hrsg.), *Chile heute,* Frankfurt a. M. 2004.

Tomás Moulian, *Chile actual, Anatomía de un mito,* Santiago 1997.

Nelson Muñoz Morales, *Caballo Bermejo,* Santiago 2000.

Ricardo Palma Salamanca, *El gran rescate,* Santiago 1997.

Cristián Pérez, *Historia del MIR, Estudios Públicos,* 91, Winter 2003.

Alejandro Saavedra Peláz, *Los Mapuche en la Sociedad chilena actual,* Santiago 2002.

Gabriel Salazar, Julio Pinto, *Historia contemporánea de Chile II. Acotres, identidad y movimiento,* Santiago 1999.

Gervasio Sánchez, *Caravana de la Muerte – Las victimas de Pinochet,* Barcelona 2001

Zeitungen und Zeitschriften
Correo Proletario, Nr. 1, Santiago, Mai 2006.

El Mercurio: 5. Juni 2006

Frankfurter Allgemeine Zeitung, 25. Oktober 2004

Punto final, Nr. 623, 8. September 2006

Reflexión, derechos humanes y salud mental, Nr. 31. Santiago, Dezember 2005.

El Rodriguista, Mai 2006

El Siglo, vom 26. Mai 2006, 7. August 2006

La Nación: 15. Oktober 2000, 7. Mai 2006, 26. Mai 2006, 5. Juli 2007

La Tercera, Especiales, La Historia inédita de los años verde olivo, 2001 (http://doch.tercera.cl/especiales/2001/verdeolivo.

Filme
Actores secundarios, Pachi Bastos und Jorge Leiva

Malditos, La historia de Fiskales Ad-hok, Pablo Insunza 2005.

GLOSSAR

Chicago Boys — Gruppe von Wirtschaftswissenschaftlern, die den Thesen des neoliberalen Milton Friedman von der Universität von Chicago anhängen.

CNI — Central Nacional de Información, Geheimdienst, der die Dina nach dem Bekanntwerden zahlreicher Skandale ersetzten sollte. Auch der neue Geheimdienst setzte das Foltern und Morden fort.

Codelco — Staatliches Kupferunternehmen

Concertación — Das Parteienbündnis Concertación de los Partidos por la Democracia setzt sich aus Sozialisten, Sozialdemokraten, der PPD, und Christdemokraten zusammen und regiert seit 1990.

DINA — Dirección de Inteligencia Nacional, Geheimdienst unter Leitung von Manuel Contreras, der in den ersten Jahren der Diktatur zahlreiche Oppositionelle foltern und verschwinden ließ.

ELN — Ejército de Liberación Nacional, Nationale Befreiungsarmee, linksgerichtete, sozialistische Organisation, die den Befreiungskampf in Bolivien unterstützte.

FPMR — Frente Patriótico Manuel Rodríguez, die Patriotische Front Manuel Rodriquez wurde 1983 als bewaffnete Untergrundorganistion der PC gegründet. 1987 spaltete sich die Frente autónomo von der Partei ab.

Funa — Funa ist eine Aktionsform, bei der Folterer und Mörder öffentlich geoutet werden.

GAP — Grupo de amigos del Presidente (Freundesgruppe des Präsidente), die Leibgarde von Salvador Allende

Guanaco — Chilenisch für Wasserwerfer.

Informe Rettig — Abschlussbericht der Untersuchungskommission Rettig zu Morden und dem Verschwindenlassen während der Diktatur.

Informe Valech — Abschlussbericht der Untersuchungskommission Valech. Es dokumentiert die Folter während der Diktatur.

Jota — „J" steht für Juventud Comunista, die Jugendorganisation der PC.

Juntos podemos más — „Gemeinsam können wir mehr erreichen" ist ein Wahlbündnis von PC und Humanistischer Partei sowie vieler kleiner linken Parteien und Organisationen das 2005 Tomás Hirsch als Kandidaten für die Präsidentschaftswahl aufstellte. Die Wahl gewann die Sozialistin Michelle Bachelet.

Loce	Ley Orgánica Constitucional de Enseñanza, Gesetz mit Verfassungscharakter regelt die Privatisierung der Bildung und wurde von Pinochet am letzten Tag seiner Amtszeit unterschrieben.
Mapuche	„Menschen der Erde" werden vereinfacht als indígenas also Indigene oder gar als chilenische oder argentinische Indianer bezeichnet
Mapudungún	Die Sprache der Mapuche.
Mapu Lautaro	Militante Abspaltung der Partei Movimiento de Acción Popular Unitario (Bewegung der einheitlichen Volksaktion) mit Bezug auf den Mapuche-Anführer Lautaro.
Milicos	Abfällig zu Militärs.
MIR	Movimiento de Izquierda Revolucionaria, Bewegung der Revolutionären Linken.
No	„No" ist der Name der erfolgreichen Kampagne gegen Pinochet beim Plebiszit 1988.
Pacos	Abfällig zu Polizisten.
Partido Comunista	PC, Kommunistische Partei
Partido Humanista	Humanistische Partei, propagierte während der Diktatur aktiven, pazifistischen Widerstand.
PPD	Partido Para La Democracia, Partei für die Demokratie, gehört zur Concertación.
Población	Arbeiterviertel, später eher Armenviertel, aber nicht gleichzusetzen mit Elendsvierteln. Die soziale Lage und der Grad der sozialen oder politischen Organisierung variiert zwischen den poblaciones erheblich.
RN	Renovación Nacional
Transición	Übergang von der Diktatur zur Demokratie.
UDI	Unión Demócrata Independiente (Unabhängige Demokratische Union) rechte, Pinochet-nahe Partei.
La Vicaria de la Solidaridad	Das „Vikariat der Solidarität" der katholischen Kirche unterstützte den Protest gegen Pinochet. Es dokumentierte zahlreiche Menschenrechtsverletzungen.
Zorillo	„Füchschen" sind kleine, wendige gepanzerte Fahrzeuge des Militärs, aus denen bei Demonstrationen Tränengas versprüht wird oder in denen Greiftrupps unterwegs sind.

Trotzdem Verlagsgenossenschaft

Ein anarchistisches Projekt

Mit der Gründung der Trotzdem Verlagsgenossenschaft ist es im Jahr 2001 gelungen, ein breites anarchistisches Projekt zu initiieren. Die Genossenschaft hat den Trotzdem Verlag komplett mit allen Büchern und Rechten übernommen und führt seitdem das Programm des Verlags weiter: Klassiker des Anarchismus, libertäre Geschichte, aktuelle Theorie und Wissenschaft, Staats- und Gesellschaftskritik, anti-autoritäre Handreichungen zum heutigen Zeitgeschehen. Im Herbst 2007 erweiterte die Trotzdem Verlagsgenossenschaft ihre Vertriebskooperation mit dem Alibri Verlag hinsichtlich zukünftiger Titel: Trotzdem bei Alibri.

Unsere neuen Buchveröffentlichungen:
- zu kreativen Protestformen: *go.stop.act! Die Kunst des kreativen Straßenprotests* (Hrsg. von Marc Amann)
- zur globalen Situation: *Pirates and Emperors. Terrorismus in der »Neuen Weltordnung«* (Noam Chomsky)
- zu politischer Theorie: *Soziale Bewegungen im globalisierten Kapitalismus. Bedingungen für emanzipative Politik zwischen Konfrontation und Anpassung* (Hrsg. von Rolf Engelke, Thomas Klein und Michael Wilk)
- zu Repression: *Die 100 »schönsten« Schikanen gegen Fußballfans. Repression und Willkür rund ums Stadion* (Hrsg. von BAFF e.V.)
- zu modernem Kolonialismus: *Grüne Beute. Biopiraterie und Widerstand* (BUKO-Kampagne gegen Biopiraterie)

Gute Bücher fallen nicht vom Himmel

Mit ihren Ideen, dem Anregen von Veranstaltungen zu unseren Büchern und vielen weiteren Impulsen können die Mitglieder der Genossenschaft für ein vielfältiges Verlagsprogramm und die Verbreitung libertärer Sichtweisen und Denkansätze sorgen.

Mit ihren Anteilen sichern die Genossinnen und Genossen die publizistische Arbeit des Verlags. Die Mitgliedschaft in der Genossenschaft steht allen Interessierten offen. Jedes Mitglied zeichnet mindestens einen Anteil in Höhe von 250 Euro, kann sich aber auch mit einem Vielfachen davon beteiligen. Die Genossenschaftsmitglieder erhalten einen Mitgliedsrabatt von 30 % auf alle Bücher des Verlags.

Trotzdem Verlagsgenossenschaft

info@trotzdem-verlag.de • www.trotzdem-verlag.de

Marc Amann (Hrsg.)

go.stop.act!

Die Kunst des kreativen Straßenprotests
Geschichten – Aktionen – Ideen

240 Seiten, Großformat, 18 Euro
ISBN 3-931786-38-2

Karnevalartige Demonstrationen, subversive Street Art, überraschende Video- oder Ballettvorführungen im öffentlichen Raum ... – die Palette kreativer politischer Aktionen hat in den letzten Jahren an Farben und Formen gewonnen.

Mit der Verschärfung der neoliberalen Verhältnisse und dem Entstehen der neuen globalen Protestbewegungen findet ein Aufleben von Aktivismus auf breiter Basis statt. Alte Aktionsformen werden wieder entdeckt, neue entstehen aus dem Zusammentreffen mit Kunst und (neuen) Medien. Protest macht wieder Spaß, ist gewitzt und bunt, aber auch unberechenbar, bissig und direkt.

AktivistInnen und KünstlerInnen erzählen in *go.stop.act!* von ihren Erfahrungen und geben Hinweise all jenen Gruppen aus NGOs, autonomen Zentren, Gewerkschaften und Jugendverbänden, die auf kreative Weise für ihr Anliegen Aufmerksamkeit schaffen wollen.

Bardini, Roberto / Bonasso, Miguel / Restrepo, Laura

Operación Príncipe

Geschichte einer Entführung, die Chile in Atem hielt

160 Seiten, 5 Euro
ISBN 978-3-922209-11-9

Eine der spektakulärsten Aktionen gegen die Militärdiktatur war die Entführung des Generals und führenden Waffenspezialisten Carlos Carreño in Santiago de Chile durch die Frente Patriótico Manuel Rodríguez (FPMR) im September 1987. Roberto Bardini, Miguel Bonasso und Laura Restrepo, alle international bekannte Autoren aus Chile, Argentinien und Kolumbien erzählen die Geschichte dieser Entführung, der »Operación Príncipe«. Und sie geben einne fundierten Überblick über die Situation in der Endphase der chilenischen Militärdiktatur.

Noam Chomsky

Pirates and Emperors

Terrorismus in der
„Neuen Weltordnung"

320 Seiten, 16 Euro
ISBN 3-931786-32-3

Neben militärischer Stärke setzen die
USA bei der Durchsetzung ihrer Interessen im Nahen und Mittleren Osten
vor allem auf ideologische Propaganda.
Dabei spielt der Begriff des „Terrorismus" nicht erst seit dem 11. September
eine herausragende Rolle. Wie dieses
Schlagwort genutzt wird, um die öffentliche Meinung zu manipulieren, steht im
Mittelpunkt von Chomskys Kritik. Denn
terroristisch, so seine im Vorwort aus-
geführte These, sind auch die Methoden
der USA bei der Festigung ihrer Macht-
position – im Nahen Osten ebenso wie
z. B. in Lateinamerika.

Die überarbeitete Ausgabe enthält aktuelle Beiträge zur zweiten Intifada und
zu den Anschlägen auf das World Trade
Center sowie zum Iran und der Bombardierung von Lybien.

Anarchist, politischer Analytiker und
Professor für Linguistik und Philosophie
– Noam Chomsky, geboren 1928 in Phi-
ladelphia, ist all das und oftmals sogar in
dieser Reihenfolge. Seine Vielseitigkeit,
seine wissenschaftlichen und politischen
Publikationen und Vorträge machen ihn
zu einem der meist gelesenen und zi-
tierten lebenden Publizisten.